FAMILY THERAPY SKILLS AND TECHNIQUES IN ACTION

동영상으로 배우는
가족치료 기술과 기법

Mark Rivett
Joanne Buchmüller 공저

조은숙 역

학지사

이 역서는 2023학년도 상명대학교 교내 연구비의 지원을 받아 수행되었음
(연구번호: 2023-A000-0078).

역자 서문

　나는 꽤 긴 시간 동안 가족치료를 교육하는 입장에 있으면서 학생들에게 체계론적 가족치료에 대한 관점을 확립시키고 임상 실제를 가르치는 방법에 대한 고민이 많았다. 학생들에게 내담가족과의 회기를 관찰하는 기회를 만들어 주기도 어려웠고 마땅한 교육용 영상도 많지 않았다. 그러던 중 작년에 유튜브에서 8개의 가족치료 시연 동영상을 발견하게 되었고 그 영상들이 이 교재와 함께 제작된 것이며 영상의 축어록이 상당 부분 교재에 수록되어 있다는 것을 알게 되었다. "이거다!" 눈이 번쩍 뜨였다.

　즉시 교재를 구해 읽어 보았다. 영국의 가족치료 전공 교수이자 치료자인 저자들이 쓴 이 책은 뚜렷한 집필 의도가 나타난 조금은 특별한 교과서이다.

　첫째, 저자들은 통합적 접근과 근거기반치료가 중시되는 21세기 가족치료 현장에서 가족체계론에 기초한 개입이 무엇인지를 전달하는 데 초점을 둔다. 즉, 기초를 제대로 알아야 한다는 것이다. 이 책의 상당 부분이 가족체계론을 치료에 활용하는 것을 명확하게 설명하고 실제로 보여 주는 것에 할애되었다. 개별 치료모델에 대한 소개는 10개 장 중 4개 장에 불과하다. 어떤 면에서 저자들은 이 책을 통해 체계론적 치료를 발전시켜 온 선배들의 기여를 다시 기억하게 한다. 체계론적 가족치료가 가진 아름다움과 유용성을 알고 있는 나는 저자들의 이런 관점에 깊이 공감하였다. 또한 저자들은 각 개입 기법이 가진 배경 이론과 치료 원리를 연결해 줌으로써 기법만 따로 떼어 활용하는 잘못된 실천 방식에 경고를 보내는데, 이 부분도 나의 평소 생각과 같았다.

　둘째, 저자들은 이 책이 가족치료를 더 쉽고 정확하게 배울 수 있는 통로가 되기를 바랐다. 가족체계론을 처음 접하는 학생들에게 그 관점을 장착시키는 것이 얼마나 힘든 일인지 가르쳐 본 사람들은 알 것이다. 저자들은 이 책을 가족치료를 전공하지 않았지만 필요에 의해 배우고 싶어 하는 여러 관련 전문가도 염두에 두고 집필하였다고 한다. 이러한 비전공자들이 가족치료를 더 쉽고 정확하게 습득할 수 있도록 너무 깊고 많은 내용을 담지 않고 꼭 필요한 내용만 간략하게 담고 실제 사례를 통해 보여 주는 방법을 쓰고 있다. 나는 이런 방식이 가족치료를 전공하는 학생들에게도 큰 도움이 될 것이라 생각하였다. 가족치료를 배우고 싶은 사람들에게 쉽게 풀어서 잘 가르쳐 주는 것은 가족치료 전문가들의 의무이자 보람이며, 나는 저자들의 이러한 집필 의도에 대해 동지애를 느꼈다.

이런 이유로 이 책을 번역하게 되었다. AI가 만들어 내는 동영상 자막 자동번역은 영상 이해에 오히려 방해가 되는 불완전함이 있어 자막도 꼼꼼히 다시 번역하였다. 많은 시간이 들었지만, 그럴 만한 가치가 있다고 확신하였다. 이 책은 포괄적이고 심도 있는 가족치료 과목 교재로 기획된 책은 아니다. 이 책이 가진 특성을 고려할 때 다른 교재와 함께 활용되는 부교재로 더 적절할 것이다. 속히 이 책과 동영상이 가족치료를 공부하는 학생과 강의자의 마음을 시원하게 하는 학습 자료로 활용되기를 바라는 마음이다.

이번 번역 작업에는 상명대학교 석사과정의 박상신 선생이 많은 도움을 주었다. 바쁜 시간을 쪼개 도와준 수고에 깊이 감사드린다. 애는 썼으나 역자의 한계로 인해 읽기에 어색한 문장들이 여전히 남아 있을 터인데, 독자들의 너른 이해에 미리 감사드린다.

2025년 2월
역자 조은숙

저자 서문

　맥락은 인간관계의 신비를 보다 이해하기 쉽게 만든다. 이것은 가족치료의 기본적인 가르침 중의 하나이다. 따라서 이 책의 맥락을 이해하는 것은 독자와 저자, 치료사와 가족 사이의 지속적인 관계에 도움이 될 것이다.

　영국과 유럽의 심리치료가 르네상스를 맞고 있다. 영국에서는 심리적 고통에 대한 순수한 생물학적 이해에 도전하고 소비자의 목소리를 옹호했던 과거 운동의 씨앗이 성숙하면서 다양한 심리치료 방법에 대한 접근성을 확대해야 한다는 목소리가 커졌다. 이러한 성장에 따라 이러한 치료법을 배타적인 '학교/연구소'가 아닌, 사회복지사, 상담사, 정신건강간호사 및 지원 인력의 일상 세계로 끌어들이는 새로운 교육 방법을 찾아야 할 필요성이 대두되고 있다. 임상가들은 개입 기술과 기법을 배우고 싶어 한다. 그들은 자신의 현재의 기술기반을 대체하기 위해서가 아니라, 현재의 기술을 보완하기 위해 이러한 기술을 필요로 한다. 그리고 그들은 현대의 '유튜브' 스타일에 부합하는 학습모델을 필요로 한다. 이 책은 시연 동영상과 함께 특히 가족치료에 대한 이러한 새로운 관심을 만족시키고자 한다.

　이 책은 매우 새로운 수요에 대한 응답이기도 하지만, 과거 전통에 대한 저자들의 시편이기도 하다. 새로운 세대의 임상가와 가족치료 종사자가 등장하면서 이런저런 기법이 어디에서 나왔는지에 대한 지식이 희미해지고 있다. 이 책은 사실, 기술의 적용은 기술의 기원만큼이나 중요하다는 생각에 기초를 두고 있다. 그러나 역사는 그 자체로 가치를 가진다. 때때로 과거를 파다 보면 숨겨진 보석들을 발견한다. 가족치료는 증거기반 및 사회구성주의적 치료 모두에서 이 역사로부터 멀어져 왔다. 따라서 우리는 이 책이, 가족치료의 비옥한 토양에서 발전되어 온 많은 치료 기술이 매우 실용적이며 현대 가족치료의 실제에도 적용 가능하다는 점을 보여 주는 일깨움이 되기를 바란다.

차례

제**4**장 **통합적 가족치료:** 오늘날의 임상 실제 · **67**

제**5**장 **구조적 가족치료:** 가족과 함께 새로운 춤 만들어 가기 · **101**

Family Therapy 제1장

시작하며
무대 설정하기

심리치료와 상담은 항상 사적이고 때로는 비밀스러운 분위기를 가지고 있는 것으로 여겨져 왔다. 이는 부분적으로는 그것들이 종교적 고백의 행위와 어느 정도 역사적 연관성을 가지고 있기 때문이다. 여기서는 오직 사제와 신만이 무엇이 고백되었는지 알 수 있다. 하지만 직업적 책임감, 민주적 개방성, 그리고 심리치료에 대한 접근성이 확대되고 있는 시점에서 이러한 비밀스러운 패턴은 다소 구식으로 여겨진다. 역사적으로 가족치료는 가족과 함께하는 치료 현장을 공개해 온 선구자들과 함께 이 비밀스러운 경향을 '거슬러' 온 바 있다. 그러나 가족치료사들이 한때 자신들의 치료 회기의 녹화 영상을 보여 주며 자신들의 작업 방식을 보여 주는 것을 좋아했지만, 가족의 사생활 존중과 비밀유지에 대한 규정 등이 이 활동을 제한하였다. 따라서 상담가, 사회복지사, 정신건강간호사, 임상심리학자, 심지어 초보 가족치료사조차도 '가족치료의 실제'에 대해 배우고 싶다면, 그들은 회기 축어록이나 이론으로 포장된 논문에 의존해야 하는 실정이다.

이 책은 이러한 현실적 상황에 대한 응답이다. 우리는 독자들에게 가족치료의 실제 현장을 보여 주어 그들이 가족치료를 어떻게 실제에 구현할 수 있는지를 배울 수 있도록 하였다. 이 책에 활자로 서술된 부분은 전체의 절반에 불과하다. 3장부터 10장까지는 책에서 서술된 개입 기술과 방법을 시연하는 동영상과 함께 제시된다. 우리의 경험으로 볼 때, 이러한 내용이 실무자들이 갈증을 느꼈던 부분이다. 영상과 책 내용은 동전의 양면이라 할 수 있다. 이 책이 가족과 함께 작업하는 모든 사람을 위한 실용적인 지침서가 되기를 바란다.

보다 넓은 수준에서, 이 책은 가족치료가 심리치료의 세계로 가져온 기술과 기법을 강조하고 검토한다. 우리는 가족치료학파의 다양한 '기법' 중 하나를 정의하고 그것을 책 내용(영상 대본 포함)과 영상 모두에서 시연하는 방식을 취한다. 이는 다양한 학파의 가족치료 방식과 기술을 그 학파의 원류로부터 분절시켜 독자적이고 축소된 예시로 보여준다는 뜻이다. 기법들을 이런 방식으로 제공하는 것이 환원주의적으로 보일 수 있다는 것을 저자들은 주지하고 있다. 시연 동영상에서 제공되는 하나의 기법이 각 학파들의 다양한 기법을 대변하는 것처럼 보일 수 있기 때문이다. 이 책의 목표는 그러한 단순화가 아니다. 개별 장에서 제공되는 보다 균형 잡힌 설명들이 이러한 우려를 줄여 나가는 데 도움이 될 것이다. 가족치료의 다양한 학파에 대한 우리의 열성이 독자에게 그대로 전달되어, 독자들이 가족치료라는 음악을 느끼며 학파들의 원래 아이디어에 이르게 되고, 그 접근 방식들이 얼마나 복합적이며 혁신적인지를 인식하게 되기를 바란다.

이러한 제약에도 불구하고, 현 시점에서 이러한 치료 기술로 돌아가는 것이 중요한 몇 가지 이유가 있다. 이 중 일부는 모든 심리치료가 기능하는 외부 맥락과 관련이 있다. 다른 이유들은 내부 맥락과 연결되어 있다.

외부적인 이유 중 하나는 이 기술들이 다른 심리치료 접근법에 의해 수용됨으로써(반면, 가끔은 가족치료사들에 의해 잊히기도 한다) 우리 주변에서 자주 발견된다는 것이다. 그러나 이러한 심리치료로부터의 기술 수용은 종종 맥락이나 기술의 초기 설명에 내포된 더 깊은 기술을 놓치기도 한다. 예를 들어, '재구성(reframing)'은 원래 전략적 가족치료(6장)에서 개발되었지만, 많은 다른 심리치료에 의해 적용되었다. 이 기술의 초기 형태에서는 점진적 재구성이라는 아이디어를 포함했는데, 이것이 이러한 다른 접근법에서의 수용 과정에서 사라졌다. 우리는 이 점진적 재구성을 이 책의 시연 동영상을 통해 보여줄 것이다.

가족치료 기술을 가르치는 이러한 실용적 접근의 또 다른 외부적 이유는 증거기반 실천 경향이 가족치료의 통합적 모델을 도입하도록 했기 때문이며 이는 4장에서 다루어진다. 통합적 모델은 그 모델에서 구체적인 기술을 추출하고 구별하거나 강조하기 어려운 방식으로 가족치료 기술을 내재하고 있다. 따라서 이 모델을 배우는 학생들은 이러한 구체적 기술을 실제로 봄으로써, 임상 실제에서 자신들이 그 기술을 발전시키고 적용하는 데 필요한 도움을 받을 수 있다.

마지막 이유는 심리치료가 다양한 시도를 통해 전통적으로 배제되었던 대상들의 접근성을 확대시키고자 하는 르네상스를 겪고 있다는 것이다. 가족치료는 특히 이미 확립된 증거기반 덕분에 특히 아동 서비스 영역에서 중심적 역할을 수행하고 있다. 따라서 부모 프로그램, 인지행동훈련, 그리고 아동 및 청소년의 정신건강(예: www.minded.org.uk/) 영역에서 가족치료 기술과의 접목에 대한 수요가 늘고 있다. 새로운 수요자들은 소수를 위한 엘리트 수련보다는 실용적인 기술의 습득을 갈망한다.

　가족치료 기술을 가르치고 배우는 데 있어 실용적 접근에 대한 수요를 증가시키는 다양한 내부적 이유가 있다. 그중 하나는 가족치료사들이 선호하는 전통적으로 복잡한 이론들에 대한 접근성을 확대시키는 것이다. 그러한 이론들은 매력적일 수는 있으나 수련생이나 새로 상담을 공부하고자 하는 사람들에게는 여전히 접근이 어려운 실정이다. 예를 들어, 사회구성주의의 난해한 내용들(2장과 7장 참조)은 화가 난 부모를 마주한 가족지원 실무자에게 큰 도움이 되지 않는 반면, 재구성(6장)이나 실연(5장)은 유용한 팁을 제공할 수도 있다. 현대 사회에서 가족치료사가 실제 훈련되는 방식은 이 책이 강조하고 있는 부분과 맞닿아 있다. 가족치료사들은 실제 상담을 진행하는 도중에 수련생들에게 슈퍼비전을 제공하곤 했다. 이는 슈퍼바이저가 한 회기 동안 수련생을 in vivo의 방식으로 지도할 수 있는 다양한 방법을 포함하였다. 예를 들어, 저자 중 한 명(마크 리벳)은 일방경 뒤에서 관찰하고 있는 슈퍼바이저로부터 치료 회기에 대한 실시간 지도를 들을 수 있도록 그의 귀에 내장형 이어폰을 착용하기도 했다. 이러한 전통적 훈련 방식은 협력적 접근과 '반영 팀 작업'(10장 참조)의 영향으로 줄어드는 추세이다. 따라서 가족치료사들이 자신의 기술을 이러한 '분절된' 방식으로 탐색하는 것은 드문 일이 되었다.

알아보기

In vivo란 실제 사건과 관련되어 실제 세계에서 실시간으로 일어나는 것을 의미한다. 여기서는, 한 가족과 실제 상담을 진행하는 과정에서 슈퍼비전을 받는 수련생을 일컫는다.

　이러한 방식으로 가족치료 기술을 제공하는 것이 중요함에도 불구하고 간과해서는 안 될 위험들이 존재한다. 첫째는 종종 한 시연 동영상이 의도하지 않은 내용도 보여 주게 되는 경우이다. 치료사로서 저자들은 시연 동영상이 가족치료계뿐만 아니라 더 넓은 상담 혹은 심리치료 현장에서 어떻게 받아들여질지에 대한 불안과 타협해야 했다. 따라서 저자들은 '구체화된' 작업을 드러냄에 있어서 철저히 겸손한 태도로 임하고 있다. 본 가족치료 시연 동영상들을 통해 더욱 활발한 논의, 실천, 그리고 건설적인 분석이 수행되

기를 기대한다. 그것은 '어떻게 해야 하는가'의 완벽한 예가 아니라, 오히려 '나는 어떻게 더 잘할 수 있었을까?'에 대한 촉매제인 것이다. 이런 의미에서 시연 동영상들은 독자나 시청자에게는 일종의 도전이 될 수 있다. 비록 그렇게 의도된 과정이기도 하나, 시연 동영상들이 궁극적으로는 완성품이 아니길 바란다. 교사에게는 학생이 자신의 역량을 초월하는 것을 보는 것만큼 큰 보상이 없다.

이러한 맥락에서, 영상이 제작되는 방식에 대한 설명이 필요할 듯하다. 배우들은 이틀에 걸친 저자들과의 대화를 통해 임상 사례의 가족을 만들어 냈다. 각 시나리오는 배우들과 치료사를 위한 기본 각본을 가지고 있었지만, 실제 회기에서는 즉흥적인 대화들이 주를 이루게 되었다. 이러한 방식으로 임상 시연 동영상을 제작하는 것은 온전하게 임상 실제를 재창조하는 것이라 보기는 어렵다. 예를 들어, '진짜 상담'에서 치료사들은 영상만큼 일관성을 가질 수는 없으며, 한 번에 '오직' 한 기술만을 사용하지는 않게 된다. 마찬가지로, 모든 임상 실제는 위험, 안전, 그리고 관리의 의무에 대해 견고한 주의를 기울여야 하는 것이 마땅하나, 이러한 노력은 시연 동영상에서는 포착되지 않았다. 하지만 회기가 진행됨에 따라 때때로, 재현이 잘된 현실이 구성되기도 했는데, 이는 이러한 기술들이 가족과의 임상 작업 실제에서 가치 있고 적용 가능한 기술임을 보여 주었다.

이 책은 가족치료 현장에서 '멘토링'이나 '도제식 수련'을 경험하지 못한 학생과 임상가를 위해 구성되었다. 또한 사회복지 훈련, 상담 교육과정, 그리고 최근의 아동 · 청소년 심리치료 접근성 확대(Children and Young People's Increasing Accesse to Psychological Therapies: CYP-IAPT) 과정에서 사용하기 위해 설계되었다. 그러나 일련의 가족치료 훈련 프로그램을 마친 학생들의 경우는 이 책에서 어느 정도의 틈새를 볼 수 있다. 이 책에는 가족치료의 사회구성주의적 관점 또는 대화적 형태와 관련된 내용은 거의 담기지 않았다. 이 가족치료학파들의 영향이 7장과 10장에서는 강하게 나타나지만 따로 독립된 장으로 구성하지는 않았는데 이는 최소 두 가지의 이유 때문이다. 하나는 이 가족치료학파들(특히 유럽과 영국에서 큰 인기)은 그들의 철학과 모순되기 때문에 의도적으로 '기술'을 강조하지 않았다는 것이다. 때문에 이 학파의 어떤 점들을 15~20분가량의 짧은 시연 동영상에 담기에는 어려움이 있다. 두 번째 이유는 증거기반 통합적 모델이 이렇게 철학적이고 형태가 없으며 포장하기 어려운 접근 방식을 통해 명시적으로 구체적 기술들을 언급하는 경우가 드물기 때문이다. 독자들로 하여금 스스로 자신만의 임상 기술을 개발하도록 설계된 이 책의 강조점을 고려할 때 철학적이거나 비정형적인 주제들은 이 책에서 정교하게 다루지 않기로 하였다. 하지만 우리는 이 책이 가족치료의 세계를 탐색하도

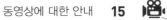

록 독자들을 격려하고, 이 책에서 중점적으로 다루지 않은 다른 접근 방식들까지 관심을
갖게 해 주기를 희망한다.

이 책과 시연 동영상에 대한 안내

앞서 언급했듯이, 이 책은 시연 동영상을 함께 시청하며 읽어 나가는 것이 유용하다.
영상의 대본은 장별로 포함되어 있지만, 가능한 한 해당 동영상을 시청하는 것이 좋다.
각 장의 해당 시연 동영상은 https://family.counpia.kr/로 접속하여 회원가입 후 무료로
시청 가능하다. 책과 시연 동영상을 통해 서로 다른 두 가족과의 실제 임상 실습과 같은
일련의 만남을 경험할 수 있다. 구체적인 가족 정보는 이 장의 말미에 제공된다. 2장에서
는 가족치료의 기저에 흐르는 기본적인 은유를 서술하였다. 짧은 장이지만, 아마도 책에
서 가장 중요한 장일 것이다. 3장은 가족치료에서 가족사정이 어떻게 작동하는지에 대
한 풍부한 설명이 제공된다. 시연 동영상에서는 치료사(마크 리벳)가 가족과 함께 가족사
정을 확장해 나가는 한 예를 제공한다. 4장은 가족치료에서의 치료적 동맹과 가족구성
원들을 가족생활 개선을 위한 공동의 노력에 참여시키는 방법에 중점을 둔 통합적 가족
치료 실제를 탐구한다. 치료사(마크 리벳)가 가족과 '대화에 대해 이야기하는(talking about
talking)' 내용이 시연 동영상에 담겨 있다. 다른 장들이 특정 모델의 기여를 풀어내어 독
자가 그것들을 배울 수 있도록 돕는 것과는 대조적으로, 4장은 현대 가족치료 실제를 더
욱 밀접하게 반영하기에 차별점이 있다. 5장, 6장, 7장, 그리고 8장은 특정 가족치료학파
와 관련 영상들로서 그 학파에 의해 물려받은 (대개) 한 가지 기술씩을 보여 준다. 9장은
이미 논의된 기술들을 개별 내담자와의 작업 현장으로 이동시킨다. 마지막 장(10장)은 슈
퍼비전과 반성적 임상 실제에서 체계론적 이해를 어떻게 사용할 수 있는지에 대해 논의
를 확장한다. 각 장은 다른 장들과 독립적인 특성을 보이지만, 이 책은 진정한 의미에서
의 체계론적 방식으로, '전체는 부분의 합보다 크다'는 논제를 실천한다. 독자들은 자신만
의 기술을 개발하기 위해 장별로 필요한 부분을 선택하여 활용할 수 있다. 각 장은 해당
이론의 핵심을 요약해 주며 시작되는데, 이를 통해 독자들은 관심 있는 주제를 쉽게 찾아
볼 수 있다.

각 장별로 '알아보기' 상자와 '과제' 상자가 수록되어 있다. '알아보기'는 장의 핵심 내
용의 맥락을 설명하여, 독자가 각 장의 진도를 나가면서 편리하게 정보를 얻을 수 있도

록 도움을 제공한다. '과제'는 독자가 경험적으로 학습을 확장하고, 기술된 이론에 대한 개인적 참고자료를 찾을 수 있도록 도와준다. 각 장별 본문은 독자를 해당 장과 관련된 시연 동영상으로 안내한다. 시연 동영상을 시청하지 않는 경우, 책에 수록된 영상의 대본을 참고할 수 있다. 책의 전반을 통해, 제시되는 이론의 이미지를 구체적으로 상기시킬 수 있도록 은유를 사용하였다. 이는 독자가 상상의 나래를 펼칠 수 있기를 희망하며 스토리텔링의 관점에서 이루어졌다. 또한 제시된 개념들의 이해를 극대화하기 위해 표를 구성하여 삽입하였다. 이는 때때로 본문을 끊어지게 한다. 독자들이 표를 들여다보는 데 들인 시간은 폭넓은 이해로 보상받게 될 것이라 믿는다.

이 책의 중심이 되는 두 가족을 소개하고자 한다. 전술하였듯이, 영상 제작을 위해 합류한 배우들이 개별 가족구성원의 역할을 맡게 될 것이다. 두 가족의 일반적인 특징이 가족치료사가 작업할 수 있는 여느 가족들과 비슷할 수 있지만, 특정한 가족을 바탕으로 추출된 모습이 아님을 강조하고자 한다. 그들은 '특정한' 것이 아닌 '대표적인' 가족 형태일 뿐이다.

사례 가족에 대한 안내

첫 번째 가족(3~7장)(치료사: 마크 리벳)

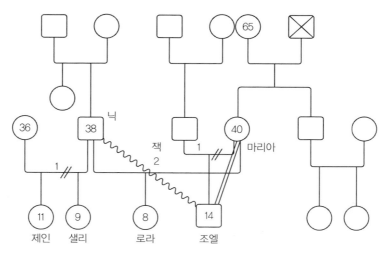

[그림 1–1] 조엘의 가계도

조엘: 혼합가족(blended family)의 맥락에 있는 청소년의 우울증을 다루는 사례([그림 1-1]은 조엘의 가계도를 보여 줌)

의뢰 시 주어진 정보

- 조엘은 지목된 환자(Identifed Patient: IP)이다. 그는 어머니(마리아), 의붓아버지(닉), 그리고 8세 된 이부 여동생(로라)과 함께 사는 14세 소년이다.
- 그는 어머니 마리아가 그가 '우울하다'고 걱정되어 병원에 데려갔을 때 조엘을 진료했던 가정의에 의해 가족치료사에게 의뢰되었다.
- 가정의는 의뢰서에 조엘이 친아버지와 접촉이 없고 엄마인 마리아가 동유럽 출신이라고 기록했다. 또한 마리아의 영어가 괜찮아서 회기를 진행하기 위해 통역사가 필요하지는 않다고 언급했다.

초기 정보

조엘은 대부분의 시간 동안 고립되어 있고 불행하며, 집에서는 이것이 그와 닉 사이의 갈등으로 폭발할 수 있다고 보고되었다. 닉은 택시 운전사이고 마리아는 현지 초등학교에서 수업 조교로 일하고 있다. 조엘은 현지 종합학교에 다니며, 학구적으로 보이지만, 지난 2년 동안 학교에 잘 적응하지 못한 것으로 보인다.

알아보기

가족치료사는 보통 가족을 만나기 전에 전화 통화를 통해 추가 정보를 수집하게 된다. 이 통화는 가족의 위험 수준을 주의 깊게 살피고, 의뢰된 맥락과 해당 가족에 대한 정보 습득에 유용하다.

추가 가족 정보

마리아(현 40세)는 첫 번째 남편 잭(조엘의 아버지)과 함께 22세 때 슬로바키아에서 영국으로 건너왔다. 잭은 장거리 트럭 운전사였고 마리아나 조엘에게 정서적인 측면에서 역할을 거의 하지 못하였다. 마리아와 잭의 관계는 그가 일하러 다니면서 외도를 해 왔다는 것을 그녀가 발견하고 끝이 났다. 잭은 결혼 생활이 끝난 지 10년이 되도록 조엘과 아무런 접촉이 없었다. 조엘이 잭을 마지막으로 본 것은 4세 때였다. 마리아와 닉은 그가 택시로 그녀와 조엘을 유치원에 데려다줄 때 처음 만났다. 닉과 마리아는 6년째 결혼 생활 중이다.

닉은 이전 결혼에서 두 딸을 두었고, 그 딸들은 가끔 닉의 현재 가족과 함께 머물기도 한다. 닉은 '문제가 많은 어린 시절'을 보냈고 '보호관찰 대상' 아동이었으며, 지방 자치 단체의 보호 아래 시간을 보냈다. 마리아는 장녀이며, 슬로바키아에는 주임 교사인 남자 형제가 있다. 그녀의 아버지도 주임 교사였고 마리아가 18세 때 돌아가셨다. 그녀의 어머니는 슬로바키아에 생존해 있으며 은퇴한 교사이다. 마리아는 매년 슬로바키아를 방문하는데, 조엘이 함께 가기를 거부하기 때문에 닉도 종종 조엘과 함께 영국에 남아 있는다.

두 번째 가족(8~9장)(치료사: 조앤 부흐뮐러)

제스: 부모의 약물 문제 가족력 안에서 섭식장애 경험이 있는 청소년과의 작업 사례([그림 1-2]는 제스의 가계도를 보여 줌).

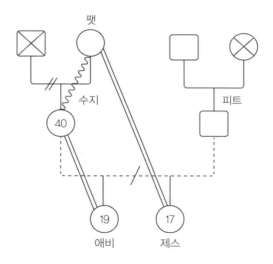

[그림 1-2] 제스의 가계도

의뢰 시 주어진 정보

• 제스는 지목된 환자(IP)로서 17세이며 어머니 수지(40세)와 함께 살고 있다. 그녀는 두 살 터울의 언니 애비(19세)가 있다. 외할머니(팻)는 근처에 살고 있으며 일부 회기에 참여할 수 있었다.

• 제스는 섭식 문제로 어머니에 의해 병원으로 가게 되었고, 그녀의 가정의에 의해 가

족치료사에게 재의뢰되었다. 제스는 과거 거식증의 병력이 있었지만 의뢰 시점 기준으로 거식증 진단 기준에 부합하지 않았다. 가정의는 그녀의 이전 병력을 고려하여 예방적 조치로 이 사례를 의뢰하였다.

초기 정보

제스는 간헐적으로 대학에 다니며 시험을 준비하고 있다. 수지는 제스가 정상적으로 식사하는 것을 돕는 데 어려움을 겪고 있으며, 이것이 그들의 관계에 부담을 주고 있다. 수지는 제스가 어렸을 때 거식증으로 입원 치료를 받았기 때문에 제스를 매우 걱정한다. 할머니 팻은 제스를 지지해 준다. 과거에 제스는 드라마 동아리에 참여하기도 했지만, 최근에는 외부 친교 활동을 하지 않고 있다. 언니 애비는 출타하여 대학에서 공부하고 있으며 가족치료 회기 참여가 어려웠다. 제스와 애비는, 제스가 태어난 후 가족을 떠난 아버지 피트와 연락하지 않고 있다.

추가 가족 정보

수지는 기분 저하, 우울증 및 알코올 의존의 병력이 있다.

수지와 피트 사이의 관계는 제스가 아기였을 때 끝이 났다. 그 이후 몇몇 파트너가 있었지만 그녀는 다른 장기적인 관계를 가진 적이 없다. 제스나 애비는 아버지 쪽 가족과 연락을 끊은 상태이다. 애비는 어머니와 가까운 관계이며 그녀에게 지지적이다. 수지는 비밀이 있을 때 애비와 나누며, 제스는 애비와 수지가 합심하여 자신에게 '몰려든다'고 느낀다. 팻은 수지가 과거에 알코올 의존으로 손녀들의 돌봄을 소홀히 했다고 비난한다. 팻은 수지의 우울증이 그녀의 양육 능력에 영향을 미쳤고, 수지가 과거에 자가치료(예: 대처) 목적으로 술을 마셨다는 사실을 인정하지 못한다. 수지는 현재 꽤 오랫동안 금주 상태이며 지원 서비스를 받고 있다. 팻은 우울증의 병력이 있지만, 자신의 우울증과 수지가 우울증을 경험하는 것 사이의 연관성을 인정하는 데에는 어려움을 겪고 있다. 수지의 아버지는 그녀가 아기였을 때 가족을 떠났고, 그 후 그녀의 부모는 이혼하였다. 팻은 그가 곧 사망했다는 것을 알게 되었다.

Family Therapy 제2장

가족치료
오케스트라의 협주 듣기

요점정리

- 가족치료는 사람들 내부에서 일어나는 일이 아닌, 개인들 사이의 공간에 관심을 두는 관계적 치료이다.
- 대부분의 가족치료의 근간을 이루고 있는 기본 개념은 체계이론이다.
- 가족치료는 풍부한 개념과 사고, 다양한 학파 및 광범위한 기술들을 가지고 있다.
- 가족치료의 역사는 50년 이상을 거슬러 올라간다.
- 가족치료에 대한 근거기반 구축은 지속적으로 성장하고 있다.

서론

음악을 들을 때 우리는 두 가지 접근 방식 중 하나를 취할 수 있다. 일단 개별 악기에 초점을 맞출 수 있다. 바이올린이 어떻게 감정을 불러일으키는지, 혹은 기타 연주의 한 부분이 어떻게 우리 마음을 통해 움직임을 일으키는지 예리하게 들어 보는 것이다. 또는 전체적인 소리에 집중할 수도 있다. 즉, 개별 연주자들에 대한 감상보다는, 밴드나 오케스트라가 어떻게 함께 어우러져 듣는 이의 마음에 스며드는 소리의 집합적 파도를 만들어 내는지를 새로운 감정으로 몰입해 보는 것이다.

가족치료가 과연 무엇인가에 대한 답을 오케스트라를 통한 비유로 대비해 볼 수 있다. 가족치료가 발전해 온 역사만큼이나, 그것이 담고 있는 중요한 메시지를 표현하고자 수많은 비유가 제시되었다. 자연에서 온 비유(Rivett and Street, 2009), 종교를 통한 비유(Bateson and Bateson, 1987), 과학에서 차용한 비유(O'connor and McDermott, 1997), 그리고 드라마에서 온 비유(Asen, 1995) 등은 모두 그 핵심 아이디어를 밝히기 위한 시도들이었다. 여기서 모든 비유를 관통하는 공통점이 있는데, 그것은 이 비유들이 모두 개인이 아니라 그 개인들 사이의 공간을 가리키고 있다는 사실이다. 이 비유들은 개인들 사이의 공간이 비어 있지 않다는 것을 강조한다. 마치 우주론에서 밝히고 있듯이 별들 사이의 공간이 비어 있지 않고 보이지 않는 숨겨진 잠재력(이 경우에는 암흑 물질)으로 가득 차 있는 것처럼. 그러나 불행히도 이 잠재력은 이해하기에 난해하다. 가족치료사들이 그렇게도 많은 비유를 사용해야만 했었다는 사실이 이를 증명한다.

과제 1　자신을 오케스트라의 일부라고 생각해 보자

자신의 삶 속에 있는 많은 사람과의 관계를 떠올리는 시간을 가져 보자. '그들'을 '분류'해 보라. 몇몇은 가깝고, 누군가는 멀고, 어떤 이는 과거로, 또 다른 누군가는 지금도 현재진행형인 관계일 것이다. 어떤 관계들이 당신이 누구인지를 '정의'하는가? 관계에 따라 당신은 다른 사람인가? 이제 이러한 관계들이 당신을, 만일 제한했다면, 어떻게 제한하고 있었는지 생각해 보라. 가족치료사들은 가끔 "우리가 변화되지 않도록 만드는 것은 다름 아닌 우리가 사랑하는 사람들이다."라고 말하기도 한다. 이 말이 당신에게도 해당되는가?

[그림 2-1] 그레고리 베이트슨
출처: Bateson Idea Group

때로는 그것들이 아무것도 가리키지 않고 있는 것처럼 느껴질 수 있다. 이는 어쩌면 가리키고 있는 것이 보이지 않기 때문일 수도 있다. 가족치료의 창시자로 알려진 그레고리 베이트슨(Gregory Bateson, 1972: 434)이 말했듯, 이는 또한 인간이 자신의 "체계론적 본성을 보지 못하기" 때문일 수도 있다. 다시 말해, 마음은 그러한 공간들을 알아차리기 위해 의도적 노력을 해야 한다.

가족치료는 인간을 고정되고 분리된 구조가 아닌 연결의 망, 인간과 인간 사이에 에너지가 흐르는 통로로 보는 마음의 훈련을 요구한다. 한 인간은 관계들의 과정이다. 이러한 관점에서, 우리의 모든 삶은 패턴으로 가득 차 있으며, 현재에 영향을 미치는 관계적 기억들과 그러한 관계에 대한 인간 간 이야기를 제공하는 문화들로 채워져 있다.

인간 생활에 대한 이러한 이해는 인류 역사의 수천 년 동안 나타났다. 그러나 이런 관점이 1950년대에 심리치료 영역에서 등장했을 때, 당시 널리 수용되던 권위 있는 지식에 반하는 급진적이고 도전적인 관점으로 여겨졌다. '손상된 어린 시절'이나 '신경증적 사고'에 집중하여 개인만을 대상으로 작업하는 대신, 가족치료는 심리적 어려움을 지속시키거나(또는 야기하는) 관계적 패턴을 찾고자 하였다. 가족치료사들은 치료사들이 가족 집단과 함께 작업할 필요가 있음을 주지시켰다. 그들은 프로이트나 로저스의 심리이론 대부분을 피하고자 하였다. 가족 내 연결 패턴을 변화시키는 행동적이고 실용적인 방법을 채택했으며, 깊게 뿌리박힌 정신질환과 식이장애 진단 등 다른 심리치료가 실패한 곳에서 치료가 가능하다고 주장하였다(더 자세한 내용은 다음을 참조: Bitter, 2009; Dallos and Draper, 2010; Doherty and McDaniel, 2010; Goldenberg and Goldenberg, 1996; Lawson and Prevatt, 1999; Nichols and Schwartz, 2012).

체계이론

'관계적 사고'를 유지하는 것은 어렵다. 대체로 사람들은 자신과 주변 세계에 대해서만 생각하며, 자신이 속한 세계 내의 관계들에 대해서는 덜 고민한다. 오케스트라를 예로 들면, 우리는 대부분 우리가 어떻게 연주하는지에 대해서만 생각하고, 집단 전체나 옆 사람과의 연결에 대해서는 잘 생각하지 않는다. 가족치료사들은 종종 이러한 삶의 방식을 순환적(circular)이 아닌 단선적(linear) 방식이라 묘사한다. 비유를 통해 설명하면, 마치 '단단한' 당구공(개인)이 테이블 위에서 다른 공(타인/세계)들을 치며 이동하는 것처럼 행동한다고 볼 수 있다. 즉, 한 공이 다른 공을 치고 그 공이 움직이는 사이에는 단선적인 관계가 존재한다. 순환적 사고는 공들이 단단하지 않고 유동적이며, 서로 합쳐지면서 테이블 주위를 움직이는 방식에 따라 때때로 결정되는 패턴으로 다른 공들과 합쳐진다고 보는 관점이다. 따라서 상호작용의 패턴을 예측하는 것이 훨씬 덜 가능하며, 이를 '순환적 패턴'이라 칭한다.

알아보기

단선적(선형적): 연속된 행위의 순서를 말함. 한 단계 한 단계 순서대로 진행됨.
순환적: 순환을 만들어 가며 움직이는 것을 말함.

이 설명은 체계이론의 본질을 담고 있다. 체계이론은 개별 요소들의 집단이 어떻게 상호작용하는지에 대한 아이디어들의 체계이다. 가족치료사들은 패턴과 관계에 집중하기 위해 체계이론을 활용한다. 처음 체계이론을 발견했을 때, 가족치료사들은 이를 매우 진지하게 받아들였으며(Watzlawick et al., 1967 참조), 때로는 치료를 위한 과학적 모델로서 지나치게 강조한 경향이 있었다. 본 책에서는 체계이론(및 그 사촌인 사이버네틱스이론)을 '실재에 대한 순수한 과학적 설명'보다는 관계, 상호작용, 과정에 초점을 맞추는 데 도움이 되는 비유로 해석하고자 한다.

알아보기

맥락이란 어떤 사건이 일어나는 상황을 말하는 것으로, 맥락은 그 사건의 의미를 설명하는 데 도움이 된다.

체계이론(더 자세한 설명을 위해 Dallos and Draper, 2010 참조)은 기계나 생명 유기체가 관계들의 혼합체로 기능한다고 주장한다. 이 이론은 이러한 관계들 때문에 '전체는 부분의 합보다 크다'고 주장한다. 벡바와 벡바(Becvar and Becvar, 1999:6)는 다음과 같이 언급한다.

체계론적 관점은 가족의 각 구성원을 다른 가족구성원과의 관계 속에서 보게 하며, 각자가 다른 사람들과 영향을 주고받는다고 본다.

체계론적 관점에서 사고하는 것은 다양한 '부수적인' 결과를 야기한다. 그중 하나는 모든 행동이 그것이 내재된 인간 체계의 맥락 안에서만 이해될 수 있다는 것이다. 예를 들어, 전통적인 심리치료는 부모에 대한 분노를 해결되지 않은 과거의 정서적 경험에 의해 '유발된' 것으로 이해할 수 있다. 하지만 체계론적 관점에서는, 분노가 표현되기 이전의 상황과 이후에 일어나는 상호작용, 그리고 이 가족의 맥락에서(심지어 더 넓은 문화 내에서도) 부모에 대한 분노를 표현하는 것이 지니는 대인관계적 의미를 모두 고려한다. 가족치료사들이 맥락에 대해 많이 이야기하는 이유는 체계론적 사고의 이러한 측면 때문이다.

체계이론이 야기하는 두 번째 부수적 결과는 체계가 어떻게 작동하는지에 대한 다양한 아이디어들이다. 그중 일부분이 〈표 2-1〉에 정리되어 있다.

(체계이론에 대한 자세한 설명과 가족치료와의 관련성은 Smith-Acuña, 2011 참조)

과제 2

당신 가족의 현재나 과거를 떠올려 보고, 앞에서 설명한 측면들이 가족 내에서 어떻게 작동하였는지 그려 보라. 의사소통은 어떠하였는가? 누가 결정을 내렸는가? 어떤 종류의 규칙이 있었는가?

체계이론과 사이버네틱스(기계에 적용된 체계이론)는 매우 기계적인 것처럼 들린다. 따라서 여러 가족치료사들은 해당 이론이 가족체계(또는 일반적인 인간체계)에 어떻게 적용되고 있는지에 대해 의문을 제기하기 시작하였다(Rivett and Street, 2003). 그래서 1970년대에는 '2차 사이버네틱스'(이전의 사이버네틱스는 '1차 사이버네틱스')로 불리는 것이 등장했다. 이론가들은 특정 체계의 관찰자가 그 체계의 외부에 있는 것이 아니라, 자신의 경험이나 체계에 따라 이미 '보도록 결정된' 것을 보고 있다고 지적하였다. 예를 들어, 한 치료사가 공공연하게 부모와 다른 의견을 내는 아이를 가진 가족을 본다고 가정해 보자. 만약 치료사가 부모의 권위를 중요시하는 가족이나 문화에서 왔다면, 그(녀)는 이 가족을 '역기능적인' 가족으로 보게 될 것이다. 하지만 치료사가, 어린 사람들이 의견을 존중받고 독립적인 목소리를 내도록 성장하는 것을 가치 있게 여긴다면, 이러한 상황을 역기능적으로 여기지 않을 것이다. 이 가족을 전쟁 지역과 같은 다른 맥락에 놓는다면, 자녀가 가족 의사 결정에 참여하고 생존을 위해 적극적으로 돕는 모습은 완벽하게 기능하는 가족을 의미할 것이다. 이렇듯 더욱 세밀한 이해를 통해 체계이론의 몇몇 새로운 용어가 가족치료 용어에 포함되게 되었다. 모든 가족은 각자 다양한 관점을 가질 수 있다는 생각이 실재에 대한 '다중 관점(multi-perspectives)'이나 '멀티버스(multi-verse)'로 불리게 된다. 또한 2차 사이버네틱스의 등장과 함께 가족치료사들은 자신이 알고 있다고 생각했던 것에 대해 겸손해질 필요성을 느꼈다. 이러한 반성적 태도로 인해 치료사들은, 많은 가족체계가 자신들이 해야 한다고 생각하는 것의 한계 안에서는 꽤 잘하고 있다고 보게

표 2-1 체계는 어떻게 작동하는가

체계의 '속성(quality)'	용어 설명	가족에의 적용
체계는 체계 간 그리고 그러한 체계들을 둘러싸고 있는 다른 체계들의 영향을 통제하는 경계를 가진다.	이러한 경계는 단단할(경직되어 있을) 수도 있고, 느슨할(유연할) 수도 있다. 체계의 부분 간에는 내부 경계가 있을 수 있다.	어떤 가족들은 매우 '사적'이어서 상담에 오는 것이 너무 힘들다. 또 어떤 가족들은 뚜렷한 형태가 없기에, '가족에 누가 속해 있는지?'에 대해 명확하게 정의하기 어려울 수 있다.
의사소통은 체계 내, 체계 간 모두에서 중요하다.	사람들 사이의 관계를 보기 시작하면 의사소통의 중요성을 알게 된다. 의사소통이나 '정보 교환'은 때로는 관계의 본질을 제공하는 것이다.	어떤 가족들은 소통을 많이 한다. 또 어떤 가족들은 그렇지 않다. 일부 가족들은 어떤 것들에 대해서는 이야기하지만 또 어떤 것들에 대해서는 이야기하지 않는다.
피드백을 한다.	이는 의사소통의 한 형태이지만, 특히 '새로운' 정보가 있거나 의사소통이 일어날 때 체계 내부나 체계 간의 반응을 의미한다. 피드백은 긍정적일 수도 부정적일 수도 있다.	한 가족구성원이 다르게 행동하면 다른 이들이 이에 대해 피드백을 제공하지만 이는 의식적이지 않을 가능성이 높다. 피드백은 새로운 행동을 중단시키거나 촉진시킬 수 있다.
'항상성' 또는 동일성을 유지한다.	대부분의 체계는 평형과 안정성을 유지하고자 한다. 지속적으로 변화하는 체계는 거의 없다[변화가 발생하기도 하며 이를 '형태발생성(morphogenesis)'이라고 한다].	가족은 한 가족구성원이 다른 사건으로 심각하게 손상되었을지라도 '계속 나아가도록 유지'하려는 경향이 있다.

체계 내에서는 모든 행동이 피드백을 유발하는 의사소통의 형태이다.	체계 내에서는 의사소통하지 않는 것이 불가능하다는 원칙이 있다. 게다가 체계 내 서로 다른 부분들은 그러한 의사소통을 다르게 해석한다.	예를 들어, 아버지가 직장에서 집으로 돌아와 기분이 안 좋은 상태라고 가정해 보자. 그의 배우자는 이것을 가정생활이 만족스럽지 않다는 신호로 해석할 수 있고, 아이는 이것을 거부로 해석할 수 있다.
체계 내에서 '인과성'은 순환적이고 상호 영향을 미치며 반복적 피드백 고리를 형성한다.	이것은 상호작용에 대한 단선적이고 순환적인 사고와 관련이 있다.	아이는 우울하다고 느끼고 그의 어머니는 자책하는 상황을 떠올려 보자. 아이는 엄마의 자책감을 자신의 책임으로 느끼고 더 우울해지게 된다. 여기서 시작과 끝을 구분하는 것은 불가능하다. 순서를 임의로 구분할 수는 있지만 이것은 순환 패턴에 맞지 않는다.
체계는 역사 및 공유된 의미를 갖는다.	체계가 '그냥 나타나는' 경우는 드물다. 그러므로 체계들의 공유된 경험은 중요하다.	가족은 세대에 걸쳐 비슷한 방식으로 자신을 정의할 수 있다. 동일한 문화적 사고들이 가족구성원의 사고방식에 영향을 미칠 수 있다.
생애 전체는 서로 맞물려 있는 체계로 구성된다.	생태학과 인간 문화에 대한 이해는 하나의 체계가 다른 체계 안에 자리 잡고 있음을 보여 준다. 체계들은 '위-아래로 모두 연결되어 있다!'	가족은 고립된 체계가 아니다. 가족은 더 넓은 사회와 커뮤니티를 연결한다. 가족이 기능하는 방식은 성별, 인종, 정치 등과 같은 사회적 과정들(또한 체계들)에 의해 영향을 받는다.
체계에는 구조와 내부 행동 규칙이 있다.	모든 체계 내에는 위계 및 상호 관련된 상호작용이 있다.	인류 전반에 걸쳐 가족은 매우 다양하다. 그럼에도 불구하고 모든 가족에는 구조를 설정하는 패턴이 있다. 부모는 어린 자녀들을 위한 대부분의 결정을 내리고 형제자매들은 동맹이나 갈등 등을 형성한다.

과제 3

다시 한 번 당신의 가족에 대해 생각해 보자. 가족에 대해 좀 더 다른 방식으로 생각해 보자. 주위의 다른 사람들은 당신 가족을 어떻게 묘사하였는가? 다른 가족구성원들은 당신 가족을 어떻게 묘사하였는가?

되는 태도를 가지게 되었다. 이는 치료가 개선을 가져올 수 있다는 '침입적' 가정을 종종 의심하던 인간체계에 대한 존중의 태도를 도출했다(Keeney, 1983).

가족치료사들은 가족치료에서의 체계이론의 가치에 대해 지속적인 논쟁을 펼쳐 왔다(Rivett and Street, 2003). 1980년대에 포스트모더니즘 사조가 가족치료 분야로 유입되었을 때, 많은 임상가가 비교적 덜 기계적인 개념들을 채택하였다. 인간체계는 '진짜(actual)' 체계가 아니라 세대에 걸쳐 축적된 일련의 의미들로 구성된 '언어적 체계(linguistic systems)'라는 주장이 제기되었다(Anderson and Goolishian, 1988). 이런 노선을 따르는 가족치료에서는 치료사가 가족들의 변화에 도움을 주기 위해 가족이 어떻게 작동하는지에 대한 이론 대신 대화를 사용하였다. 치료는 체계가 아닌 '의미'를 변화시키는 과정이었다.

체계이론에 대한 비판은 때때로 일부 가족치료사들이 체계이론을 전부 포기하는 이유가 되기도 한다. 이 책에서 다룰 몇몇 사람들은 이러한 비판 때문에 대개 체계이론을 '잊어버렸다'. 그래서 화이트와 엡스턴(White and Epston, 1990, 8장 참조)은 체계모델 대신 내러티브 접근 방식을 채택하였다. 이 시점에서 가족치료를 위한 이전의 은유로 돌아갈 필요가 있다. 체계이론은 사고의 방식이다. 그것은 특정한 방식으로 생각하는 과정을 배우는 방법으로써, 과학적 방식의 진리 탐구 측면에서 반드시 '참'일 필요가 없다. "지도는 영토가 아니다(the map is not the territory)"라는 베이트슨의 유명한 표현처럼, 이는 우리가 무언가를 어떻게 묘사하는지는 항상 근사치이며 묘사하고 있는 것의 본질을 완전히 요약하지는 못한다는 것을 의미한다. 우리의 관점에서 체계이론은 지도이다. 즉, 오케스트라를 듣는 법을 배우는 방법인 것이다. 지도는 오케스트라 자체일 수 없다.

가족치료 세계로의 안내

이쯤에서, 다음 장들에서 더욱 상세히 다뤄질 다양한 가족치료학파의 모델들과 출처에 대한 간략한 안내를 제공하고자 한다. 가족치료 자체가 우리가 듣고 있는 오케스트라라면, 이제 개별 악기들의 소리를 조금 들어 볼 시간인 것이다. 여기에서는 가족치료의 역사에 대한 포괄적인 설명은 제공하지 않으며, 이에 대해서는 다른 저작들을 참조하는 것이 유용할 듯하다(Bitter, 2009; Dallos and Draper, 2010; Doherty and McDaniel, 2010; Goldenberg and Goldenberg, 1996; Hoffman, 2002; Lawson and Prevatt, 1999; Nichols and

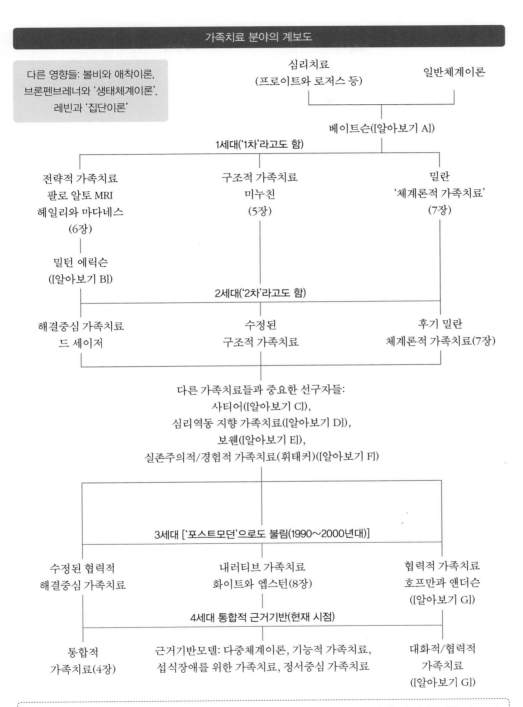

가족치료 분야의 계보도

다른 영향들: 볼비와 애착이론,
브론펜브레너와 '생태체계이론',
레빈과 '집단이론'

심리치료
(프로이트와 로저스 등)

일반체계이론

베이트슨([알아보기 A])

1세대('1차'라고도 함)

전략적 가족치료
팔로 알토 MRI
헤일리와 마다네스
(6장)

구조적 가족치료
미누친
(5장)

밀란
'체계론적 가족치료'
(7장)

밀턴 에릭슨
([알아보기 B])

2세대('2차'라고도 함)

해결중심 가족치료
드 세이저

수정된
구조적 가족치료

후기 밀란
체계론적 가족치료(7장)

다른 가족치료들과 중요한 선구자들:
사티어([알아보기 C]),
심리역동 지향 가족치료([알아보기 D]),
보웬([알아보기 E]),
실존주의적/경험적 가족치료(휘태커)([알아보기 F])

3세대 ['포스트모던'으로도 불림(1990~2000년대)]

수정된 협력적
해결중심 가족치료

내러티브 가족치료
화이트와 엡스턴(8장)

협력적 가족치료
호프만과 앤더슨
([알아보기 G])

4세대 통합적 근거기반(현재 시점)

통합적
가족치료(4장)

근거기반모델: 다중체계이론, 기능적 가족치료,
섭식장애를 위한 가족치료, 정서중심 가족치료

대화적/협력적
가족치료
([알아보기 G])

이 그림은 이 책의 장들과 목적을 반영하는 가족치료 분야의 계보도이며, 가족치료모델과 치료사 전체를 아우르는 표가
아님. 보다 포괄적 버전은 Bitter, 2011을 참조. 이 그림에 포함되지 않은 모든 혁신가와 임상가에게 사과를 표함.

[그림 2-2] 가족치료 분야의 계보도

Schwartz, 2012). 이 창의적인 심리치료 분야에 기여한 모든 중요한 사람을 언급하기에는 어려움이 있다. 가족치료 분야 중요 인물들을 소개하기 위해 '계보도'의 형식을 빌려 보았다([그림 2-2] 참조). 이는 이러한 유형의 가계도 중 하나의 버전일 뿐이며 안내자마다 다양한 형태로 제시하고 있음을 참고하기 바란다(Bitter, 2009).

[알아보기] 가족치료 분야의 계보도

알아보기 A

그레고리 베이트슨(Gregory Bateson, 1904~1980)은 가족치료의 '아버지'로 여겨진다. 그는 인류학자가 되었고, 또 다른 유명한 인류학자인 마거릿 미드(Magaret Mead)와 결혼하였다. 그가 남긴 인간과학 분야의 영향은 가족치료사들이 상담 시 취하는 '관찰자'적 역할에서 잘 드러난다. 연방 정부에서 지원받은 연구비가 계기가 되어, 가족생활에 주목하게 된 베이트슨은 그의 인류학적 관점을 정신건강에 적용하고자 하였다. 그는 캘리포니아주 팔로 알토에 베이트슨 프로젝트(the Bateson Project)를 설립하였는데 이는 이후 정신건강연구소(Mental Research Institute: MRI)로 명칭이 바뀐다. 베이트슨은 일생 동안 체계론적 접근을 설명하는 데 노력을 기울였다. 의사소통, 놀이, 가족패턴, 사회적 규범 및 동물 행동에 대한 그의 깊은 통찰력은 탐구심이 큰 사람들에게 끊임없는 자료들을 제공해 왔다. 그는 가족치료 내 여러 개념 발전에 주요한 원천을 제공하였는데, 특히 전략적 가족치료(6장) 및 밀란학파(7장)의 발전에 기여하였다. 그의 딸(Nora Bateson)이 영화 〈마음의 생태학(An Ecology of Mind)〉(2011)을 통해 그의 삶을 훌륭하게 재조명하였는데, 이 영화는 추천할 만하다. 그의 저서 『마음의 생태학을 향한 전진(Steps to an Ecology of Mind)』(1972) 또한 매우 훌륭한 업적으로 평가받는다.

알아보기 B

밀턴 에릭슨(Milton Erickson, 1901~1980)은 많은 가족치료사뿐만 아니라 신경언어프로그래밍(Neuro-Linguistic Programming: NLP)을 포함한 여러 분야의 심리치료에 큰 영향을 미쳤다. 그는 애리조나주 피닉스의 신경정신의학과 의사였으며, '환자들'의 변화를 돕기 위한 수단으로 최면 방법의 사용을 발전시켰다. 그는 또한 증상을 생성하거나 유지하는 행동을 방해하도록 설계된 역설적 과제를 사용했다. 그의 이례적인 접근법은 많은 치료사에게 호소력이 있었다(Geary and Zeig, 2001; O'Hanlon, 1987). 특히 에릭슨의 치료법이 치료자들 사이에서 유명해진 데에는 헤일리(Haley, 1973)의 공이 크다. 『한 미국인 치유자(An American Healer)』(Erickson and Keeny,

2006)를 포함하여 그에 대한 많은 책이 출판되었다. 영상 자료 또한 풍부하다. 영화 〈사막의 마법사(Wizard of the Desert)〉(감독: 알렉산더 베셀리, 노에틱 필름, 2014)를 추천한다.

알아보기 C

버지니아 사티어(Virginia Satir, 1916~1988)는 베이트슨과 헤일리와도 관련이 있지만, 1960년대 미국에서 널리 퍼진 '인본주의적' 모델에 더 많은 영향을 받았다. 그녀는 정서적 연결을 강조하는 가족치료 접근법을 개발했다(Satir, 1967). 그녀의 저작들은 당시의 반문화적 움직임과 일치하여 매우 큰 인기를 얻었다(Satir, 1972). 그녀의 접근 방식은 여전히 미국에서 영향력이 있지만, 영국이나 유럽의 가족치료 현장에는 널리 퍼지지 못했다.

알아보기 D

영국에서는 로빈 스키너(Robin Skynner, 1922~2000)가 가장 중요한 심리역동 지향의 가족치료사이다. 그는 집단치료뿐만 아니라 분석적 아이디어도 가족치료 영역에 도입했다. 그는 영국 코미디언 존 클리즈(John Cleese)와 공동 작업한 『가족 그리고 가족에서 살아남는 법(Families and How to Survive Them)』(1983)이라는 책으로 유명하다. 스키너는 런던에 교육 기관을 설립했으며, 그 기관에서는 여전히 가족치료사들이 수련을 받고 있다.

미국에서는 네이선 애커먼(Nathan Ackerman, 1908~1971)이 교육 및 치료를 병행하는 센터를 뉴욕에 설립하였고 이 센터는 지금도 운영 중이다. 그는 1940년대 '가족 전체에 대한 관찰'을 실험한 초기 심리역동기반의 치료사 중 한 명이었다. 그는 특히 가족구성원이 '희생양'으로 지목되는 과정을 설명하기 위해 분석적 아이디어를 개발하였다(Ackerman, 1958; 1966).

알아보기 E

머레이 보웬(Murray Bowen, 1913~1990)은 미국에서 엄청난 영향력을 가진 또 다른 가족치료사였다(Bregman and White, 2011). 그는 주거용 시설을 만들어 그 안에서 가족 상호작용을 연구한 최초의 연구자 중 한 명이었는데(Weinstein, 2013), 가족 내에서 발생하는 일을 설명하는 '규칙'을 발견하고자 하였다. 유럽에서는 그를 자신의 가족에 대해 '생체 실험'을 수행한 사람으로 기억한다. 이 실험은 그가 '원가족으로부터의 분화'를 가능하게 하도록 설계되었다. 그의 가족치료사 교육 방법은 이 모델을 계속 적용하고 있고 여전히 인기 있다. 그의 치료 방법은 지시적이면서도 창의적이었으며, 체계론적 방법과 심리역동적 방법의 혼합을 기반으로 하였다. 보웬은 가족치료에 가계도와 가족생애주기 개념을 도입하였다. 베티 카터(Betty Carter)(Carter and McGoldrick, 2005)는 보웬 가족치료로부터 고안된 그녀만의 훈련법을 바탕으로 이러한 방법을 널리 전파했다.

알아보기 F

칼 휘태커(Carl Whitaker, 1912~1995)는 종종 '인본주의—실존주의적' 가족치료사로 불린다. 여러 면에서 그는 어떤 정해진 이론을 적용하기보다 내담자가 치료 회기를 상호작용적 과정으로 경험하도록 시도하였다. 그 과정에서 가족들은 휘태커가 제공한 코칭의 도움으로 새로운 존재 방식을 시도하기도 하고, 위험을 감수하는 법도 경험하였다. 어떤 한 회기 동안에는 그가 바닥에 누워 있었는데 왜 누워 있는지 이유를 물었을 때, 그는 "이렇게 보면(이 관점으로 보면) 여러분이 서로에게 던지는 모든 나쁜 짓거리를 볼 수 있어요"라고 대답한 일화가 알려져 있다. 그의 치료 회기는 '놀이'의 형태였으며 에릭슨과 유사한 면이 많았다. 『가족을 위로한다(The Family Crucible)』(1978)에서 그와 공동 저자 네이피어(Napier)는 한 가족과의 전체 치료과정을 제시하고 있는데, 이는 꽤 읽어 볼 가치가 있는 내용이다.

알아보기 G

포스트모더니즘과 사회구성주의 사조의 영향을 받은 가족치료의 범위는 매우 다양하다. 이 가족치료 그룹에는 '협력적(collaborative)'(Anderson and Gehart, 2007; McCarthy and Simon, 2016) '대화적(dialogical)' 그리고 '인본주의적'이라고 불리는 치료들이 포함된다. 의미조율이론(Coordinated Management of Meaning: CMM), 강점탐구 질문(appreciative enquiry), 그리고 포지셔닝이론(positioning theory) 기반의 치료 등이 이 그룹에 속한다. 이 가족치료들은 때때로 근거기반실천에 반대하는 입장을 취하며, 실제 경험(lived experience)이 통계보다 더 중요하다고 주장한다. 이에 따라, 그들은 질적이고 협력적인 연구 방법을 채택하였다.

몇 가지 질문들

물론 아직까지 우리는 가족치료와 관련하여 제기될 명백한 질문들에 답하지 않았다. 그 첫 번째 질문은 '가족이란 무엇인가?'(가족치료라고 할 때 바로 그 가족)이다. 예상할 수 있듯이 답은 복잡하다. 초기 가족치료사들은 함께 살고 있는 다세대 가족집단과 일하는 것에 관심이 있었다. 초기 영국 작가 중 한 명은 "가족치료(는) 자연적인 사회체계, 즉 가족에 대한 심리치료적 처치"라고 언급했다(Walrond-Skinner, 1976: 1). 물론 가족치료가 처음 진화하기 시작한 1950년대 이래로 가족의 범위는 확장되었고, 가족이 '자연적'이라는 가정은 비판을 받아 왔으며, '핵가족'을 위해 설계된 1950년대 가족치료는 '적합성'이 줄어드는 추세이다. 게다가 가족치료는 함께 살지 않는 가족(예: 조부모나 이혼한 부모) 또는 세대 간 연결이 없는 가족구성원을 둔 입양/위탁 가족에게도 사용되었다. 따라서 가족치료는 발전을 거듭해 오고 있다. 가족치료는 이제 사람들의 선택에 의해 구성된 '가족'뿐만 아니라, 친구 관계망, 커뮤니티 구성원, 그리고 직장 동료를 포함한 모든 집단과의 작업을 포괄한다. 마찬가지로, 가족치료는 '핵가족'이 여성들의 잠재력 발휘를 방해하는 것과 초기 체계이론 형태가 때때로 인종주의, 연령주의 및 백인 서양 남성 지배의 문화적 우월성을 유지하는 데 일조했다는 것을 인식할 만큼 성장해 왔다(Carter and McGoldrick, 1999; McGoldrick and Hardy, 2008; McGoldrick et al., 2005; Rivett and Street, 2003). 더 최근에는, 게이 및 레즈비언 가족과 점점 다양해지는 트랜스젠더 가족들도 가족치료 대상으로 확대되고 있다(Bigner and Wetchler, 2012).

두 번째 질문은 '가족치료란 무엇인가?'이다. 우리는 이미 가족치료는 복수형으로 이야기해야 한다는 것을 확인했다(Rivett and Street, 2003). 실제로 다양한 가족치료들이 존재한다. 이 책에서 우리는 가족치료를 함께 살거나 어떤 정서적 연결(과거나 현재)을 가진 사람들과 함께 참여하는 관계적 치료로 가정한다. 하지만 가족치료(또는 대부분의 가족치료)에는 중요한 추가 요소가 있다. 대체로, 가족치료사들은 가족집단과 함께 작업하는 것이 상호작용적 그리고 관계적 패턴을 변화하는 데 최선의 기회를 제공한다고 생각했다. 이것은 종종 공동(conjoint) 치료, 즉 '함께하는' 치료라고 불린다. 이 가정은 체계이론 자체에서 나온 것이다. 이 이론에 따르면, 치료사는 체계가 평소와 같이 행동하는 것을 '보아야' 하며, 그 다음 (동의하에) 체계를 '슬쩍 찌르거나' 베이트슨의 표현으로는 '교란'하여, 그것이 변하기 시작하도록 도와야 한다. 이 설명 안에는 또 다른 함의가 있다.

가족치료는 가족체계 내에서, 적어도 초창기에는, 치료 시간 내에 변화를 일으키도록 설계되었다. 오케스트라의 비유로 돌아가면, 가족치료 회기는 가족이 새로운 방식으로 함께 연주하는 방법을 찾고 새로운 곡(들)을 연습하는 데 도움을 제공할 것이다.

또 다른 중요한 질문은 우리가 듣고 있는 음악이 가족치료인지 어떻게 아는가이다. 심리치료에서 '가족'을 언급하는 용어들은 혼란스럽게도 많다. 치료사들은 흔히 '가족작업' '가족개입' '가족기반치료' 등 많은 용어를 듣게 된다. 이러한 모델들 모두가 체계이론에 기반을 두고 있지는 않으며, 변화를 위한 초점이 관계적 공간이라는 전제를 모두 공유하지는 않는다. 예를 들어, '가족 대상의 상담(family counselling)'[1]은 가족들이 그들의 문제를 말로 표현하는 것이 변화가 일어나기 위해 필요하고 충분하다고 믿는 로저스의 철학을 따를 수 있다(O'Leary, 1999). 또 다른 이들은 가족의 면전에서 한 사람을 상대로 치료를 하는 것이 변화를 가능하게 한다고 보기도 한다. 비록 이것들이 엄격한 의미의 가족치료가 아니더라도, 우리는 이 혼란에 대해 실용적이고 포괄적인 반응을 취하고자 한다. 우리는 가족치료 내에서 개발된 기술이 가족과 함께 일하는 어떤 형태의 개입에도 유용하다고 간주한다. 다시 말해, 재구성(6장), 실연(5장) 또는 순환질문(7장)의 숙련된 사용은 반드시 가족치료 회기 내에서 사용되지 않더라도 널리 사용될 수 있을 것이다.

참고문헌

Ackerman, N. (1958). *The psychodynamics of family life*. New York: Basic Books.

Ackerman, N. (1966). *Treating the troubled family*. New York: Basic Books.

Anderson, H. and Gehart, D. (2007). *Collaborative therapy*. New York: Routledge.

Anderson, H. and Goolishian, H. (1988). *Human systems as linguistic systems*. Family Process, 27, 371-393.

1) 역자 주: 가족상담(family counselling)과 가족치료(family therapy) 라는 용어는 한국의 경우 호환적으로 사용되는 경향이나, 어떤 경우는 예방적 상담과 일반 관계문제에 초점을 둔 가족상담에 비해 가족치료가 정신건강과 관련된 문제 등에 활용된다고 보기도 한다. 그리고 두 분야 모두 기본적으로 체계론적 관점에 기초하고 있다. 가족상담과 가족치료 중 가족치료만이 체계론적 관점을 견지하고 있다고 보는 것은 저자가 속한 영국의 용례를 따른 것이라 생각된다.

Asen, E. (1995). *Family therapy for everyone*. London: BBC Books.

Bateson, G. (1972). *Steps to an ecology of mind*. New York: Ballantine.

Bateson, G. and Bateson, M. C. (1987). *Angels fear*. Toronto: Bantam Books.

Becvar, D. and Becvar, R. (1999). *Systems theory and family therapy*. Lanham, MD: University Press of America.

Bigner, J. and Wetchler, J. (2012). *Handbook of LGBT-affirmative couple and family therapy*. New York: Routledge.

Bitter, J. (2009). *Theory and practice of family therapy and counseling*. Belmont, CA: Brooks/Cole.

Bregman, O. C. and White, C. (2011). *Bringing systems thinking to life*. New York: Routledge.

Carter, B. and McGoldrick, M. (1999) (Eds). *The expanded family life cycle*. Boston, MA: Allyn & Bacon.

Carter, B. and McGoldrick, M. (2005). *The expanded family life cycle*. Boston, MA: Allyn & Bacon.

Dallos, R. and Draper, R. (2010). *An introduction to family therapy*. Maidenhead: Open University Press.

Doherty, W. and McDaniel, S. (2010). *Family therapy*. Washington DC: APA.

Erickson, B. A. and Keeney, B. (2006) (Eds). *Milton H. Erickson: An American healer*. Sedona, AZ: Ringing Rocks Press.

Geary, B. and Zeig, J. (2001). *The handbook of Ericksonian psychotherapy*. Phoenix, AZ: The Milton H. Erickson Foundation Press.

Goldenberg, I. and Goldenberg, H. (1996). *Family therapy: An overview*. Pacific Grove, CA: Brooks/Cole.

Haley, J. (1973). *Uncommon therapy*. New York: Norton.

Hoffman, L. (2002). *Family therapy: an intimate history*. New York: Norton & Co.

Keeney, B. (1983). *Aesthetics of change*. New York: Guilford Press.

Lawson, D. and Prevatt, F. (1999). *Casebook in family therapy*. Belmont CA: Brooks/Cole.

McCarthy, I. and Simon, G. (2016). *Systemic therapy as transformative practice*. Farnhill:Everything is connected Press.

McGoldrick, M., Giordano, J. and Garcia-Preto, N. (2005). *Ethnicity and family therapy*. New York: Guilford.

McGoldrick, M. and Hardy, K. (2008). *Re-visioning family therapy*. New York: Guilford.

Napier, A. and Whitaker, C. (1978). *The family crucible*. New York: Harper and Row.

Nichols, R. and Schwartz, R. (2012). *Family therapy: concepts and methods*. Harlow: Pearson

Education.

O'Connor, J. and McDermott, I. (1997). *The art of systems thinking*. London: Thorsons.

O'Hanlon, W. (1987). *Taproots*. New York: Norton & Co.

O'Leary, C. (1999). *Counselling couples and families*. London: Sage.

Rivett, M. and Street, E. (2003). *Family therapy in focus*. London: Sage.

Rivett, M. and Street, E. (2009). *Family therapy: 100 key points and techniques*. London: Routledge.

Satir, V. (1967). *Conjoint family therapy*. Palo Alto, CA: Science and Behavior Books.

Satir, V. (1972). *Peoplemaking*. Palo Alto, CA: Science and Behavior Books.

Smith-Acuña, S. (2011). *Systems theory in action*. New Jersey: Wiley & Sons.

Skynner, R. and Cleese, J. (1983). *Families and how to survive them*. London: Methuen. 22 Family therapy: listening to the orchestra

Walrond-Skinner, S. (1976). *Family therapy: the treatment of natural systems*. London: Routledge & Kegan Paul.

Watzlawick, P., Beavin Bavelas, J. and Jackson, D. (1967). *Pragmatics of human communication*. New York: Norton & Co.

Weinstein, D. (2013). *The pathological family*. Ithaca, NY: Cornell University Press.

White, M. and Epston, D. (1990). *Narrative means to therapeutic ends*. New York: Norton & Co.

Family Therapy 제3장

가족사정
알아야 할 것을 알아내기

요점정리

- 사정은 가족의 현재 상태를 파악하는 것이며, 모든 가족원의 강점과 그들이 겪는 어려움들을 포함해야 한다. 이는 사례개념화의 바탕이 된다.
- 가족관계를 사정하는 것은 단순하지 않으며, 일괄 적용되는 공식이 있는 것이 아니다. 이는 가족사정을 수행하는 방법이 다양할 수 있다는 것을 의미한다.
- 사정을 할 때는 다음 세 가지 질문을 유념해야 한다.
  1. 우리가 가족에 대해 알아야 할 것은 무엇인가?
  2. 가족이 문제에 어떤 영향을 미쳤는가?
  3. 문제가 가족에게 어떤 영향을 미쳤는가?
- 가족을 사정하기 위한 유용한 개념들이 있다(예: 가계도, 가족생애주기). 또한 연구기반으로 만들어진 다양한 가족사정모델들이 존재한다.
- 사정은 가족의 패턴이 현재 가족에게 일어나고 있는 일에 어떻게 기여했는지(기여 요인), 그리고 현재 일어나고 있는 일이 어려움을 유지시키고 있는 것은 아닌지(유지 요인)에 대한 탐색을 포함한다.

서론

불교 철학에서 '인드라의 그물'은 우주를 함께 묶어 주는 거미줄처럼 얇은 실로 이루어진 직조를 말한다. 이 그물은 무한하고, 감지할 수 없으며, 예상치 못한 요동이 가득하고 근본적으로 정의하기 어렵다. 이 비유는 가족치료에서의 '사정'의 개념과 완벽하게 들어맞는다. 가족들은 그 변화 양상이 너무도 복잡하고 개별 구성원의 이해가 서로 다르기 때문에, 그들을 사정하기 위한 구조를 마련하는 것이 때로는 부적절하고 비현실적인 것처럼 보인다. 더욱이, '그물'의 한 부분만을 떼어 내어 설명하기로 선택한다면(사정의 본질이 그러하듯이) 다른 부분들이 간과되어 치료사나 사정자가 나머지 부분들, 결과적으로는 그물 전체에 대해 보지 못하게 될 수 있다.

이는 가족치료에 있어서 사정의 어려움을 비유적으로 설명하는 것이다. 첫 번째 도전은 우리가 2장에서 설명한 바와 같이, 가족치료가 관계에 관심을 가지고 있다는 사실이다. 관계를 사정하는 것은 절대 간단하지 않다. 왜냐하면 가족원들은 그들의 관계를 서로 다르게 '볼' 수 있기 때문이다. 그래서 가족치료사는 가족사정 시 가족원 각각의 다양한 설명과 이해로 혼란스러움에 빠질 수 있음을 염두에 두어야 한다. 두 번째 도전은 가족치료사들이 전통적으로 그들의 설명이 내담자들의 설명보다 '더 낫다'고 감히 주장하지 않아 왔다는 것이다. 이 개념은 7장(밀란학파 및 후기 밀란학파)에서 더 다뤄질 것이지만, 체계론적 사고는 우리가 관계에서 보는 것을 해석하는 방식에 대한 겸손함을 의미한다는 것을 기억할 필요가 있다[밀란 팀은 이를 호기심(curiosity)이라고 불렀다]. 세 번째 도전은 인드라의 그물 비유에서도 암시되는 것처럼, 가족면담이 과거의 가족패턴에서 미래의 가족패턴, 부모에서 형제자매, 부부 상호작용, 성별과 관련된 이해에서 연령과 관련된 이해, 행동에서 생각과 감정에 이르기까지 실제로 무한한 주제의 다양성을 포함하기 때문에, 이를 깔끔한 사정의 틀 안에 담아내는 것은 거의 불가능하다는 점이다.

알아보기

가설이란 어떤 대상에 대한 사고로서 질문과 실험을 통해 검증되어야 할 어떤 것이다.

따라서 많은 가족치료사가 자신들의 사정 방법에 대해서는 언급하지 않는 대신 자신들의 개입을 분석하는 좁은 분석틀에 대해 이야기하기로 선택한 것은 놀라운 일이 아니다. 예를 들어, 앞으로의 장에서 우리는 구조적 가족치료와 가족치료에 대한 전략적 접근을 탐구할 것이다. 두 접근 모두 그들이 사정하는 좁은 영역을 설정한다. 구조적 가족치료의 경우 그것은 가족의 구조이며, 전략적 가족치료는 문제가 의사소통 형태에 의해 유지되는 방식이다. 이 책은 가족치료에 대한 통합적인 접근을 제시하는 것이 목표이므로, '인드라의 그물' 사정 모델이 다뤄질 것이다. 예를 들어, 가족생활의 다양한 측면이 제시되면 치료사가 가족과 함께 작업하는 데 이러한 정보들이 도움이 될 수 있다. 이 통합적 모델에는 중요한 몇 가지 기본 요소가 있다. 앞서 언급된 비유를 사용해 이를 설명해 보자. 우선 신화에 따르면 그물이 직조된 각 교차점에 보석들이 존재한다. 즉, 가족사정에서, 치료사는 '타당한' 보석을 발견할 수 있고, 이는 중요한 설명과 개입 방법에 대한 단서를 제공한다. 둘째, 사정 행위는 더 크고 복잡한 직물의 날실과 씨실 안에서 특정 부분을 끊어 읽는(punctuate) 능력을 포함한다. 다른 부분을 놓칠 위험을 감수하더라도 말이다. 셋째, 사정의 '결과물'은 문제에 의해 덜 제약받는 희망적인 미래로 치료사와 내담가족을 이끄는 진술을 구성하는 것이다. 밀란 팀은 이러한 진술을 가설이라고 불렀으며, 치료사는 그것들이 잠정적이며 '진실'의 근사치일 뿐임을 기억해야 한다고 경고했다. 이 장에서, 우리는 이 진술에 대해 더 일반적인 단어인 사례개념화(formulation)를 사용할 것이다. 이 단어를 선택하는 주된 이유는 다른 심리치료들이 이 단어를 채택했기 때문이다 (Johnstone and Dallos, 2014). 인간 경험이 아무리 복잡하다 해도 치료사는 가족이나 내담자를 어려움의 황무지나 사막에서 벗어나게 할 지도를 가지고 있어야 한다는 점은 모든 심리치료의 공통된 의견이다. 물론 가족치료사들은 이러한 지도와 관련하여 베이트슨의 유명한 주장, "지도는 영토가 아니다"를 인용하곤 한다. 그 지도가 정확히 영토를 나타낼 수 없을지라도 치료사와 가족들은 그러한 지도가 필요하며 그 지도를 선호한다.

알아보기

그레고리 베이트슨(1904~1980)은 체계론적 가족치료이론과 실천에 영향을 미친 영국의 인류학자였다.

이 장은 다소 일상적 구어체 형태의 세 가지 사정 과제를 중심으로 구성될 것이다. '우리가 가족에 대해 알아야 할 것은 무엇인가?' '가족이 문제에 어떤 영향을 미쳤는가?' '문제가 가족에게 어떤 영향을 미쳤는가?' 장의 후반부에서는 사례개념화의 구축에 대해 다룰 것이다.

알아보기

사례개념화는 이론에 기반한 심리학적 사정 동안 얻은 정보를 설명해 내는 방법이다.

가족에 대해 알아 가기

사정 도구들

가족치료의 역사와 더불어 치료사들이 가족생활을 사정하는 데 도움을 주는 다양한 경험적 방법들이 발전해 왔다. 이들 중 상당수가 그 개발자에게 고유권이 주어졌고 연구 분야에서 사용되었다. 일부는 가족들의 자기보고식 설문지를 기반으로 하고, 어떤 것들은 치료사가 가족의 행동을 관찰하는 관찰 도구를 포함하기도 한다. 예를 들어, 관찰 도구의 한 예는 가족에게 특정 문제를 해결하도록 과제를 주고 무슨 일이 일어나는지 관찰하는 것이다. 예를 들어, '우연하게 돈이 좀 생겼다고 상상해 보세요. 그걸 어떻게 쓸지 가족이

표 3-1 사정 도구 요약

사정질문지 명칭	가족생활 사정 내용	사용 방법 요약
가족사정 도구(The Family Assessment Device: FAD) (맥마스터모델)	가족문제 해결, 의사소통, 가족역할, 정서적 반응성, 정서적 연결 및 행동 통제 전략	이 모델은 훈련된 치료사가 '문제'가 놓인 어떤 차원에서도 개입이 가능하도록 목표를 세울 수 있게 해 줌. 이 모델은 연구에서 널리 사용되어 오고 있음(Ryan et al., 2005).
가족 적응성 및 응집성 척도(FACES) (순환모델)	가족 결속(친밀함/거리), 유연성(경직성/혼돈), 의사소통	이 모델에 기반한 연구가 풍부하며, 구조적 가족치료에서 발전하였음. 치료사가 직접 측정하는 관찰척도가 있음(Olson, 2000; 2011).
비버스 체계모델	가족 유능성, 가족 스타일	이 측정은 개인적 어려움과 가족의 어려움 간 연결이 있다는 것을 보여 주기 위한 초기 시도 중 하나였음(Beavers and Hampson, 2000).
체계론적 임상 성과 및 루틴 평가(Systemic Clinical and Routine Evaluation: SCORE)	짧은 자기보고식 질문지로 강점과 적응성, 어려움에 압도당하는 감정, 의사소통의 붕괴를 측정	이것은 가족을 사정하기보다는 가족의 가족생활을 경험에서의 변화를 평가하는 방법임(주로 영국에서 사용됨). 관련 연구, 시연 동영상, 그리고 측정에 대한 자세한 설명은 영국가족치료협회 웹사이트(www.aft.org.uk)를 참조(Stratton et al., 2010).

함께 결정해 보세요.'와 같은 것이다. 〈표 3-1〉에 독자들이 추가로 볼만한 사정 도구들의 일부가 대략적으로 정리되어 있다(더 자세한 내용은 Lebow and Stroud, 2012 참조).

알아보기

'경험적'이라는 것은 이론과 대비되는 것으로 실험이나 관찰에서 유래된 것을 의미한다.

면담 방법

대부분의 가족치료사는 〈표 3-1〉에 제시된 방법 중 하나를 사용할 수 있지만, 결국 치료는 '다른 사람을 만나는 것'에 관한 것이므로 주로 면담에 의존할 것이다! 헤일리(Haley, 1976)는 가족과의 초기사정 회기에서 치료사가 가족이 치료 회기에 적응하도록 도와주고 그들의 삶에 대해 전반적으로 알아 가는 '환담 장면(social stage)'을 구성할 필요가 있다고 하였다. 일부 가족치료사는 단순히, "제가 여러분을 돕기 위해 먼저 여러분의 가족에 대해 무엇을 알아야 문제를 파악하는 데 도움이 될 수 있을까요?"라고 질문할 수도 있다. 이 '알아 가는' 단계에서도, 치료사는 누가 가장 많이 말하는지, 누가 누구에게 또는 누구에 대해 말하는지, 그리고 가족 내의 전반적인 분위기에 주목한다. 치료사는 종종 '문제 이야기'는 잠시 피하며, "저는 아직 어려움에 대해 이야기하고 싶지는 않습니다. 그보다 우선 여러분 모두에 대해 알고 싶어요."라고 말할 것이다. 이 초기 면담은 강점, 흥미, 그리고 가족의 관심사를 더 많이 다룰 가능성이 있다. 예를 들어, 한 가족원에게 다른 가족원을 설명하도록 요청할 수 있다. 이러한 여는 대화에서 흥미로운 점은 대화 과정에서 곧바로 관계가 드러난다는 것이다.

가족계보도 혹은 가계도

초기사정 회기에서 치료사와 가족이 서로를 파악하는 데 도움이 되는 가장 흔한 도구는 가족계보도(family tree) 또는 가계도(genogram)이다. 이것은 '가족에 누가 있는지'에 대한 시각적 표현으로, 치료사 나름으로 다양한 변형을 가져올 수 있으며, 다양한 사건과 패턴을 포함할 수 있다. 주로 초기에 작성하지만 이후 회기에서도 언제든지 다시 가계도로 돌아올 수 있다. 실제로, 일부 치료사는 가족을 만날 때마다 가계도를 보여 주기도 한다. 다시 말하지만, 가계도는 체계론적인 메시지를 전달한다. 우리는 한 개인을 위해서가 아니라 가족이 문제를 해결하도록 돕기 위해 여기 있다. 어린 구성원들은 종종 학교에서 가계도를 그려 보았을 것이므로 이 과정이 익숙할 것이다. 가계도에는 가족구성원 및 그들의 관계를 나타내기 위한 여러 관례와 상징이 있다(McGoldrick, 2011; McGoldrick et al., 2008). [그림 3-1]에 그 대표적인 예들이 제시되어 있다.

> 이 장의 말미에 제시된 사정 시연 동영상에서 가계도는 이미 완성되어 있고 가족들이 볼 수 있도록 제시되어 있다.

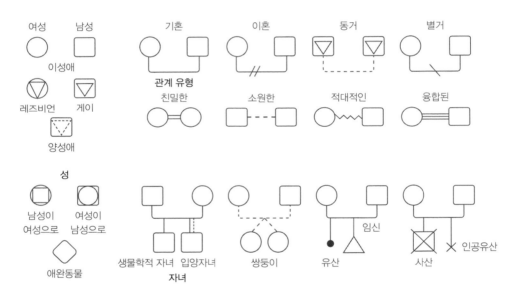

[그림 3-1] 가계도 기호

Smart Draw, I-family tree 및 Genogram Analytics와 같이 치료사가 가계도를 그리는 데 도움을 주는 소프트웨어도 있다([그림 3-2] 참조).

과제 1 **자신의 가족계보도/가계도 그리기**

이름, 직업, 성역할과 같은 패턴을 주의 깊게 관찰하고, 정서 표현에 대한 접근 방식, 양육에 대한 규칙, 그리고 문화적인 부분의 가설과 같은 '다세대 각본'을 작성할 수 있는지 살펴보자.

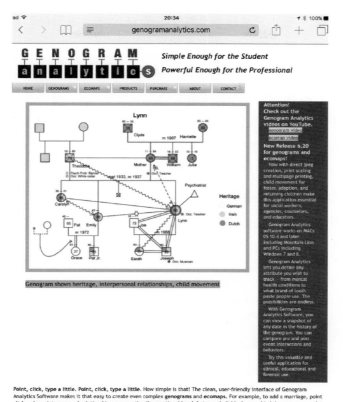

[그림 3-2] Genogram Analytics를 활용한 예

가족생애주기

가족치료사들은 가족을 하나의 단위로 생각하기 때문에, 시간의 흐름과 관련하여 개별 가족원의 나이가 증가한다고 인식하기보다 가족이 시간을 통해 움직이는 것으로 이해한다. 따라서 '알아 가는' 단계의 일부로서, 치료사는 가족이 소위 '가족생애주기(family life cycle)'와 어떻게 맞닿는지를 탐색할 것이다(Carter and McGoldrick, 1999). 이 모델은 개인이 그러하듯 가족 또한 비슷한 발달 단계를 공유하는 경향이 있다고 파악한다. 〈표 3-2〉는 가족의 '전형적인' 생애 단계들의 한 유형을 보여 준다. 중요한 점은 가족들마다 이러한 단계 내에서 경험하는 도전들이 서로 다르고 실제로 모든 가족이 제시된 모든 단계를 경험하는 것은 아니라는 것이다. 예를 들어, 입양 가족은 '유아기' 단계를 '건너뛸'

수 있다. 그러므로 이러한 모델은 처방적이라 볼 수 없으며 보편적으로 적용할 수도 없다. 그러나 치료사에게 가족이 직면할 수 있는 '일반적인' 도전의 유형을 안내하는 길잡이로써 기능할 수 있다(Day, 2010; Walsh, 2012). 또한 이 모델은 가족이 한 단계에서 다른 단계로 이동할 때 새로운 적응이 필요함을 강조한다. 쉬운 예로 점차 독립을 경험해야 하는 청소년과 어린 자녀들을 위한 부모의 양육 방식이 어떻게 달라져야 하는지에 대해 생각해 볼 수 있다. 가족생애주기 내 단계 간 전환은 새로운 가족 문제로 이어질 수 있다. 또한 만약 가족에게 예상치 못한 수직적(vertical) 스트레스 요인이 있다면, 가족은 이를 극복하기 위해 더 많은 자원을 필요로 할 것이다. 많은 가족이 이 시점에서 치료사에게 상담을 요청한다. 수직적 스트레스 요인의 예로는 질병, 실업 또는 제도적 인종차별주의와 같은 외부의 사회적 압력이 있다(Carter and McGoldrick, 1999: 6 참조).

표 3-2 **가족생애주기 단계(Carter and McGoldrick, 1999)**

가족생애주기 단계	전환기의 정서적 과정과 핵심 원칙	건강한 발달을 위해 가족에게 요구되는 변화들
집을 떠나기: 미혼의 성인 초기	자기 자신에 대한 정서적/재정적 책임 수용하기	원가족으로부터의 자아를 분화하기 친밀한 동년배 관계를 형성하기 경제활동 시작 및 독립하기
동거/결혼을 통한 가족의 결합	새로운 관계에 헌신하기	새로운 가족체계를 형성하기 가족 및 친구들과의 관계를 재조정하기
어린 자녀를 둔 가족	둘만의 관계에서 삼자관계 및 더 큰 체계로 조정하기	관계에서 자녀들을 위한 공간 만들기 양육을 위해 협력하기 가족 및 친구들과의 관계를 재조정하기 (할머니, 할아버지라는 관계의 등장)
청소년 자녀를 둔 가족	자녀의 독립성 증가를 수용하기 위한 유연성 늘리기 및 연로한 가족원 돌아보기	자녀들이 외부 관계를 발전시킬 수 있도록 변화하기 중년의 문제(경력 등)에 적응하기 나이가 들어가는 부모님을 돌보기
자녀를 출가시키고 나아가기	가족체계 내 변화를 받아들이기	파트너 관계를 재설정하기('빈 둥지') 자녀들을 성인으로 대하기 노년기에 접어든 부모의 문제 다루기
노년기의 가족	세대역할의 변화를 받아들이기 (돌봄에서 돌봄 받음으로)	노화로 인한 신체적 도전기에 관계를 유지하기 중간 자녀 세대를 지원하기 상실을 대처하기

과제 2

당신의 가족은 가족생애주기 중 어디에 있다고 생각하는지 작성해 보자. 당신의 가족이 직면하고 있는 도전은 무엇인가? 어떠한 자원이 이러한 도전을 다루는 데 도움이 된다고 생각하는가?

가족이 문제에 어떤 영향을 미쳤는가

'알아 가는' 단계 동안 치료사는 가족원들과 함께 그들이 문제와 어떻게 연결되어 있는지 살펴볼 것이다. 예를 들어, 어머니가 자기 아들이 우울로 고통받기 전에는 '좋은 자녀였다'고 말한다면, 치료사는 아들이 우울하다는 것을 '발견'함에 있어 어머니가 어떻게 영향을 미쳤는지 인식하도록 돕기 위해, 어머니에게 "아들이 우울하다는 것을 어떻게 처음 알게 되셨나요?"라고 질문할 수 있다. 그러나 치료사는 가족생활의 다양한 다른 측면에 관심을 가질 수도 있다. 이러한 측면은 양육 방식에서부터 가족 '각본(scripts)'(Byng-Hall, 1998), 가족 상호작용 방식에 이르기까지 다양하다. 또한 치료사는 두 가지 다른 차원의 탐색에 관심이 있다. 하나는 가족의 패턴이 현재 가족에게 일어나고 있는 일에 어떻게 기여했는지(기여 요인)에 대한 것이다. 일부 치료사들은 이러한 '심리학적 고고학'에 대한 강조를 탐탁지 않게 여기며, 이런 관점이 가족을 문제의 원인으로 지목한다고 주장한다(Eisler, 2005; Roffman, 2005). 비록 이들의 주장이 어느 정도 일리가 있긴 하지만, 이들은 체계론적 사고가 문제에 대한 비난을 회피하고 있으며, '원인을 찾고자 하는' 보편적인 인간의 욕구도 경시하고 있다는 비판에는 답하지 못하고 있다. 많은 가족치료사는 특히 부모들이, '합리적인' 사정에 바탕을 두지 않고, 자녀들의 문제라면 맹목적으로 자신을 비난한다는 것을 발견하였다. 실제로, 가족치료의 초기 단계에서는 치료에 방해가 되지 않게끔 이러한 비난을 종종 다루어 주어야 한다. 치료사가 관심 있는 두 번째 차원

알아보기

존 빙-홀(John Byng-Hall)은 영국의 선구적인 정신병리학자인 동시에 가족치료사였다. 그는 다른 학자들과 마찬가지로, 가족들이 이전 세대에서 만들어진 패턴을 따르게 된다는 점을 강조했다.

은 현재 일어나고 있는 어떤 것이 어려움을 지속시키는지(지속 요인)에 관한 것이다.

치료사가 이러한 범주 내에서 사정할 몇 가지 영역을 〈표 3-3〉에 제시하였다. 앞서 언급했듯이 이는 일부이며, 사정 과정에서 치료사는 중요한 다른 문제를 발견할 수 있다.

표 3-3 **가족사정에서 탐색해 보아야 할 문제에 기여하는 가족과정**

가족패턴/관심 영역	현재 문제에 어떻게 기여하고 있는지	예시
세대 패턴 (혹은 '가족각본'이 라고 불림)	어떤 가족들은 특정 가족원이 문제를 가지거나 집안의 성취를 뛰어넘을 것이라는 기대를 가짐.	이러한 압력을 느끼는 개인은 이에 순응하거나 저항할 수 있음.
부모역할모델	한 가정 내 부모의 양육 스타일이 서로 다를 수 있으며, 이는 자녀들에게 혼란스러운 메시지를 줄 수 있음.	한 부모에게 '부적절한 행동'을 하는 자녀는 다른 부모가 그 행동을 허용하기 때문일 수 있음.
부모의 결속력	때로 부모는 의도치 않게 한 자녀와 편이 되어 다른 부모에 반대하는 편을 들 수 있음. 불행한 부부는 종종 자녀들에게 영향을 미침.	가정폭력을 겪는 가족의 경우, 학대하는 부모가 자녀에게 다른 부모를 무시하도록 부추기는 패턴이 흔하게 발생함.
세대 간 구조	때로 조부모가 자녀들을 돌보게 되는데, 이는 자녀들이 부모의 스타일/규칙을 무시하게 만들기도 함.	자녀들이 다른 집들 사이를 '요요'처럼 왔다 갔다 하게 되면 안정감 및 한 성인의 전반적인 양육을 통해 느낄 수 있는 애착을 상실할 수 있음.
친밀감 수준	개별 가족원은 관계에서 친밀감/거리를 관리할 수 있는 자신만의 능력을 갖게 됨. 때로 자녀는 '숨 막혀 하거나' '돌봄받지 못하는' 것으로 느낄 수 있음.	청소년 자녀들은 종종 부모와 더 큰 거리를 두고 싶어 하지만, 부모는 이를 '관심을 끊는 것'으로 해석하여 상처의 수준이 갈등을 증폭시킬 수 있음.
의사소통 방식	많은 가족문제는 가족원들이 서로에게 걱정거리를 이야기하지 않기 때문에 발생함. 가족들마다 구성원들 서로에게 무엇을 이야기할 수 있는지, 그리고 그것을 이야기하는 방식이 어떠한지(예: 매우 격렬함/절제됨)의 양상이 다양함.	일부 가족원들은, 걱정거리에 대해 이야기하지 않는 것을 '가족 안에서 나만 혼자인 것' 심지어는 '여기에 정말 속하지 않는 것'으로 경험할 수 있음.
가족규칙	때로는 규칙들이 가족생애주기 변화에 맞게 조정되지 않기도 함. 때로는 규칙이 암시적이며 명백히 드러나지 않음.	자녀들은 '잘못된' 것으로 꼬리표가 붙을 수 있는 행동을 할 수 있지만, 그들에게 기대되는 바를 이해하지 못할 수도 있음. 예를 들어, 냉장고에서 음식을 '꺼내는'/훔치는 것과 같은 경우임.

가족신념	이는 꽤 깊은 수준에서 작동하며 많은 문제에 영향을 줄 수 있음. 이것은 이 가족이 어떤 종류의 가족인지에 대한 일반적인 믿음일 수도 있고, 사람들이 어떻게 생각해야 하는지에 대한 구체적인 믿음일 수 있음.	일부 가족은 가족 외부의 모든 사람이 '나쁘다'고 보는 관점을 가지고 있음. 따라서 가족원들은 외부 세계로 도움을 요청하지 않고 좁은 가족맥락에만 머물게 됨.
가족생활에 대한 수직적 스트레스	가족 내 사망은 특히 중요할 수 있으며 문제가 발생하도록 이끌 수 있음. 이는 가족원 간의 의사소통이 영향을 받을 수 있기 때문임. 다른 스트레스들 또한 어려움에 기여할 수 있음(예: 부모의 별거).	예를 들어, 조부모 중 한 명의 사망은 부모 중 한 명의 양육행동에 영향을 줄 수 있으며 이는 자녀에게 스트레스를 제공할 수 있음. 이 상황에서, 부모의 슬픔 때문에 자녀의 스트레스가 다뤄지지 않을 수 있음. 시간이 지나면서 자녀가 소외되거나 지지받지 못한다고 느낄 수 있게 됨.
성역할 기대	모든 가족은 암묵적이고 명시적인 성역할 기대를 가지고 있음. 이러한 기대는 행동, 감정 표현, 가족원이 서로에 대해 어떻게 생각해야 하는지에 대한 기대에 영향을 줄 수 있음.	때때로 성역할 기대는 가족원이 할 수 있다고 믿는 것/되고자 하는 것에 제한을 초래함. 역할 기대, 성적 지향, 또는 트랜스젠더 경험과 충돌할 수 있음. 이것은 많은 스트레스를 유발할 수 있음.
문화적 기대와 이에 대한 보다 광범위한 사회적 반응	문화적 다양성은 전 세계적 현상임. 이로 인해 각 가족이 더 넓은 문화에 자신을 어떻게 통합하는지에 대한 다양성이 생겨남. 가족의 용광로 안에서 문화가 충돌할 수 있음. 하지만 마찬가지로 더 넓은 사회는 이러한 문화를 판단하고 부정적인 방식으로 반응할 수 있음.	예를 들어, 제도적 인종주의는 특정 가족원을 제약하고 억압함. 서구 사회의 젊은 흑인 남성은 '순응'해야 한다는 엄청난 압박을 경험할 수 있음. 젊은 세대가 부모와 더 넓은 사회 사이의 문화적 차이를 조율하는 가족들의 예도 있음.
가족의 유연성	가족은 생애주기 변화나 외부 도전에 대한 반응으로 유연하게 변화할 수 있는 정도에 있어서 차이가 있음.	부모 중 한 명이 해고되면 가족은 자녀들에게 안정감을 제공하는 동시에, 가족원의 필요를 충족시키는 방식을 재조정해야 함.

과제 3

〈표 3-1〉〈표 3-2〉 그리고 〈표 3-3〉에서 논의된 차원 중 하나를 선택하고 자신의 가족에 적용해 보자. 선택한 차원에 대한 자기만의 답변도 작성해 보자. '자신의 가족이 어떻게 작동하는지'에 대해 곰곰이 생각해 보자.

〈표 3-3〉 과정들의 상당수가 가족의 어려움에 기여하기도 하고 그러한 어려움들을 지속시킬 수도 있다는 것을 유념해야 한다. 그러나 문제를 지속시키는 데 특히 중요한 몇 가지 추가적인 과정을 검토할 필요성이 있다(〈표 3-4〉 참조).

표 3-4 **가족사정에서 탐색해 보아야 할 문제를 지속시키는 가족과정**

가족패턴/ 관심 영역	현재 문제를 어떻게 지속시키는지	예시
문제에 대한 가족의 반응	우리가 문제를 해결하려고 시도하는 방식이 종종 문제를 지속시키기도 함. 그래서 치료사는 가족원들이 문제를 해결하기 위해 무엇을 시도해 왔는지 파악하려 함. 체계론적 용어로 말하자면, 우리는 종종 문제에 직면했을 때 '같은 행동을 더 많이' 하고 우리가 하고 있는 것이 효과가 없다는 증거는 무시함.	예를 들어, 어떤 부모는 자녀들이 '부적절한 행동'을 할 때 더 '처벌적'이 됨. 그러나 이런 반응은, 자녀들이 어떻게 행동해야 하는지 모르는 상태이기 때문에, 잘못된 행동을 강화하기도 함!
'삼각화'와 같은 굳어진 가족패턴	삼각화는 한 가족원이 다른 두 가족원 간의 관계를 유지하도록 돕는 것처럼 보이는 상황임.	예를 들어, 때때로 자녀의 문제는 부모가 그들 관계의 문제 대신 자녀에게 집중하게 만들기 때문에 생기게 됨.
가족생애주기 문제	'문제'는 이미 넘어가야 했던 가족생애주기의 변화에 가족을 머무르게 하는 경향이 있음.	자녀는 부모가 그들의 관계에 다시 집중하게 하기보다 자녀에게 초점을 맞추게 함으로써, '빈 둥지 증후군'에 직면하는 것을 피하게 만든다.
가족 내 변화에 대한 적응	가족 구성의 변화에 적응하는 데 어려움을 겪는 경우가 많음.	예를 들어, 새로운 파트너/부모가 기존 가족에 합류하는 경우, 자녀들은 '새로운' 파트너에게 나쁜 행동을 함으로써 다른 부모에 대한 충성을 표현할 수 있음.
문제에 대한 가족의 '경직된 관점'	가족이 그들의 문제를 이해하는 방식이 때로는 그 문제를 지속시키기도 함.	예를 들어, 일부 가족은 남자아이는 키우기 어려울 것이라고 '예상'할 수 있고 따라서 그들에게 키우기 어려운 남자아이들이 있어도 별로 놀라지 않음. 어떤 가족들은 자신의 자녀가 자신들처럼 정신건강 문제를 가질 것으로 가정할 수 있고, 그래서 그들의 낮은 기대 수준이 문제를 지속시킬 수 있음.

더 넓은 사회적 맥락	더 넓은 사회의 사건들이 내부 가족 문제를 지속시킬 수 있음.	예를 들어, 전쟁과 같은 트라우마적 맥락에서는 가족원들이 가족생애주기의 후기 단계에 있더라도 서로를 보호하는 것이 적절함.

이러한 요인들 중 상당 부분이 가족이 경험하는 문제에 기여할 수 있다는 것을 다시 한 번 강조한다. 그러나 인드라의 그물처럼, 관련될 수 있는 모든 측면을 설명하는 것은 사실상 거의 불가능하다.

문제가 가족에게 어떤 영향을 미쳤는가

앞서 언급했듯이, 많은 가족치료사는 가족이 어려움을 발생시킨다는 주장에 동의하지 않으며, 어려움을 지속시키는 것이 무엇인지에 더 집중할 가능성이 높다. 이를 바꿔 말하면 문제가 가족에게 어떤 영향을 미쳤는지 고려하는 것이 될 수 있다. 이것은 체계론적 사고가 치료사로 하여금 단선적 패턴이 아닌 순환적 패턴을 보도록 장려하는 것과 관련이 있다. 종종 가족들은 치료사와 면담하면서 문제가 발전을 해 오고 있다는 말에 놀라기도 한다. 이러한 상황에서, 치료사는 가족이 문제에 어떻게 적응했으며, 그것이 그들의 현재의 관계 구조에 어떤 영향을 미쳤는지 깊은 탐색에 빠지게 된다(〈표 3-5〉 참조).

표 3-5 **문제가 가족에게 미친 영향을 다룰 때 탐색할 영역**

탐색 영역	이것이 가족관계에 어떻게 영향을 미치는지	예시
문제의 최초 '발견'	문제가 처음 발견될 때, 그것이 가족원들 사이를 분리시키는 방법으로 작용할 수 있음. 비밀이 서로에게 유지될 수 있음.	예를 들어, 자녀의 우울이 발견되었을 때, 그 자녀는 한 부모에게 다른 부모나 형제자매에게 말하지 말라고 요청하기도 함. 이로써 가족생활에 비밀이 생겨남.
문제 발견의 트라우마	문제는 가족원들의 '세계관'이나 자기 이해를 심각하게 약화시킬 수 있음.	예를 들어, 자녀가 성적으로 학대받은 경우, 부모는 자신들의 자녀 보호 능력에 대한 믿음을 갑자기 잃기도 함.

문제에 대한 적응	시간이 흐르면서 가족은 문제에 적응하고 그것을 바꾸려는 시도를 멈추거나, 가족생활 내 그 존재를 받아들이기도 함(문제가 가족의 또 다른 구성원이 됨).	가족원이 만성질환을 가진 경우, 가족패턴은 질병을 수용하도록 조정됨. 가족의 식단이 변하거나, 누가 누구와 시간을 보내는지가 바뀔 수 있고, 가족원이 서로를 위해 하는 일이 바뀔 수 있음.

과제 4

가족원이 사고를 당했거나 학교 성적이 떨어진 것 등 당신의 가족에게 발생한 일을 생각해 보자. 그 사건이 어떻게 한동안 가족생활을 바꾸었는가? 가족원들은 그 사건에 '적응'하였는가? 그러한 적응은 도움이 되었는가? 그 적응이 그 사건이 불필요하게 더 오래 지속되는 데 기여하지는 않았는가?

사례개념화

사정 회기의 목적은, 문제에 대한 기여 요인과 지속 요인 측면에서 가족 내에서 일어나고 있는 상황에 대한 설명을 생성하는 것이며, 이 개념화는 두 회기에 걸쳐 확장될 수도 있다. 이러한 설명을 사례개념화(formulation)라고 부를 수 있다. 사례개념화는 축약된 분석이며 개입에 대한 방향을 제시한다. 가족치료 용어에서 개념화는 관계적(체계론적)이어야 하며 잠정적이어야 한다(밀란학파 용어로는 호기심이 많아야 함, 7장 참조). 일부 저자들은 개념화가 가족과 공동-구성되어 가는 과정에서 종종 변경되기도 하는 것을 강조하기 위해 '진행적 개념화(progressive formulation)'(Dallos and Stedman, 2014; Dallos and Draper, 2010)라는 표현을 사용하기도 하였다. 이 저자들은 또한 체계론적 재개념화가 문제를 기능적(functional)으로 보는 것에서부터 "가족원들이 자신들의 문제에 대해 가지고 있는 의미, 이해, 설명을 탐색하는 것으로 진화했다"고 주장한다(Dallos and Stedman, 2014: 94).

알아보기

'기능(function)'이란 문제가 가족에게 어떤 결과를 달성하도록 한다는 것을 의미한다. 예를 들어, 자녀의 질병은 부모를 부부로서 함께 있게 만든다.

개념화에는 가족의 강점에 대한 사정이 포함되어야 한다. 이러한 강점은 문제를 완화하고 가족이 그것들을 다루는 데 도움을 줄 수 있다. 전통적으로, 개념화는 논의된 다양한 요인을 고려하기에 상당히 복잡하기 마련이다. 개념화는 그것이 적용되는 가족에게도 설득력이 있어야 하므로 협력적인 방식으로 구성되어야 한다. 이 장에서 제시되는 시연 동영상을 개념화의 예로 들면 다음과 같다.

"조엘은 여러 요인 때문에 부모로부터 도움을 받지 못한 것으로 보인다. 그의 의붓아버지 닉은 자신이 정서적으로 풍요로운 어린 시절을 경험하지 못했기 때문에 조엘의 경험에 공감할 수 없었고 이것이 문제에 기여한 요인 중 하나이다. 이것은 그의 엄마와 닉 사이의 매우 다른 양육 스타일을 반영하며 그의 우울증은 부모가 그들 부부의 차이에 직면하는 것을 피하는 데 어느 정도 일조한다. 이 가족은 마리아가 자녀들과 강한 동맹을 맺고 있는 매우 '깨어진' 가족이며, 이 자체가 닉을 소외시키고 있다. 가족관계에 있어서 일반적 수준의 실망감이 존재하며, 이것은 조엘의 부모가 그를 도울 수 없게끔 만들고 있다. 그러나 조엘의 부모와 그의 이복 여동생은 치료에 참여할 의사가 있으며 그들이 인식하는 문제를 해결하기 위해 노력할 의지도 있다. 닉에게는 자신이 어린 시절 경험한 부모보다 더 나은 부모가 되고 싶다는 소망을 드러내는 강한 지표가 있으며, 조엘의 이부 여동생은 이부 오빠의 감정을 이해하고 있다."

과제 5

조엘의 가족과 그의 경험에 대한 개념화는 다양한 방식으로 구성될 수 있다. 자신만의 개념화를 구성해 보고, 그것을 가족에게 어떻게 설명할지 생각해 보자.

변화에 대한 의지

치료사가 개념화를 구성하였다고 해서 사정이 끝나는 것은 아니다. 많은 면에서 가장 중요한 다음 작업은 가족을 변화에 참여시키는 것이다. 가족 전체가 함께 참여하는 것이 모든 가족원의 변화 동기를 증가시킨다는 것을 보여 주는 선행연구(Robbins et al., 2016; Sotero et al., 2016)가 상당하다. 심지어 그들이 치료의 효용에 대해 회의적인 태도를 취한 채로 참여한 경우를 포함해서도 말이다. 치료사는 가족이 그들의 문제에 대한 관계적 재구성(relational reframe)을 받아들이도록 열심히 돕고, 문제가 가족의 협력적 행동에 의해 더 잘 해결될 수 있다는 것을 보여 주려 할 것이다. 그러나 모든 가족이 이러한 방식으로 참여할 의지나 능력이 있는 것은 아니다. 〈표 3-6〉은 가족 내 변화를 다룰 때 발생할 수 있는 장애물들의 예를 보여 준다.

과제 6

가족들은 어려움을 해결하기 위해 함께 노력할 여력이 없거나 변화를 원하지 않을 수 있다. 어떤 이유로 그럴 수 있는지에 대해 생각해 보자.

사정이 끝난 후 가족치료사는 해당 가족이 가족치료로부터 도움을 받을 수 없다는 결론을 내릴 수도 있다. 이는 드문 경우이지만, 가족치료사는 겸손함이 체계론적 민감성의 중요한 측면임을 기억해야 할 것이다.

과제 7

당신의 가족이 가족치료를 받으러 갈 경우, 이 장에서 언급된 장애물 중 어떤 것이 존재할 가능성이 있는가? 치료사는 당신의 가족이 그 장애물을 극복하는 데 어떤 도움을 줄 수 있을까?

표 3-6 **어려움을 해결하기 위해 가족이 함께 참여할 경우 발생할 수 있는 장애물**

장애물의 종류	발생할 수 있는 상황	가능한 관리 방법
가족이 함께 살지 않는 경우	지역 시설에서 자녀를 돌보는 상황.	치료사는 자녀들이 누릴 장기적 이득을 위해 분리된 가족이 (허용된 범위 내에서) 함께 참여하도록 독려할 수 있음.
부모가 서로 적대적인 경우	일부 부부의 결별은 고착된 적대감으로 이어질 수 있음.	치료사는 부모를 따로 만나, 자녀들을 돕기 위해 어떻게 할 수 있는지 이해시킬 수 있음.
가족원들이 심리적 문제에 대해 함께 작업할 수 있는 능력을 저하시키는 요인들	가족원들이 심각한 정신건강 문제, 약물 또는 알코올 남용 문제를 가지고 있어 함께 치료에 참여할 수 없는 경우.	이러한 상황에서는 약물 남용 치료 프로그램과 같은 다른 개입과 병행하여 작업해야 할 수도 있음.
맥락적 압박	재정적 압박, 과밀한 주거, 사회적 도전, 주요 가족 트라우마.	다시 말하지만, 가족치료는 다중 스트레스를 받는 가족들에 대한 개입의 일부로 다른 지원 서비스와 병행되어야 할 필요가 있음.
가족원들이 다른 가족원이나 외부 체계를 탓하며 어떠한 책임도 수용하지 못하고 매우 고착되어 있는 경우	특히 일부 부모는 자신의 행동이 자녀에게 어떤 영향을 미칠 수 있는지 지각하지 못함. 일부 저자들은 이러한 태도를 관계의 '발달적 폐쇄(developmental closure)'(Street, 1994)의 일부라 주장함. 이 과정은 또한 '희생양 만들기'라고도 불림.	가족치료사는 이러한 태도가 가족원에게 미치는 영향을 인식하고 보호 절차를 도입할 필요가 있음.
어떤 가족은 단순히 변화를 원하지 않음	때로는 '알고 있는 악마가 모르는 악마보다 낫다!'	이러한 상황에서는 변화하기가 왜 그렇게 어려운지와 변화하지 않는 위험에 대해 시간을 들여 파악하는 것이 과제임. 하지만 결국 가족이 선택해야 함.
치료사가 가족과 함께 작업하는 데 어려움을 겪는 경우	가끔 가족들은 치료과정에 지장을 주는 복잡한 문제들을 드러냄. 그들이 직면한 상황이 치료사 자신이 겪고 있는 위기와 유사할 수도 있고, 가족원들로부터 나오는 강렬한 정서반응이 치료사의 임무 수행에 '장애'가 될 수도 있음.	치료사들은 슈퍼비전을 받아야 함(10장 참조). 하지만 때로는 가족을 위해 치료사가 동료에게 사례를 맡길 필요가 있을 수도 있음.

결론

이 장에서는 가족치료 중 사정의 단계에서 고려해야 할 다양한 과정들의 복잡성을 설명하기 위해 인드라의 그물을 형상화하고자 하였다. 독자들은 많은 가족치료사가 사정의 한 측면에 집중해 온 이유를 이해하게 될 것이다. 다루어야 할 영역이 엄청나게 방대하기 때문이다. 7장에서는 밀란학파가 어떻게 이러한 양의 정보를 모으고 그것을 바탕으로 개념화를 구축하는지 살펴볼 것이다. 필연적으로 가족치료사들은 자신만의 '일상적인' 사정 방식을 가지고 있으며, 언급된 요인 중 일부는 반영하지 않을 수도 있다. 궁극적으로 사정은 내담가족이 이해할 수 있고 가족과 치료사가 함께 나아갈 수 있는 해결책에 기여하기만 한다면 유용한 것으로 볼 수 있다. 다른 장에서는 시연 동영상을 통해 특정 종류의 개입과 가족치료학파들이 가족을 사정하는 특정 방법들을 살펴볼 것이다.

 해당 시연 동영상은 https://family.counpia.kr/로 접속하여 회원가입 후 무료로 시청 가능하다.

동영상 보기: 가족 사정하기-가족패턴을 이해하기

동영상 소개

이 영상에서 치료사인 마크는 가계도를 그리고 내담가족이 자신들의 가족에 대해 생각해 볼 수 있는 시간을 가졌다. 이제 그는 가계도를 사용하여 가족이 어떻게 작동하는지 더 자세히 탐색하려 한다. 그는 세 가지 간단한 질문에 대한 답을 찾고자 한다. 즉, 이 가족은 어떻게 작동하는가, 가족이 작동하는 방식이 그들이 경험하고 있는 문제에 어떤 영향을 미치는가(예를 들어, 문제를 해결하기 더 어렵게 만드는가), 그리고 문제가 가족에게 어떤 영향을 미치는가? 이 영상에서, 마크는 문제를 지속시키는 패턴과 문제를 일으킬 수 있는 패턴을 찾고 있다.

첫 회기에 의붓아버지인 닉은 오지 않았다. 이는 치료사가 닉이 스스로 존중받지 못하고 있다는 느낌을 받지 않도록 세심하게 배려해야 함을 의미한다. 또한 치료사는 닉이 다음 회기에 참석하도록 격려하는 방법을 생각해야 한다.

01:00 **마크**: (가계도를 통해) 혹시 예전에 인식하지 못하던 걸 발견한 사람이 있나요?

마리아: 글쎄요, 가족에 남자가 매우 적다는 것은 알고 있었지만, 실제로 그것에 대해 생각해 본 적은 없었어요.

개입 포인트

치료에서는 사람들이 차이를 인지하도록 돕는 것이 중요하다. 이러한 생각은 인류학자 그레고리 베이트슨의 주장으로, 그는 우리가 사물이 어떻게 다른지를 인지하고 그 차이에 반응함으로써 생존한다고 믿었다. 그는 치료가 사람들에게 어떤 차이가 차이를 만들어 내는지를 자각하도록 돕는 데 필요하다고 주장했다.

마크: 네, 조엘만이 유일한 젊은 친구라는 건 맞아요. 그것이 그에게 영향을 미쳤다고 생각하나요? 유일한 남자아이라는 게 그의 인생에 차이를 만들었다고 생각하나요?

마리아: 저는 그가 외로울 수 있다고 생각해요. 그에게는 닉밖에 없어요. 아빠는 그에게 도움이 되지 않으니까요.

마크: 아빠가 그에게 도움이 되지 않는다고요? 잭이 도움이 되지 않는다는 거죠? 잭은 조엘에게 도움이 되지 않나요? 그러니까 그에겐 닉밖에 없겠네요. 그래서 마리아, 닉이 조엘이 그려 왔던 아버지 같은 존재가 되었다고 생각하나요?

마리아: 아니요, 꼭 그렇진 않아요. 둘이 많이 싸워요.

개입 포인트

마리아는 매우 빠르게, 가족에 남자가 너무 적기 때문에 조엘이 '외로운' 것인지 궁금해했다. 마크는 조엘이 원하는 아버지를 '얻었는지' 물어봄으로써 이것을 상호작용적인 문제로 만들고 있다. 또한 마크는 닉이 원하는 스타일의 아들을 얻었는지 물어봄으로써 닉을 '비난'하는 방식을 피하고 있는데, 이런 방법들을 눈여겨볼 필요가 있다.

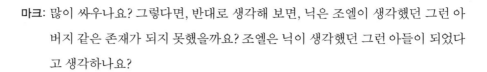
마크: 많이 싸우나요? 그렇다면, 반대로 생각해 보면, 닉은 조엘이 생각했던 그런 아버지 같은 존재가 되지 못했을까요? 조엘은 닉이 생각했던 그런 아들이 되었다고 생각하나요?

개입 포인트 ···

마크는 여기서 상호성을 확립하기 위해 노력하였으며 닉도 조엘도 '비난'받지 않도록 하였다.

02:30 **마리아:** 조엘은 그가 선택한 아들이 아니에요. 그냥 그렇게 된 거죠.

마크: 하지만 마찬가지로 그는 아들을 갖게 된 것에 만족할 수도 있었고, 그와 함께 할 수 있는 것들이 있었을 거예요. 그 둘은 관심사를 공유하나요?

마리아: 닉이 시도하긴 했었어요. 그는 조엘과 함께 축구를 보러 나가길 원했어요. 자동차나 그런 것에 관심을 가지길 바랐어요. 하지만 그때 조엘은 너무 화가 나 있었어요.

마크: 화가 너무 나 있었다, 알겠어요. 엄마 말이 맞니, 조엘?

03:20 **조엘:** 네……. 그땐 힘든 시기였어요…….

마크: 그 시기에 대해 말해 줄래? 아까는 너랑 엄마 둘이 살던 시절에 대해 말했어. 지금은 닉이 가족에 합류했을 때를 말하는 거니?

조엘: 네, 적응하는 데 많은 시간이 필요했어요……. (조엘이 스스로 그 문제를 재구성하여 말하는 것에 주목할 것)

03:49 **마크:** 누가 가장 적응하기 어려웠을까? 로라가 태어나기 전인데, 누가 적응하기 가장 어려웠던 것 같아?

조엘: 음, 아무래도 아마도 닉이었을 거예요. 저도 어려웠고 엄마도 그랬겠지만, 닉은 이미 형성된 가족에 들어오는 거였으니까요. (이번에도, 조엘이 닉을 자신처럼 문제를 겪고 있는 사람으로 보는 것에 주목할 것)

마크: 그래, 닉이 조엘에게 적응하기 어려웠던 이유가 있었다고 생각하니?

개입 포인트 ···

이제 마크가 가족에 대해 어떤 그림을 그리고 있는지 이해하기 시작해야 한다. 마크가 조엘의 불행과 가족 간의 갈등에 기여하고 있다고 생각하는 것이 무엇인지 생각해 보자.

가능한 가설 중 하나는 이 가족이 이혼과 별거 후 발생하는 '재형성(re-forming)'이라는 과제에 실패했을 수 있다는 것이다. 마리아와 조엘 사이에 자리 잡은 오래된 충성심이 닉이 가족에 통합하기 어렵게 만들었을 가능성이 있다. 마찬가지로, 마크는 조엘이 아버지 같은 존재를 절실히 원했지만 좌절하였고 '실망감'을 느껴 화가 난 것이 아닌가 생각할 수도 있다. 이 복잡한 상황 속에서, 마리아는 조엘과 닉 모두에 대한 충성심을 가지고 있으면서도 어쩌면 딸과 더 가까울 수도 있다. 이 패턴은 적대감의 바탕을 해결할 필요성을 별로 느끼지 않음을 의미한다. 이것은 어디까지나 가정일 뿐이며, 마크는 회기 내내 이를 계속 탐색하고 가족에게 그의 생각에 대해 어떻게 생각하는지 물을 것임을 기억하는 것이 중요하다.

04:40 조엘: 음, 음, 저는 그가 이미…… 제 말은…… 갑자기 추가적으로 돌봐야 할 자녀가 생겼다고 생각해요.

마크: 마리아, 이게 맞다고 생각하나요? 닉이 적응하기 어려웠을 것이라고 생각하나요?

마리아: 어느 정도는 비슷하지만, 여전히 조엘이 더 힘들었을 것이라 생각해요. 그 애는 영원히 저와 단둘이 있고 싶어 했을 거예요.

마크: (이러한 대화 방향은 조엘을 계속 비난하게 할 수 있으므로 마크가 대화를 다른 곳으로 옮기기로 결정한 것을 눈여겨볼 것) 조엘, 너는 축구 보러 가는 걸 별로 좋아하지 않는다고 들었어. 닉이 좋아하는 그런 것들 말이야. 닉과 함께하지 않는 네가 주로 하는 것은 뭐지?

조엘: 비디오 게임 같은 거 많이 해요. 비디오 게임 하는 게 더 편해요. 축구를 보는 것보다 더 몰입감 있고, 실제로 하는 것보다는 훨씬 쉬워요.

06:35 마크: 그래서 학교 친구들과도 게임 하면서 노는 거니? 네가 네 방에 자주 간다고 들었어. 다른 사람들로부터 도망치려고 방에 가는 건지 아니면 정말로 그 비디오 게임을 즐기기 때문인지 궁금하네.

! 여기서 조엘이 자기 방으로 가는 것에 대한 재구성을 주목할 것.

조엘: 어느 정도는, 그렇다고 할 수 있겠네요……. 음, 저는 그것들을 즐기긴 해

요……. 하지만 어쩌면 도망치려는 것일 수도 있어요.

마크: 무엇으로부터 도망치려고 하니?

개입 포인트 ···

재구성은 상호작용적 대답을 가능하게 한다. 그는 누구로부터 도망치려고 하는가?

조엘: 아마도, 다툼들……. 살면서 생기는 어려운 일들이요.

마크: 엄마가 말한 것 중 하나로 돌아가 볼게. 엄마가 한 '남자아이' 이론에 관심이 있거든. 네가 유일한 남자아이이기 때문에 부담이나 기대가 있다고 생각하니?

? 마크가 여기서 방향을 바꾼 이유는 무엇이라고 생각하는가?

조엘: 네, 남자가 되어야 하고, 엄마를 돌봐야 하고, 그런 거죠. 열심히 일해야 해요. 왜냐하면 할아버지나 삼촌처럼 되어야 하고 선생님이 되어야 하니까요…….

08:10 마크: 엄마의 아버지와 남동생 말이니?

조엘: 할아버지는 만나 본 적도 없고, 줄리안은 선생님이에요.

마크: 영국에서 선생님이니, 아니면 슬로바키아에서?

조엘: 저는 그를 거의 모르기 때문에…… 크게 관심이 없어요. 별 느낌이 없는 것 같아요. 저는 닉을 제외하고는 유일한……. 그냥 그래요.

마크: 많은 압박이지, 사람들이 너에게 기대하는 것들이 있어.

조엘: 네.

09:08 마크: 로라, 사람들이 오빠에게 어떤 특정한 모습의 오빠가 되라고 기대한다고 생각하니?

로라: 글쎄요, 설명하기 어려워요. 오빠가 나이가 많으니까 아마 특정한 일들을 해야 한다고 기대하지 않을까요…….

마크: 가끔 엄마와 아빠가 오빠에게 너무 많은 것을 기대한다고 생각하니?

로라: 네.

마크: 그래서 다툼이 있는 거라고 생각하니?

개입 포인트 ···

마크는 가족 내 패턴을 층층이 쌓기 시작했다. 가족치료사들은 '하나'의 설명을 충분하다고 보지 않고 가족원들이 자신들을 여러 다른 방식으로 보도록 돕고자 시도한다. 그래서 마크는 이제 조엘에 대한 부모와 가족의 기대를 탐색하고 있다. 내포된 메시지는 그가 '자기 자신'이 되기가 더 어려울 것이고, 이것은 그를 행복하지 않은 상태로 이끌 수 있다는 것이다.

로라: 잘 모르겠어요. 그것에 대해 생각해 본 적이 없어요.

마크: 때로는 치료과정에서 우리가 하는 일이 그런 거예요. 우리는 사람들에게 질문을 하고 그들이 생각하게 합니다. 가끔은 그 자리에서 생각하고 가끔은 나중에 생각하죠. 마리아, 조엘에게 어떤 압박이 있다고 생각하나요? 한동안 단둘이 살았다는 것이 후에 조엘에게 부담을 주는 것 같나요?

마리아: (그녀는 질문에 직접 대답하지 않고 대화 속에 조엘의 친아빠인 잭에 대한 마리아와 조엘의 경험이라는 또 다른 요소를 추가한다.) 아마도…… 우리는 매우 가까웠어요. 저는 그때 너무 힘들었는데 조엘을 가지게 된 것이 모든 것을 가치 있게 만들었어요. 잭은 자주 집을 비웠고, 그가 돌아오면 분위기가 안 좋아지고 저는 그 상황에서 벗어나고 싶었어요. 하지만 엄마에게는 말할 수 없었어요. 엄마는 항상 "내가 이렇게 될 거라고 했잖니?"라고 했으니까요. 엄마는 심지어 결혼식에도 오지 않았는걸요…….

개입 포인트 ···

다시 한 번 마리아는 가족역사에 또 다른 층을 추가하고 있다. 그녀는 왜 자신이 조엘과 매우 가까운지 설명하고 있는데. 이것은 닉이 조엘과 가까워지기 어려워하는 이유 또는 닉이 자신에게 가까워지는 것을 조엘이 허용하기 어려워하는 이유로 설명할 수 있다.

마크: 그러니까 당신은 어떤 지원도 받지 못했군요. 저에게 설명해 주세요. 당신과 조엘은 매우 가까웠고, 어쩌면 그것이 당신들이 살아남는 방법이었을 겁니다. 지금 네 사람 중에서 누가 누구와 가장 가까운가요?

개입 포인트 ⋯⋯⋯⋯⋯⋯⋯⋯⋯⋯⋯⋯⋯⋯⋯⋯⋯⋯⋯⋯⋯⋯⋯⋯⋯⋯⋯⋯⋯⋯⋯⋯⋯⋯⋯⋯⋯

마크는 이제 가족의 이러한 패턴이 다른 패턴이 나타나는 것을 어떻게 방해하는지 보도록 돕고 있다.

마리아: 저는 제 자녀들과 똑같이 가까워요. 저는 제 엄마가 그랬던 것보다 제 자녀들과 가깝고 싶었어요. 글쎄요, 아빠가 돌아가신 후 엄마는 열심히 일해야 했어요. 엄마는 항상 제가 선생님이 되기를 원했어요. 언젠가는 그렇게 될지도 몰라요. 하지만 제 동생이 그 상을 받았죠. 엄마는 우리를 차별했어요.

개입 포인트 ⋯⋯⋯⋯⋯⋯⋯⋯⋯⋯⋯⋯⋯⋯⋯⋯⋯⋯⋯⋯⋯⋯⋯⋯⋯⋯⋯⋯⋯⋯⋯⋯⋯⋯⋯⋯⋯

흥미롭게도 마리아는 마크의 질문을 그녀가 자신의 어느 한 명의 자녀와 덜 가까운 것은 아닌지 묻는 질문으로 해석하여, 자신을 방어하고 자신의 행동 방식과 어머니의 행동 방식을 대조하였다. 이는 물론, 마리아가 자신이 가진 패턴에 더 편안함을 느끼는 이유를 설명하기 시작하는 것이다. 어쩌면 (자신의 어머니와 대조적으로) 자신은 배우자보다 자녀들에게 더 가까울 수도 있음을.

마리아: 저는 어머니와 같은 실수를 하고 싶지 않아요. 하지만 가끔은 제가 가져야 할 만큼의 인내심이 없어요. 애들이 싸우면 저는 조엘에게 소리를 질러요. 왜냐하면 조엘은 나이가 많으니 더 잘 알아야 한다고 생각하거든요.

마크: 차분히 생각해 보면, 로라가 문제를 일으킬 수도 있다고 생각하나요?

마리아: 무슨 뜻인가요? (그녀는 질문을 이해하지 못한다.)

마크: 로라가 장난을 칠 수 있다고 생각하나요? (덜 비난적인 단어에 주목할 것)

마리아: 가끔 그럴 수도 있다고 생각해요. 하지만⋯⋯ 저는 일에서 돌아오면 피곤해서, 저녁을 준비해야 하고, 그런 것들을 신경 쓰고 싶지 않아서 잘 눈치채지 못

해요.

13:30 마크: 그러니까 당신은 맏이가 더 잘 알아야 한다고 생각하시나요? 내 말이 맞니, 조엘? 엄마가 그렇게 생각하는 것 같아?

마크: 제가 지금 이해한 바로는, 가족이 함께 오도록 만든 문제가 있었고, 지금 가족에게 영향을 미치고 있는 과거의 경험이 있다는 것입니다. 또한 사람들이 때때로 상당히 불행했다는 것으로 이해했고요. 서로 다른 세대가 불행을 감당해야 했나요? 마리아, 당신이 잭과 함께했던 시간이 불행했던 것처럼 들리는데, 조엘이 그 불행을 감당해야 했었네요. 닉도 언젠가 불행했었는지 궁금하네요, 조엘?

개입 포인트 ....

마크는 가족 내에서 불행이 존재해 온 방식을 탐색하려 한다.

조엘: 글쎄, 그는 보호 시설에 있었어요. 그는 정말 자기 부모님도 잘 몰랐어요. 그래서 어느 정도는 그럴 거예요. 그것이 아마도 많은 영향을 미쳤을 거예요.

마크: 중요한 이야기네. 닉은 어떻게 너를 키워야 할지 모를 수도 있어. 그는 자신이 어떻게 키워졌는지 모를 수도 있거든. 마리아, 닉은 보호 시설에 있었나요? 당신은 그것이 닉이 조엘에 대해 생각하는 방식에 영향을 미친다고 생각하나요?

! 치료사는 어떤 가족원이 부재한 경우 어느 쪽 편도 들어서는 안 된다는 점을 명심할 것. 오히려 그 부재한 사람의 부정적 특성보다는 긍정적 의도를 주목해야 한다.

15:10 마리아: 네, 그런 것 같아요. 닉은 본보기가 되어 줄 사람이 없었고 가족이 어떻게 기능해야 하는지 경험하지 못했어요. 그는 최선을 다했어요. 하지만 음…… 제가 첫 회기에서 말했듯이, 그는 그런 걸 어떻게 말하는지 잘 몰라요.

마크: 그렇다면 그가 말하기 어려워하는 것이 과거 경험과 관련이 있나요? 어떤 식으로든 관련이 될까요?

마리아: 네. 그는 가족 안에서 어떻게 소통해야 하는지 배우지 못했어요.

마크: 사람들은 때때로 상황을 더 악화시킬까 봐 소통하는 것을 두려워합니다……. 조엘이 너무 많은 말을 하면 상황을 더 악화시킬까 봐 두려워한다고 생각하는 것은 아닌지 궁금하네요……. 그렇니, 조엘?

조엘: 음, 네……. 우리 가족 안에 많은 긴장이 있어요……. 모든 것이 무너질 것 같은 느낌이에요(이 극단적인 **표현**에 주목할 것).

마크: 그래서 모두가 마치 달걀 껍데기 위를 걷는 것처럼 조심스럽구나. 가족이 헤어질까 봐 걱정하기도 하니?

개입 포인트 ....

마크는 일부 가족원에게 두려움이 될 수 있는 것을 명명함으로써 위험을 감수하고 있다. 그는 이러한 두려움들이 치료과정에서 조심스럽게 이야기될 수 있다는 것을 가족에게 보여 줄 필요가 있다.

조엘: 글쎄, 그렇게까지……는 아닌 것 같아요……. 그렇게 생각하지는 않아요……. ('조엘이 그렇게까지 간 것은 아니다'라는 표현을 사용할 뻔한 것에 주목하자.)

마크: 마리아, 당신도 그걸 걱정하나요?

마리아: 네, 가끔 중간에서 고립되는 느낌이 들고, 닉과 헤어지면 아이들이 더 행복할 것 같아요…….

개입 포인트 ....

이 대화는 마크가, 현재 가족원 간의 갈등이 가족이 헤어질지 모른다는 두려움으로부터 마리아의 주의를 분산시키는 데 도움이 되는지를 묻는 역설적인 질문을 할 때까지는 부드럽게 진행되었다. 마리아는 조엘에 대해 걱정하는 것이 닉과 가족에 대한 걱정을 덜 하게 만든다는 것에 동의한다. 여기서 마크는, '기능'을 가지고 있기 때문에 계속될 수 있는 상호작용적인 순환을 탐색하고 있다. 마리아가 조엘이 우울하다는 걱정을 할수록 가족이 헤어질 것이라는 걱정은 덜 하게 되는 것이다. 그런 다음 마크는, 잭과 함께 살 때에도 마리아와 조엘이 같은 패턴을 가지고 있었는지 질문한다. 그녀는 동의하였다. 우리는 조엘과 마리아 사이의 밀접한 관계가 그들에게 보호 요소가 되었다는 것을 볼 수 있다.

17:30 **마크**: '자녀들'이라면, 로라와 닉 둘 다인가요?

마리아: 네.

! 이것은 결정적인 순간이다. 하지만 이것은 사정 회기이고 닉은 여기에 없다. 또한 이것에 대해 이야기하는 것이 특히 로라에게 매우 어려울 수 있다. 마크는 이를 주목하고 넘어가기로 하였다.

마크: 조엘과 닉 사이의 갈등, 그리고 로라와 조엘 사이의 갈등이…… 당신이 닉을 떠나면 자녀들이 더 행복할 것이라고 걱정하거나 생각하는 데 어떤 영향을 미치나요?

! 마크는 문제를 직접 다루기보다는 문제를 둘러싼 관계의 미묘함을 '그려 넣기'로 선택한다.

마리아: 긴장이 덜할 것 같아요. 그래서 닉과 조엘은 의견이 없을 텐데, 그게 주요 문제예요. 긴장이 덜할 거예요……. 하지만 동시에 로라가 아빠를 그리워할 거라는 걱정이 있어요…….

18:40 **마크**: 조엘에 대해 걱정하는 것이 다른 걱정으로부터 주의를 분산시키는지 궁금합니다. 조엘이 방에 갇혀 불행해할까 봐 걱정하는 것이, 닉에 대한 걱정보다 더 크다는 의미인가요?

마리아: 네. (마리아가 이 질문에 어떻게 대답하는지 주목할 것. 그녀는 이 질문을 이미 생각해 본 적이 있다.)

마크: 마리아, 궁금한 게 있어요. 잭과 있을 때도 같은 일이 있었나요? 당신과 조엘은 매우 가까웠고 그래서 잭에 대해 그렇게 걱정하지 않게 된 것인가요?

마리아: 매우 비슷했어요.

19:40 **마크**: 좋아요, 지금까지의 내용을 요약해 보겠습니다. 저는 조엘의 어려움이 가족패턴과 어떻게 맞물려 있는지를 보려고 합니다. 유일한 남자아이로서, 많은 기대를 가지고, 엄마와 가까우며, 적응하지 못한 새아버지가 있는 것 같네요. 저는 조엘과 마리아 사이에 패턴이 있었고 이 패턴이 닉에게 영향을 미쳤

다는 것, 그리고 가족원들이 힘든 시간을 보냈으며 과거의 패턴이 이 가족원들의 행동 방식에 영향을 미친다는 것을 들었습니다. 잘 요약된 것 같나요? 빠뜨린 것이 있나요?

마리아: 거의 그렇습니다.

마크: 로라, 혹시 가족에 대해 네가 예상하지 못했던 걸 들은 게 있어?

로라: 별로요.

마크: 아빠의 배경에 대해서 알고 있었니?

로라: 아니요. 아빠가 엄마에게 자기 부모님에 대해 이야기하는 걸 들었지만 나머지는 아니에요.

마크: 그러니까 그것은 새로운 정보네. 아빠가 가족이 되기 전에 엄마와 조엘이 정말 가까웠다는 것을 알고 있었니?

로라: 네.

마크: 가끔 두 사람이 너무 가까워서 네가 원하는 만큼 가까워지지 못한다고 생각하니?

로라: 몇 번 있었어요. 많지는 않아요.

마크: 조엘, 새로운 것을 알게 된 게 있어?

조엘: 글쎄요, 모든 것이 한 관점에 놓인 것 같아요. 대부분 알고 있던 것들이지만 모두 함께 놓고 보니…….

마크: 그게 네가 왜 그렇게 많은 걱정을 하는지 설명하는 데 도움이 되니?

조엘: 네.

마크: 마리아, 오늘 들은 것 중에서 무엇인가 다르게 이해하게 된 것이 있나요?

마리아: 네. 벌써 기분이 나아진 것 같아요. 우리가 문제를 해결할 수 있을 것 같고 조엘도 우울에서 벗어날 수 있을 것 같아요.

마크: 가족이 변화할 수 있고 그 변화가 조엘이 우울에서 벗어나는 데 도움이 될 거라고 생각하는군요. 좋습니다. 다음 시간에 뵙겠습니다.

요약

회기 말미의 발언은 조엘의 경험에 영향을 미치는 가족 내에서 진행되는 상호작용 과정에 대한 사례개념화이다. 마크는 이 내용을 편지로 정리하여 모든 가족원(닉 포함)과 공유하고 논의할 수 있다. 마크는 회기 영상에서 조엘의 우울증에 대해서는 많은 시간을 할애하지 않았다. 실제 상황에서는 우울증이 초래할 수 있는 위험들(예: 자살 위험성)에 대해 알아보는 데 시간을 할애할 것이지만, 로라 앞에서는 그런 내용을 다루는 것이 부적절할 수 있었다. 또한 가족원들의 우울증 관련 경험 탐색에 더 많은 시간이 투자될 수도 있다. 이것은 조엘에게 제공될 수 있는 자원이 있는지를 확인하는 데 유용하다. 마크는 회기를 마치면서 가족원들에게 새로 알게 된 것이 무엇이었는지 기억하도록 요청하였다. 그는 베이트슨이 말한 "차이를 자각하는 것"을 확립하는 데 관심을 두었다.

과제 8

회기 면담은 항상 다양한 방향으로 진행될 수 있다. 마크는 그의 사정에서 몇 가지 주제를 펼쳤지만 다른 것들은 다루지 않았다. 이 장에서 그가 이 가족을 사정하는 데 사용할 수 있었던 다른 아이디어가 있다면 무엇일지 생각해 보자.

참고문헌

Beavers, R. and Hampson, R. (2000). The Beavers Systems Model of family functioning. *Journal of Family Therapy*, 22: 128–143.

Byng-Hall, J. (1998). *Rewriting family scripts*. New York: Guilford Press.

Carter, B. and McGoldrick, M. (1999). *The expanded family life cycle*. Boston: Allyn and Bacon.

Dallos, R. and Draper, R. (2010). *Introduction to family therapy*. Maidenhead: Open University Press.

Dallos, R. and Stedman, J. (2014). Systemic formulation. In Johnstone, L. and Dallos, R. (2014) (Eds) *Formulation in psychology and psychotherapy*. London: Routledge, pp. 67–95.

Day, R. (2010). *Introduction to family processes*. New York: Routledge.

Eisler, I. (2005). The empirical and theoretical base of family therapy and multiple family day therapy for adolescent anorexia nervosa. *Journal of Family Therapy*, 27: 104–131.

Haley, J. (1976). *Problem solving therapy*. San Francisco: Jossey Bass.

Johnstone, L. and Dallos, R. (2014). *Formulation in psychology and psychotherapy*. London: Routledge.

Lebow, J. and Stroud, C. (2012). Assessment of effective couple and family functioning. In

Walsh, F. (Ed) Normal family processes. New York: Guilford, pp. 501-528.

McGoldrick, M. (2011). *The genogram journey*. New York: Norton.

McGoldrick, M., Gerson, R. and Petry, S. (2008). *Genograms: assessment and intervention*. New York: Norton.

Olson, D. (2000). Circumplex model of marital and family systems. *Journal of Family Therapy*, 22: 144-167.

Olson, D. (2011). FACES IV & the circumplex model: a validation study. *Journal of Marital and Family Therapy*, 37: 64-80.

Robbins, M., Alexander, J., Turner, C. and Hollimon, A. (2016). Evolution of Functional Family Therapy as an evidence-based practice for adolescents with disruptive behaviour problems. *Family Process*, 55: 543-557.

Roffman, A. (2005). Function at the junction: revisiting the idea of functionality in family therapy. *Journal of Marital and Family Therapy*, 31: 259-268.

Ryan, C., Epstein, N., Keitner, G., Miller, I. and Bishop, D. (2005). *Evaluation and treating families*. New York: Routledge.

Sotero, L., Major, S., Escudero, V. and Relvas, A. (2016). The therapeutic alliance with involuntary clients: how does it work? *Journal of Family Therapy*, 38: 36-58.

Stratton, P., Bland, J., Janes, E. and Lask, J. (2010). Developing an indicator of family function and a practicable outcome measure for systemic family and couple therapy: the SCORE. *Journal of Family Therapy*, 32: 232-258.

Street, E. (1994). A family systems approach to child parent separation: developmental closure. *Journal of Family Therapy*. 16, 347-366.

Walsh, F. (2012) (Ed). *Normal family processes*. New York: Guilford.

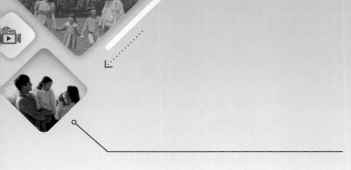

Family Therapy 제4장

통합적 가족치료
오늘날의 임상 실제

요점정리

- 통합적 가족치료는 여러 다른 가족치료학파의 다양한 기법들을 담고 있다.
- 통합적 가족치료는 더 넓은 심리치료 현장으로부터의 아이디어와 방법들을 통합한다.
- 많은 현대적인 근거기반 가족개입모델이 통합적 가족치료의 예시이다.
- 통합적 가족치료는 특히 가족과 치료사 사이의 치료적 동맹에 집중한다.
- 치료사와 가족 간 협력은 이 접근법의 기본적인 바탕이다.

서론

이 책의 기본 가정은 현대 가족치료 실제가 '통합적'이라는 점이다. 이후의 각 장에서 가족치료 내 특정 학파들의 기법들을 설명하고 예시를 제시하겠지만, 이 장은 이러한 기법들이 어떻게 일관된 임상 실제로 통합되는지에 대한 개요를 제시하고자 한다. 이렇게 말했음에도 불구하고, '통합적 가족치료'를 정의하는 것은 다른 어떤 모델보다도 어려울 수 있다. 이는 주로 가족치료의 역사를 통해 카멜레온처럼 기능해 왔기 때문이다. 즉, 가족치료가 진화함에 따라 색과 모양을 변화시키며 적응해 왔다는 것이다. 예를 들어, 1980년대 통합적 가족치료는 심리역동적 접근과의 통합(Will and Wrate, 1985)이나 구조적 및 전략적 접근 사이의 통합(Treacher, 1988)을 의미할 수 있었다. 가장 최근에, 르보우(Lebow, 2005: XV)는 "오늘날의 접근법들은 해당 모델들의 첫 세대로부터 유래한 전략과 개입의 일반적인 핵심을 포함한다"고 주장하였다. 그는 또한 현대의 통합적 가족치료가 "생물-행동-심리사회적 기반"을 가지고 있음을 강조한다. 즉, 다양한 치료법과 개입에서의 연구 결과와 실천을 통합한다는 것이다. 한 예로, 대부분의 근거기반 가족치료모델들은 50년 간의 가족치료 실천과 문헌을 바탕으로 아이디어와 기법을 통합하였다. 여기에서 말하는 통합적 가족치료의 작동 방식은 가족치료 분야 내에서의 통합이다.

또한 통합적 가족치료는 발전 과정에서 다른 심리치료로부터 아이디어와 기법을 흡수하는 것을 꺼리지 않았기 때문에 카멜레온에 비유되곤 한다. 마치 카멜레온이 곤충을 삼키듯! 애착이론과의 접목을 예로 들면, 통합적 가족치료는 다른 이론의 아이디어를 체계론의 틀에 맞게 조정한다. 여기에서 말하는 통합적 가족치료의 작동 방식은 가족치료 분야 밖에서 아이디어를 통합하는 것이다.

불행히도, 가지 위에 앉아 있는 카멜레온을 우리 눈으로 구별해 내는 것은 거의 불가능하다. 마찬가지로, 통합적 가족치료는 종종 정의하기 어렵고, 임상 현장에서 그 구체적 모습을 관찰하는 것은 쉽지 않다. 그럼에도 불구하고, 통합적 가족치료 임상가들은 그들의 작업에서 소위 '치료적 동맹'의 중요성을 입을 모아 강조한다. 때문에 이는 이 장의 주요 강조 개념이 될 것이나, 우선 르보우가 개관한 통합적 가족치료 내용과 애착이론의 예를 통해 하나의 접근 방식이 가족치료에 통합되는 방식을 먼저 살펴보고자 한다.

[그림 4-1] 제이 르보우

또한 새롭게 떠오르고 있는 근거기반모델들의 예를 소개하고 이러한 접근들이 통합적이라 불릴 수 있는 근거들을 다룰 것이다.

르보우의 통합적 가족치료

제이 르보우(Jay Lebow)는 노스웨스턴 대학교와 시카고 가족 연구소(Family Institute, Chicago)에서 가족치료 및 임상심리학 훈련을 받았다. 이 두 기관은 모두 경험적 연구 및 임상 현장에의 적용에 있어 명성을 보유한 곳들이다. 이것이 르보우가 근거기반실천을 지속적으로 촉진한 이유이기도 하다(Lebow, 2006). 르보우는 현재 노스웨스턴 대학교의 교수로 재직 중이며, 가장 중요한 가족치료 학술지인 『가족과정(Family Process)』의 편집위원장이다. 그의 업적에 영향을 미친 인물 중 한 명은 윌리엄 핀소프(William Pinsof, 1995)였다. 그는 '문제중심 통합치료(Problem centred integrative therapy)'라고 불리는 가족치료의 제대로된 통합적 모델을 처음으로 개발한 사람이다. 핀소프와 르보우는 노스웨스턴의 교수진과 함께 가족치료를 평가하기 위한 다양한 방법들을 고안하였으며, 여기에는 체계론적 변화 목록(Systemic Inventory of Change)과 치료적 동맹을 추적하는 데 도움이 되는 측정 방법도 포함되어 있다.

르보우(Lebow, 2003)는 통합적 실천과 관련된 복잡한 정의들을 강조한다. 그는 임상가들이 호소문제에 대한 전체적인 틀에서의 개념화 없이 단지 '도구 상자'의 기법들만을 사용하는 경우, 통합(integration)이 절충주의(eclecticism)가 되기 쉽다고 지적한다. 그는 또한 "하나가 아닌, 여러 통합적 가족치료가 존재한다"고 주장한다(Lebow, 2003: 206). 그는 그러한 통합적 치료들 모두가 여러 핵심 이해를 공유한다고 주장하였는데, 이는 다음과 같다.

- 모두 일관된 변화이론을 가지고 있다.
- 모두 다양한 경험 수준에 주목하면서 체계론적 이해라는 공통분모를 두고 기능한다.
- 모두 심리치료 전반에서 발견되는 '공통 요인들'에 주의를 기울인다.
- 모두 변화를 위한 행동적 · 인지적 · 정서적 방법을 활용한다.
- 모두 연구에 의존하며 근거기반 개입을 구축하는 일부분이 되고 있다.
- 모두 관계적 언어와 '관계적 진단'을 사용한다.
- 모두 치료의 효과를 추적하는 다양한 방법을 사용하며, 따라서 필요한 결과에 도달

하기 위해 변화에 초점을 두는 실용성을 가진다.
- 모두 다양한 가족구조, 문화, 지향성을 고려하여 가족별로 개별화된 치료를 제공해야 할 필요성에 동의한다.

르보우(Lebow, 2014)는 통합에 이론적 또는 기술적(technical) 측면이 존재한다고 말한다. 이론적 통합에서는 치료 실제를 포괄하는 주요 이론이 있어야 한다. 예를 들어, '통합적 체계치료(Integrative Systemic Therapy: IST)' 모델(Pinsof et al., 2011)은 핀소프의 '문제중심 치료(Problem Centered Therapy)'의 최신화된 버전을 제공하는데, 이 모델에서는 호소 문제의 해결을 방해하는 '제약 조건들'에 대한 일련의 가설이 구성되어 있다. 또한 개입은 내담자 체계의 다양한 부분을 대상으로 하는 '단계적' 모델이다. 반면에 기술적 통합은 치료사가 특정 기술의 원류가 되는 이론을 채택하지 않더라도 필요한 기술을 사용하는 것을 의미한다. 실제로, 기술적 통합은 기술이 곧 원래 모델의 일부로 여겨지는 상태인 동화(assimilation) 상태로 넘어갈 수 있다. 르보우는 이러한 과정의 예로 마음챙김이 인지행동치료(Cognitive Behavioural Therapy: CBT) 모델(Germer et al., 2005; Tirch et al., 2016)의 일부가 된 방식을 들고 있다(〈표 4-1〉 참조).

표 4-1 **르보우의 통합적 가족치료의 저변을 이루는 개념적 사고들**

개념	르보우의 개념 설명	가족치료 실천에 미치는 영향
생물-행동-심리사회적 기반.	가족환경만이 어려움에 영향을 주는 유일한 요인이 아니라는 것을 인식할 필요가 있음. 유전적·문화적·심리적·사회적 영향도 고려해야 함.	이는 가족 인과성(causation)에 대한 아이디어로 설명되지 않는 심각한 정신질환의 경우에 가장 명확함. 이러한 상황에서 가족치료는, 원인적 요소가 아닌, 회복탄력성을 증가시키고 어려움을 지속시키는 행동을 바꾸는 것을 목표로 함.
체계이론, 사이버네틱스, 생태체계이론	르보우(Lebow, 2014: 41)는 체계이론의 원칙을 유지하고 있음: "행동을 이해하려면, 맥락을 이해해야 한다." 그러나 그는 또한 "미묘한 관점(nuanced view)"을 주장함.	가족치료사들은 여전히 증상이 가족체계와 '맞물려 발생한다(fit)'는 개념과 순환적 인과론이 유용하다는 생각을 활용하고 있음.
가족구조, 의사소통 방식, 가족생애주기	르보우는 가족치료사가 가족을 이해하는 데 이 개념들이 필수적인 것으로 봄.	예를 들어, 표현된 정서(Kuipers et al., 2002)와 커플 관계 내 의사소통에 대한 연구(Gottman, 1999)는 가족치료사가 가족 의사소통을 돕는 데 필요한 정보를 제공함.

민족성, 문화, 더 넓은 체계	"오늘날 거의 모든 커플 및 가족치료는 문화에 대한 이해를 치료에 통합한다."(Lebow, 2014: 47)	가족은 그들의 문화 내에서 볼 때만 이해될 수 있음. 이는 지배 문화가 소수 가족을 억압할 수 있는 방법에 대한 사회 정의적 관점을 포함함.
사회적 역할, 젠더, 사회적 학습 관련 사고 및 사회적 '교환'(예: 의식적 선택 행동)과 같은 사회적 맥락들	특히 젠더는 사회와 가족 내 행동에 지배적인 영향을 미침.	가족치료사는 이러한 요소들이 개별 가족구성원의 행동에 어떻게 영향을 미치는지를 고려해야 함. 내담가족은 가부장적이며 그것이 구성원들의 삶의 선택을 제한하는가?
개인 성격	이전의 가족치료모델들은 '개인'(Rivett and Street, 2003)과 성격이 행동에 어떻게 영향을 미치는지에 대해서는 거의 다루지 않았음.	가족치료사는 가족원들이 자신의 성격을 어떻게 변화시켜야 하는지보다는 어떻게 관리해야 하는지에 대해 고민하도록 해야 함.
포스트모더니즘이론	르보우는 이 흐름이 가족치료에 다양한 방식으로 영향을 미침에도 불구하고, 불확실성과 사회 정의에 대한 개념을 가족치료 분야에 끌어들이는 데 기여했다고 봄.	가족치료사는 자신들의 '진리'를 의심하고, 자신이 '옳다'고 생각하는 것에 대해 도전을 받아들일 준비가 항상 되어 있어야 함.

알아보기

개입의 '단계별' 모델은 치료사들에게 임상적으로 매력적이다. 이는 첫 단계의 개입이 '가장 단순한'것을 의미하기 때문이다. 예를 들어, 아이가 부적절한 행동을 할 때 처음에는 일관된 제재를 가하는 방법을 부모에게 가르친다. 만약 그러한 행동이 계속된다면, 치료사는 부모가 '좋은 행동에 대한 보상'을 추가하도록 도울 수 있다. 이것은 행동적 개입이다. 만약 행동이 계속된다면, 치료사는 부모가 이러한 기법을 적용하는 데 방해가 되는 것이 무엇인지 '의미'를 살펴볼 수 있다. 이 단계에서, 가족각본, 젠더각본 및 다양한 가족치료 개념들이 사용될 것이다. 만약 행동이 여전히 계속된다면, 치료사는 부모의 부부관계가 양육체계에 영향을 미치는지 탐색할 것이다. 여기서 가족체계가 행동을 변화시키는 능력이 부족하게끔 강화하는 정서적 문제가 드러날 수 있다.

물론, 완전한 통합적 모델에서는 아이/부모가 도움을 줄 수 없는 이유나 문화적/사회적 영향이 부정적으로 개입하는지 등과 같은 생물학적/사회적 요인도 고려될 것이다.

볼비(Bowlby)는 런던의 타비스톡에서 근무한 신경정신의학과 의사이자 정신분석가였다. 그는 주로 애착이론에 대한 연구로 잘 알려져 있으며, 이 이론은 유모에 의해 양육된 자기 경험의 영향을 받았다고 한다.

애착기반 가족치료: 이론적 통합이 된 가족치료의 예

애착기반 가족치료(Attachment Based Family Therapy: ABFT)(Diamond et al., 2014)는 르보우가 정의한 이론적 통합의 예시라고 할 수 있다. 물론 이것이 이론적 통합적 모델의 유일한 예는 아니다(Crittenden et al., 2014; Dallos, 2006; Dallos and Vetere, 2009; Hughes, 2007, 2011; Vetere and Dallos, 2008 등도 참조). 애착이론은 영국의 정신분석가 볼비(Bowlby, 1988; Bretherton, 1992)에 의해 '창조'되었다. 이런 의미에서, 가족치료 분야에 애착 개념을 도입한 것은 가족치료 실천에 또 다른 영향을 미친 정신분석 접근에 대한 가족치료자들의 입장이 부드러워졌음을 의미한다(Flaskas and Pocock, 2009; Pocock, 2006). 그는 아이와 부모 간 애착의 질이 그들의 발달 양상뿐만 아니라 이후 심리적 기능의 장기적 결과에도 영향을 미친다고 주장했다. 임상 사례에 기반한 그의 최초 제안 이후, 연구자들은 양육자와 자녀 사이의 다양한 애착 '유형'을 밝혀냈다. 초기 분류에는 안정, 불안, 회피 및 혼란 애착이 포함되었지만, 이러한 분류는 크리텐든(Crittenden)의 역동적-성숙모델(Dynamic-Maturational Model: DMM; Crittenden et al., 2014) 내에서 더 확장되었다.

과제 1

애착 유형을 평가하는 과학적 방법들이 있긴 하지만, 가족 중 누가 어떤 유형(안정, 불안, 회피 또는 혼란)을 가지고 있는 것처럼 보이는지 직접 생각해 보는 시간을 갖도록 하자. 앞의 단어들이 여러분 자신에게 의미하는 것은 무엇인지 생각해 보자(더 자세한 내용은 추천 문헌을 참조할 것).

가족치료가 애착이론을 채택하는 데 주저해 온 배경에는 여러 가지 이유가 있다. 첫째, 처음부터 볼비가 설명했듯이, 애착이론의 초점은 어머니와 아이의 이자 관계에 집중되어 있었다. 따라서 이는 아이들의 삶에서 다른 의미 있는 성인들(특히 아버지)의 역할이나 더 넓은 문화의 역할을 인식하는 체계론적 접근이 아니었다. 사실, 이 이론은 어머니와 아이에 초점을 맞춤으로써, 어머니들을 아이들 문제의 원인으로 지목하는 가부장적 모델에 의해 결정되었다는 주장이 가능하다. 둘째, 애착이론은 결정론적이며 라벨링이 용이한 이론으로 해석될 가능성이 높다. 볼비는 원래 초기 애착 상처에 의해 손상된 것으로 여겨진 '비행 소년들'을 연구대상으로 삼았다(사용된 단어에 주목). 가족치료는 항상 이러한 부정적 언어의 사용을 피하고자 하였으며, 문제의 예측보다는 희망을 제공하는 이론이 되기를 원했다. 셋째, 포스트모더니즘적 입장이 더욱 강한 가족치료는 모든 이론이 사회적 구성물임을 피력하며 사회적 '거대 담론'에 반대해 왔다. 애착이론은 인간의 많은 잠재력을 제약하려는 사회체계를 강화하는 명제를 과학의 이름을 가지고 드러낸 내러티브라고 할 수 있다. 이 이론은 나이, 문화 또는 젠더에 관계없이 모든 인간에게 적용할 수 있어, 꽤나 보편적이라 여겨지기도 한다. 흥미롭게도, 애착 연구자들조차 인구의 삼분의 일이 불안정한 애착을 가지고 있기 때문에 이러한 애착을 문제로 규정하기는 어렵다는 의견을 보였다. 넷째, 앞서 논의한 요점과 연결되어, 애착이론은 과학적으로 반증할 수 없는 '동어반복적(tautological)' 체계로 기능한다는 점이다. 즉, 연구자들은 애착이론을 '진실'이라 '가정'하고 결과적으로 그들의 관찰은 그것이 '진실'임을 확인하는 데 초점을 둔다는 것이다. 이는 경험적 이론은 반증가능해야(disprovable) 한다는 포퍼(Popper)의 주장에 부합하지 않는다. 다른 아동기 연구자들(Kagan, 2010)은 아동기 행동과 부모의 반응을 이해할 수 있는 대안적 방법들이 있다고 주장한다. 마지막으로, 이 책에서 아동들과 가족들을 돕기 위한 개입을 설계한 일련의 가족치료학파들을 다룰 것인데, 그들 중 누구도 그들의 개입 설계를 위해 애착이론을 '필요로' 하지 않았다는 점을 언급할 가치가 있다.

그럼에도 불구하고, 애착기반 가족치료는 애착 개념을 사용하여 자해와 우울로 고통받는 청소년들을 돕는 가장 일관되고 체계론적으로 연구된 가족치료모델임은 틀림없다(Diamond et al., 2016). 애착기반 가족치료는 우울과 자해로 고통받는 청소년들을 돕는 방법 중 하나로 그들 자신과 양육자 사이의 애착 단절에 주목하는 것을 근본 전제로 삼는다. 다이아몬드와 동료들(Diamond et al., 2014: 3)은 다음과 같이 언급한다.

안전 기지가 아동기의 성장과 발달에 필수적 맥락을 제공한다.

그러나

우울해진 청소년들에게는 삶이 어둡고 외롭다. 세상은 더 이상 안전하지 않게 되고, 그들은 자신을 가치 없는 존재로 여기기 시작한다. 그들은 자신을 보호하기 위해 종종 부모나 친구들, 자신의 활동으로부터 물러선다. ······ 부모가 그들의 고통을 이해하고 안전한 피난처를 제공할 것이라는 기대가 부족한 우울한 청소년들은 더 많은 상처로부터 자신을 보호하기 위해 과도하게 자신의 감정을 규제한다. 누군가는 사랑을 원하면서도 거부당할까 두려운 채로, 부모에 대한 양가감정을 새겨 간다(Diamond et al., 2014: 5).

따라서 애착기반 가족치료는 청소년들이 다시 부모에게 돌아가 지지를 받고 우울증 이전이나 우울증의 결과로 발생했을 수 있는 어떠한 애착 단절도 치유할 수 있도록 돕는다. 애착기반 가족치료는 '교정적 애착 경험'의 제공을 목표로 한다. 이 모델은 다섯 단계의 치료 또는 과제를 포함하고 있다([그림 4-2] 참조).

첫 번째 단계는 치료의 관계적 목적을 확립한다. 두 번째와 세 번째 단계는 청소년과 부모를 위한 별도의 회기로 구성되며, '교정적 애착' 대화를 향해 그들을 코칭하는 것을 목표로 한다. 네 번째 단계에는 청소년이 그들의 필요와 실망을 언어로 표현하고 부모가 이에 반응하는 가족 회기가 포함된다. 마지막 단계에는 자율성 구축의 발달 단계를 다룬다.

〈표 4-2〉에서 명확히 드러나듯, 애착기반 가족치료는 애착이론이라는 '포장지' 안에

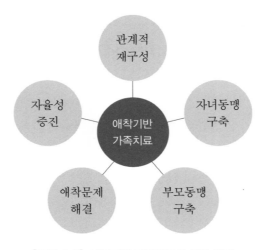

[그림 4-2] 애착기반 가족치료의 치료 단계

많은 체계론적 개념을 포함한 통합적 가족치료모델이다. 이 모델은 최근 레즈비언과 게이 청소년(Diamond and Shpigel, 2014; Levy et al., 2016) 및 섭식장애(Wagner et al., 2016)를 가진 사람들을 위한 버전이 개발되었다. 애착기반 가족치료의 주요 가정 중 하나는 '치료적 동맹'이 '교정적 애착 경험'을 만드는 중요한 요소라는 것이다. 실제로, 치료적 동맹에 대한 세심한 주의(강박적 집착이 아님)는 모든 통합적 가족치료 접근법의 핵심이다.

표 4-2 애착기반 가족치료는 가족치료 기법과 아이디어를 어떻게 통합하였는가

가족치료로부터의 기법/아이디어	애착기반 가족치료가 이러한 기법/ 아이디어를 사용하는 방법	예시
재구성하기 (전략적 가족치료학파)	초기 회기는 '관계적 재구성'에 관한 것임.	"부모님에게 도움을 요청하는 것이 왜 그렇게 어려운가요?" "당신의 자녀가 왜 당신에게 도움을 요청할 수 없다고 생각하나요?"
가족은 시간이 지남에 따라 패턴이 형성되는 체계(일반체계이론)	애착기반 가족치료는 애착 단절에 대해 부모를 비난하지 않지만 '무엇이 잘못되어 왔는지'에 대한 대화는 시도함.	"자녀가 당신에게 신뢰를 잃기 시작한 것을 처음 언제 알아차렸나요? 그때 가족에게 무슨 일이 있었나요?"
변화는 상호작용 과정을 통해 발생 (일반체계이론)	애착기반 가족치료는 제4단계를 중요한 변화 사건으로 보며, 이 단계에서 패턴에 대해 이야기하고 변경할 수 있음.	"부모님으로부터 어떤 말을 들어야 다시 그들에게 다가갈 수 있을 것 같나요?"
실연 (구조적 가족치료학파)	제4단계는 확장된 실연이며, 애착기반 가족치료는 '교정적 애착 경험'이 발생하도록 '대화를 촉진'함.	"우리가 지금껏 이야기해 온, 부모님에게 다가가기 어렵게 만드는 것들 중 일부를 부모님에게 이야기해 보는 것으로 시작해 보면 좋겠네요." (Diamond et al., 2014: 168)
과제 설정하기 (전략적 가족치료학파)	애착기반 가족치료는 치료실 내에서 뿐만 아니라 밖에서도 변화가 일어나기를 원함.	"이 새로운 관계를 유지하기 위해 무엇을 해야 할까요?"
가족구조 (구조적 가족치료학파)	애착기반 가족치료는 자녀가 안전하게 성장할 수 있도록 돕는 책임이 부모에게 있다고 가정함.	"자녀가 말하고자 하는 것을 듣기란 어려운 일입니다. 이를 돕기 위해 우리가 무엇을 해야 할까요?"
가족 내러티브 (내러티브학파; Dallos, 2006 참조)	애착기반 가족치료는 가족구성원이 어떻게 지금과 같은 이해의 틀을 가지게 되었는지 등 가족의 의미를 탐구함.	"자녀가 당신을 의지하지 못하는 것에 대해 어떻게 생각하나요? 이것이 당신이 자랄 때의 경험을 떠올리나요?"

치료적 동맹

통합적 가족치료가 카멜레온 같다면, 치료적 동맹은 그 골격과 같다. 피부색은 변할수 있지만 종의 본질적 요소들은 동일하게 남아 있기 때문이다. 심리치료의 발전과 함께(Safran and Muran, 2000), 치료적 동맹은 다양한 방식으로 개념화되었다. 본질적으로, 이는 치료사와 내담자(가족치료에서는 내담가족)가 상호 합의된 목표를 달성하기 위해 함께일하는 방식이다. 로저스(Rogers, 1957) 또한 좋은 치료적 동맹이 치료적 변화를 위한 "필요충분" 조건임을 역설했다. 보딘(Bordin, 1979)은 동맹의 세 가지 요소, 즉 과제, 목표, 그리고 유대에 대한 논의를 통해 이전의 생각들을 체계화하였다. 다른 형태의 심리치료들이 동맹에 주목한 반면, 가족치료는 이에 뒤쳐졌다. 미누친의 작업에 동맹이라는 개념이가정되어 있다고 주장하는 이들도 있으나(Simon, 1995), '실연'이라는 개념이 구체적 형태로 설명된 반면, 동맹은 그러지 못하였다. 1990년대에 이르러서야 여러 가족치료사가 동맹에 대한 체계론적 이해를 구체화하기 시작했다. 일부는 동맹을 체계론적 관점뿐만 아니라 정신역동적 관점에서 접근하기도 했다(Flaskas and Perlesz, 1996). 반면, 노스웨스턴대학교의 르보우와 동료들을 포함한 몇몇 학자들은 이 개념에 대한 경험적 측면을 제대로 확립하기도 하였다(Knobloch-Fedders et al., 2004; Pinsof et al., 2008). 실제로, 2000년대 이후 가족치료 내 '공통 요인' 논쟁은 '좋은' 동맹을 형성하는 데 있어 치료사의 역할이중요하다는 주장에 대해 회의적인 연구자들(Sexton, 2007; Simon, 2012) 및 '내담가족과의매칭'이 치료사의 모델보다 더욱 중요하다는 입장(Blow et al., 2012)과 함께 여러 복잡한전환을 겪었다. 보다 최근에는 '중도적' 접근법이 제안되었다(Sprenkle et al., 2009). 이는치료적 동맹의 중심 역할은 인정하면서도, 특정 문제에 적합한 모델들이 적용된 상황에서 치료사의 역할 또한 매우 중요하게 본 것이다. 예를 들면, 이 접근법은 일반적인 '동맹중심' 개입만으로는 충분하지 않으며, 오히려 적용한 모델이 문제에 적합한지가 더욱 중요하다는 것이다.

가족치료에서 치료적 동맹의 질이 내담자의 '이탈률'을 낮추고 치료 결과를 개선하는중요한 지표임이 연구를 통해 입증되었다(Friedlander et al., 2011). 따라서 좋은 동맹을강화하기 위해 필요한 기술을 향상시키는 것이 임상가들에게 요구된다. 이러한 기술을가르치는 최고의 모델은 가족치료 동맹 관찰 시스템(System for Observing Family Therapy Alliances: SOFTA)에 의해 개발된 모델이다(Friedlander et al., 2006). 가족치료에서 동맹을 구축하는 방법을 이해하고 기록하며 습득하는 이 방법은 다양한 연구를 통해 그 가치가 증명되었다(Carpenter et al., 2008). SOFTA만의 장점은 치료사가 각 개별 가족구성원뿐만 아니라 가족 전체가 보이는 동맹을 평가할 수 있도록 일련의 행동 지표를 제공한다는 것이다. 이러한 지표를 바탕으로, 동맹의 한 측면이 비교적 덜 안정적인 경우 치료사가 할 수 있는 것에 대한 지침을 제공한다(〈표 4-3〉 참조).

당연하게도, 한 치료사와 한 내담자 사이의 치료적 동맹과 한 치료사와 한 내담가족 사이의 동맹은 완전히 다른 현상이다. 동맹의 질은 가족구성원 사이에서 다양하기 마련이며, 실제로 종종 어떤 가족구성원은 다른 가족구성원보다 가족을 치료로 데려오기를 더욱 '원하는' 경우가 많다. 따라서 가족치료에서 치료사는 모든 가족구성원과 함께 내재된 차원까지 고려하여 작업하여야 한다! 치료적 동맹에 관한 또 다른 중요한 과정인 분열된 동맹 점수(split alliance scores)를 지적한 연구도 발표되었는데, 예를 들어 한 가족구성

표 4-3 **SOFTA가 정의한 치료적 동맹의 차원과 이를 개선하기 위해 치료사가 할 수 있는 일**

차원	설명	이러한 차원을 개선하기 위해 치료사가 할 수 있는 일
치료사에 대한 정서적 연결	이것은 보딘의 정서적 유대 차원을 의미함. 각 가족구성원이 치료사를 신뢰하고 어느 정도 '좋아해야' 한다는 것을 의미함.	비록 문화별로 다를 수 있지만, 치료사는 가족구성원들을 돌보는 인간으로서 다가가야 함. 치료사는 자신의 삶에 대해 무언가를 공개할 수도 있고, '문제'에 대한 언급 없이 가족구성원 자체에 대해 물어볼 수 있음.
치료과정에 대한 참여	가족구성원들이 자신들의 삶을 변화시키고 개선하는 데 도움이 되는 치료에 전념할 의지를 의미함.	치료사는 가족이 치료에 대해 확실히 전념할 수 있도록 도와야 함. 치료사는 치료가 '무엇을 위한 것인지'에 대한 다층적이고 다양한 생각을 협상해야 할 수도 있음.
치료 공간 내의 안전	가족구성원들이 어려운 것들에 대해 이야기할 의지가 있으며 서로 동의하지 않고 차이를 말할 만큼 충분히 안전하다고 느끼는 것을 의미함.	치료사는 대화를 위한 '안전 수칙'이 무엇인지 명확히 해야 하며, 갈등이 치료실에서 집으로 연결되지 않게 하는 방법을 모색해야 함.
공유된 목적의식	이것은 가족 '전체' 점수를 요구하는 유일한 차원임. 가족 전체가 모두 함께 참여하면서 서로를 돕거나 때로는 한 가족원을 돕는다는 것을 인지해야 함.	치료사는 집단적 책임을 장려해야 함. 치료사는 가족이 한 개인/가족구성원과 관련된 것이 아닌 공동의 아젠다를 보도록 격려해야 함.

원의 점수가 다른 구성원의 점수와 매우 다른 경우 이는 이탈률과 바람직하지 않은 치료 결과의 지표로도 나타났다(Robbins et al., 2003). 이는 치료사가 회기 내내 가족구성원들과 어떻게 관계를 맺는지에 대해 주의를 기울이고 치료 기간 동안 구성원들이 계속 참여할 수 있도록 조정을 해야 함을 의미한다.

> **과제 2**
>
> 당신의 가족(현재 가족이나 원가족)이 가족치료를 받으러 간다고 상상해 보자. 누가 가장 불안해할 것 같은가? 누가 가장 적게 말하고 싶어 할까? 가족구성원들은 치료사에게 각자 무엇을 원할 것 같은가? 당신이 발견해 내고 싶은 특성이 있는가? 가족구성원들 사이의 차이를 치료사가 어떻게 다루기를 원하는가?

> **과제 3**
>
> 당신의 가족이 치료를 받고 있고 한 가족구성원은 거기에 있고 싶지 않다고 상상해 보자. 치료사는 이 상황을 어떻게 바꿀 수 있을까?

치료사는 명시적이거나 암시적인 방법으로 이러한 기술을 수행할 수 있으며, 이 기술은 동맹이 강하게 유지되도록 설계되었다. 예를 들어, SOFTA는 치료사가 반드시 동맹 자체를 꼭 언급하지 않아도 이를 최대화할 수 있도록 훈련시킨다. 실제로, SOFTA에는 회기에서 발생하는 일을 각 차원에 대해 기록할 수 있도록 도와주는 소프트웨어 프로그램이 있는데, 이 프로그램을 통해 치료사는 가족과의 '정서적 연결' 점수 향상과 같은 사항을 의식적으로 결정할 수 있다. 그러나 동맹 구축 행동은 명시적이고 즉흥적일 수도 있는데, 이러한 행동 유형은 이 장에 수록된 시연 동영상에 잘 나타나 있다(시연 동영상 참조: 통합적 모델-대화에 대해 이야기하고 치료적 동맹 구축하기). 여기에서 치료사는 가족에게 치료에서 그들이 어떻게 '협력'할 수 있는지 묻고 있으며, 치료사가 내담가족과 어떻게 일하는 것이 더 좋겠는지에 대해 가족으로부터 조언을 구하고 있다.

아동 · 청소년 심리치료 접근성 확대(CYP-IAPT)는 어린이 및 청소년 정신건강 서비스(Child and Adolescent Mental Health Service: CAMHS)의 개선을 목표로 시작된 국가보건 서비스(National Health Service: NHS) 잉글랜드 지역 교육 프로그램이다. CAMHS는 어린이와 청소년의 정신건강을 다루는 NHS가 자금을 지원하는 서비스로, 근거기반 심리치료에 대한 접근성을 개선하고 서비스 이용자 참여를 증진하는 것을 목표로 한다.

'협력'은 여러 가지를 의미할 수 있다. 단순히 무언가를 할 수 있도록 허락을 요청하는 것부터 누군가와 완전히 함께 무언가를 만들어 가는 것까지 그 의미가 다양하다. 가족치료는 협력이 무엇을 의미하는지에 대한 이러한 다양한 설명에 매우 민감하게 반응해 왔다(Anderson and Gehart, 2007; Sutherland and Strong, 2011; Zimmerman, 2011). 더욱이, 내담자의 참여와 고객의 의견을 서비스에 반영하는 흐름은 오늘날 가족치료 실천에 강한 영향을 미쳤다(Howe, 1989; Reimers and Treacher, 1995). 예를 들어, 아동 · 청소년 심리치료 접근성 확대(CYP-IAPT) 프로젝트의 체계론적 가족실천 커리큘럼에서 참여 중심의 핵심 원칙이 발현된 것을 발견할 수 있다(www.hee.nhs.uk/our-work/hospitals-primary-community-care/mental-health-learning-disability/mental-health/children-young-people's-improving-access-psychological). 가족치료는 다양한 관점이 존재한다는 견해를 유지하고 있으며, 치료사의 관점은 그중 하나가 될 수 있다. 예를 들어, 가족치료사는 생명을 위협하는 정신건강 상태(예: 거식증)를 가진 사람들과 함께 작업할 수 있다. 비록 다른 목소리들조차 치료가 진행되는 과정에서 분명한 역할을 담당하고 있지만, '아픈' 사람의 목소리가 이러한 다양한 목소리와 조화를 이루어 반영되어야 할 것이다(Fernández et al., 2007).

가족치료사가 치료적 동맹을 명시적으로 다룰 수 있는 방법 중 하나는 가족과 어떻게 작업해야 하는지에 대해 실제로 가족에게 물어보는 것이다. 이러한 접근 방식은 가족에게 상당히 뚜렷하게 드러날 수 있지만 조금 이례적인 것으로 보일 수도 있다. 그러나 현대 사회구성주의이론이 이러한 투명한 실천을 촉진할 수 있다(Anderson and Gehart, 2007).

과제 4

당신이 가족과 함께 가족치료를 받으러 간다면, 치료사가 어떻게 당신 가족과 함께 협력적으로 작업할 수 있는지에 대한 당신의 생각을 물어보기를 바라는가? 그러한 질문으로 시작하는 것이 처음에는 조금 이상하게 느껴질 수도 있다고 생각하는가?

가족치료 분야에서 가족과 동맹에 대해 논의하는 이러한 방식은 '대화에 대해 이야기하기'라고 불리게 되었다. 번햄(Burnham, 2005)은 이 표현을 '관계적 반영성(relational reflexivity)'으로 번역했는데, 이는 치료사가 가족과의 대화를 치료적으로 만들기 위해 무엇을 해야 하는지를 설명한다. 그는 가족치료사가 내담가족들에게 개입 방식의 구체적인 부분에 대해 물어볼 것을 권장한다. 예를 들어, 그는 자신이 사용하는 질문들이 가족들에게 어려운지/쉬운지, 도움이 되는지/되지 않는지를 묻는다!

'대화에 대해 이야기하기'는 또한 매우 미묘하고 복잡한 개입이다. 어떤 한 수준에서, 그것은 그 표현 그대로, 가족과 치료사가 어떻게 서로 협력할 것인지에 대해 묻는 것을 의미한다. 하지만 다른 수준에서는 그것 자체가 개입이다. 예를 들어, 치료사는 "가족 중 누군가가 화가 날 경우 이를 어떻게 다뤄야 할까요?" 또는 "정말로 이야기하고 싶지 않은 주제가 있나요?"라고 물을 수 있다. 이 두 경우 모두에서 치료사는 협력적인 '해결책'이 나타나기를 기대하지만, 무슨 일이 일어날 수 있는지에 대해서도 언급하고 있다! 에릭슨식 사고의 영향을 받은 전략적 접근법을 취하는 치료사들(5장 참조)은 이러한 가능성을 언급함으로써 치료사가 그런 상황이 발생할 가능성을 줄이고 있다고 주장할 수 있다. 엘사 존스(Elsa Jones)는 (마크 리벳과의 개인적 대화에서) 직접 다룰 수 없는 '공백을 채우기' 위해 이러한 대화를 사용한 것에 대해 이야기한 바 있다. 다음의 예에서, 치료사는 특정 주제에 대해 이야기하는 것에 대해 마치 사전에 예방주사를 놓듯 가족을 안심시켰기에, 그것에 대해 이야기하는 것이 가능해졌다.

치료사: 이 상담에서 제가 다루지 말아야 할 주제가 있는지 궁금하네요.

어머니: 네, 지나간 일이나 아이들 아버지에 대한 이야기는 하고 싶지 않아요.

치료사: 알겠습니다, 그렇게 할게요. 하지만 치료사들이 어떤지 잘 아시죠! 제가 의도치 않게 그 주제 언저리를 '배회'할 수도 있어요. 제가 그렇게 할 때 우리는 어떻게 할 수 있을까요?

어머니: 당신에게 나가라고 할 수 있겠죠!

치료사: 네, 그럴 수도 있지만 그렇게 말하는 것 자체가 힘들 수도 있어요. 무례하게 말하게 될까 봐요. (의붓아버지에게) 대화가 그런 주제로 넘어가게 될 때 아내를 어떻게 도울 수 있을까요?

의붓아버지: 네, 그냥 주제를 바꾸면 돼요.

치료사: 알겠어요, 우리가 이야기를 나누고 있는데 갑자기 누군가가 날씨 이야기를 시작한다면, 제가 선을 넘고 있다는 것을 알게 되는 거군요?

이 부분에서, 치료사와 가족은 어려운 주제가 논의될 때 어떻게 해야할지 구체적으로 대화하였고, 동시에 그 어려운 주제에 대해서도 실제로 이야기할 수 있었다! 존스는 이런 대화 방식을 말하기 어려운 주제를 구체적으로 말하지 않으면서 그 "윤곽을 그려 나가는" 방식이라고 표현했다. 마치 아이가 전통적인 방식으로 직접 그리지 않고도, 점들로만 제시된 그림을 선을 그어 완성하는 것처럼, 마침내 하나의 구체적 이미지가 단계별로 나타난다.

지금까지 이 장에서는 통합적 가족치료의 다양한 측면을 살펴보았다. 이러한 접근법의 일반적인 특징을 짚어 보았고, 그러한 특징들 안에서 치료적 동맹의 역할을 강조하였다. 통합적 접근법이 보이는 특징을 설명하기 위해 카멜레온을 예로 들어 비유하였다. 따라서 이 근거기반 실천모델인 카멜레온이 최근 어떻게까지 변화하였는지를 소개하며 이 장을 마무리할 것이다. 이런 모든 모델을 설명할 수는 없기에 하나의 예를 살펴보고자 한다.

통합적 가족치료로서의 근거기반 실천모델: 청소년 섭식장애를 위한 가족치료

알아보기

이반 아이슬러(Ivan Eisler)는 임상심리학자이자 연구자로, 모즐리 병원(The Maudsley Hospital, London)에서 그가 실행한 섭식장애 치료 작업이 널리 알려져 있다.

청소년 섭식장애를 위한 근거기반 가족치료모델에는 두 가지가 있다(Eisler et al., 2016;

Lock and Le Grange, 2013). 각 모델을 대상으로 방대한 연구가 수행되어 왔으며, 실제로 어떤 유형의 가족치료가 가장 효과적인지를 탐구하는 연구도 있다(Eisler, 2005; Eisler et al., 2015; Agras et al., 2014). 예를 들어, 록과 르 그래인지(Lock and Le Grange, 2013: 21)는 다음과 같이 주장한다.

> 가족기반치료(Family Based Treatment: FBT)의 이론적 이해 또는 전반적 철학은 청소년이 가족 안에 존재한다는 사실이며 치료에서 부모의 참여가 궁극적인 치료 성공에 매우 중요하다는 것이다.

또한 아이슬러와 동료들(Eisler et al., 2016: 27)은 다음과 같이 말하고 있다.

> 거식증 치료를 위한 체계론적 모델을 가족치료의 독립된 모델로 생각해서는 안 되며, 특정 상태의 치료에 대한 일반적인 통합적 체계론적 가족치료 접근의 적용으로 여겨야 한다.

이 두 접근법은 지금까지 논의해 온 맥락에서 볼 때 통합적이라 할 수 있다. 각각은 치료에서 치료적 동맹의 중심적 역할을 강조하고, 전반적인 체계론적 관점을 유지하며, 다양한 가족치료학파로부터 치료 기법을 도입한다. 〈표 4-4〉에 통합적 가족치료의 한 형태로써 매뉴얼화된 모즐리모델에 대한 보다 자세한 분석이 제시되어 있다.

표 4-4 | 모즐리 접근법이 통합적 가족치료로서 기능하는 방식

다른 가족치료학파에서 통합된 아이디어/기법	모즐리 매뉴얼에서의 설명	임상 사례
가족체계이론	아이슬러와 동료들(Eisler et al., 2016)은 섭식장애가 가족 역기능에서 특정의 "기능"을 하기보다는 증상 자체가 가족 내 변화를 야기한다고 주장함.	섭식장애를 가진 자녀가 있는 가족은 종종 질병을 기준으로 '재구성'됨. 식사가 기능의 초점이 되고, 가족생애주기는 멈추며, 문제를 지속시키는 패턴이 나타남.
변화에 대한 체계론적 이해	이 접근법은 개인 및 관계적 패턴/이해의 변화를 통해 변화가 발생한다고 가정함.	가족은 섭식장애가 그들의 발달을 어떻게 제한하는지에 대해 생각하도록 도움을 받을 수 있음. 그들은 서로에 대한 각자의 행동을 변화시키도록 요청받음.

가족 내 의미에 대한 강조(밀란학파)	섭식장애에 대한 신념은 변화를 발생시키는 '중요한 초점임'.	자녀가 섭식장애를 갖게 된 '이유'에 대해 가족과 함께 논의하고 분석해 볼 필요가 있음. 이러한 신념이 어떻게 변화를 막는지 탐색함.
체계론적 개념화 (밀란학파의 개념을 발전시킴)	개념화는 치료과정을 통해 발전하지만, 변화를 위한 개념적 틀을 제공함.	부모가 별거 중이어서 상담에 함께 올 수 없을 때 자녀는 부와 모의 '사이에 끼여' 있다고 느끼게 되는데 이것이 개념화 일부의 예시가 될 수 있음.
부모가 자녀의 건강 회복에 '주도적 역할'을 하기 위해 도움을 받을 필요가 있는 경우(구조적 학파)	개입은 '신속한 부모교육을 필요로 함'.	부모에게 자녀의 식사를 관리하는 책임이 요구됨.
외재화(내러티브학파)	섭식장애를 외재화하여 '문제를 개인으로부터 분리함'. 이는 가족의 문제를 개별 구성원이 아닌 섭식장애로 인식하게 하고 극복을 위해 결집시키는 데 도움이 됨. 이 접근법은 외재화의 함정도 인식하고 있음.	치료사는 "이 섭식장애가 가족관계를 처음으로 방해하였던 때는 언제인가요?"와 같은 질문을 탐색함.
경험적 개입은 회기 내 배움의 한 방법 (구조적 학파)	이 접근법은 치료사와 가족이 협력하여 자녀의 식이문제 개선에 무엇이 효과가 있고 무엇이 효과가 없는지를 배우는 '가족 식사'를 선호함.	치료사는 "식사 시간 동안 주의분산이 얼마만큼 효과가 있나요?" 또는 "당신이 소위 '격려'를 많이 시도하는 것을 보았습니다. 딸 입장에서는 '잔소리'라고 볼 수도 있을 것 같아요. 격려가 언제 효과가 있고 언제 효과가 없는지 말해 줄 수 있나요?"라고 물을 수 있음.
치료가 진행됨에 따라 치료사는 전문가적 태도는 줄이고, 가족이 '안전한 불확실성'을 관리하도록 돕는 것을 목표로 함(Mason, 1993) (사회구성주의학파)	이 접근법은 네 '단계'로 나뉨. 초기 단계는 '약으로써의 음식'에 집중하지만, 이후 단계에서는 '정상 발달'과 불안 관리를 탐색하는 것으로 치료가 변화함.	치료사는 가족이 어떻게 어떤 행동은 섭식장애로부터 오고, 어떤 행동은 '단지 청소년이기 때문에' 오는 것인지를 아는지 묻기 시작할 수 있음.

표 4-5 　근거기반 통합 가족치료모델의 또 다른 예시

모델 이름	통합 유형	주요 가족치료학파
다중체계치료(MST; Henggeller et al., 2009): 반사회적 행동 치료	다중체계치료는 청소년의 반사회적 행동에 대해 기본적으로 체계론적 접근법을 취한다는 점에서 통합적임. 성적 위험행동 및 정신건강 문제에 대한 치료에도 적용함.	구조적 및 전략적 학파임. 다중체계치료는 치료사가 가족 특성 및 그 목표에 '적합한' 방법을 찾아야 한다는 관점을 가짐.
기능적 가족치료(FFT; Sexton, 2011): 반사회적 행동 치료	비록 기능적 가족치료는 다중체계치료보다 가족 중재에 더 초점을 맞추고 있지만 통합적 요소가 강함.	구조적 및 전략적 학파임. 기능적 가족치료는 재구성 관련하여 다양하고 세련된 방법들을 가지고 있음.
다중차원 가족치료(MDFT; Liddle et al., 2005): 청소년 약물 오남용 치료	가족 내부 및 외부 개입 사이의 균형을 통합적으로 맞춤.	구조적 학파의 영향을 많이 받았으나, 동맹 개념을 강하게 사용함.
단기 전략적 가족치료(BSFT; Horigian et al., 2005): 처음에는 청소년의 약물 오남용 치료에 사용되었지만, 이제는 보다 일반적으로 적용됨. 소수 인종('히스패닉 청소년')을 위해 설계된 최초의 근거기반모델	다양한 가족치료 기법을 일관된 전체로 끌어오는 기술적 통합임.	모델 이름에서 알 수 있듯이 전략적 학파의 영향을 받음.
정서중심 부부치료(EFT; Greenberg and Johnson, 1988; Woolley and Johnson, 2005): 커플 치료를 위한 근거기반모델	애착기반 가족치료와 같이, 실천에 대한 전체적 가이드로 애착이론을 적용하는 이론적 통합임.	애착이론기반 체계론적 학파임.

통합적 가족치료에 대한 이전의 설명에서, 일부 모델들이 이론적인 통합을 시도할 때 대안적인 '우산'이 되는 이론적 틀 아래에 체계론적 이론을 배치하는 방식을 도입했다는 르보우의 주장을 언급한 바 있다. 또 다른 모델들은 다양한 체계론적 이론 및 가족치료 개념들을 하나의 모델 안에 통합시키는 방식, 즉 기술적(technical) 통합을 시도하였다. 청소년 섭식장애를 위한 두 가지 가족기반치료는 완전한 체계론 개념의 우산 아래에서 기술적 통합을 이루고 있다. 그러나 이 치료들만이 그런 것은 아니다. 가족치료 분야 내에 존재하는 대부분의 근거기반모델들은 기술적 또는 이론적 통합을 포함한다(〈표 4-5〉 참조).

〈표 4-5〉는 몇몇 예시에 불과할 뿐, 다른 통합적 근거기반 가족치료들이 다양하게 존재한다. 이러한 모델들을 더욱 자세하게 설명하고 있는 여러 단행본을 살펴볼 것을 추천한다(Bray and Stanton, 2009; Lebow, 2005; Sexton et al., 2003).

통합적 가족치료의 유산

이 장을 마무리하는 시점에서, 통합적 가족치료를 상징하는 은유로 카멜레온을 선택한 이유를 이해할 필요가 있다. 이러한 모든 가족치료 사이에 존재하는 다양성과 차이는 실로 엄청나다. 그러나 그러한 치료들 모두 가족개입에 대한 몇 가지 핵심 구성 요소와 태도를 공유한다. 그들 모두에게 중요한 핵심 요소는 치료적 동맹에 대한 초점과 체계론적·관계적 과정에 대한 강조이다. 이어지는 장에서는, 다양한 가족치료학파의 영향을 요약하여 제시할 것이며(동영상을 통한 시연 포함) 그 기술들이 미래 가족치료 실천으로 어떻게 이어질지 주목하고자 한다. 어느 측면에서는, 통합적 가족치료의 '유산'이 현대 가족치료 현장 곳곳에 존재한다고 볼 수 있다. 그 유산은 현재에도 존재하며 계속 성장하고 있다. 카멜레온이 '곤충'을 먹고 그것들을 온전히 흡수하는 것은 내담자 협력에 기반한 현재의 근거기반 실제의 풍토와 유사점이 많다. 이러한 모델들은 더욱 확장될 것이다. 가족치료사는 단순히 이를 배우는 것을 넘어서 해당 모델들 내에서 자격을 갖춘 실천가로 기능할 필요가 있다. 그러나 통합적 모델이 확장됨에 따라, 보다 '사회구성주의적' 관점을 취하는 가족치료모델과의 간극은 점점 커지고 있다. 이러한 격차는 사회구성주의적 가족치료가 자체 연구기반을 확장하고 고유의 통합 형태를 고안해 내거나, 통합적 가족치료가 사회구성주의적 모델들을 흡수하지 않는 한 채워지지 않을 것이다!

해당 시연 동영상은 https://family.counpia.kr/로 접속하여 회원가입 후 무료로 시청 가능하다.

동영상 보기: 통합적 모델－대화에 대해 이야기하고 치료적 동맹 구축하기

동영상 소개

이 동영상은 가족치료 사정 회기의 두 번째 부분이다. 치료사(마크)는 가족구성원의 행동에 영향을 미치는 관계적 요인이 무엇인지에 대한 가설을 세우기 위해 충분한 정보를 수집한 후, 그와 가족이 어떻게 함께 작업할지를 묻는 질문을 통해 대화를 시작한다. 이 영상은 '대화에 대해 이야기하기'가 실제 어떻게 이루어지는지를 짧게 보여 준다.

> 1:26 **마크:** 저는 여러분에 대해 알아야 할 것과 이 상담에서 여러분이 최대한 얻어 갈 수 있도록 제가 어떻게 행동해야 하는지를 알고 싶네요. 여러분과 함께 일할 때 제가 고려해야 할 것에 대해 말해 주실 분이 있나요?

개입 포인트 ···

여기서 마크는 매우 일반적인 언어를 사용하는데, 이는 누구든 자유롭게 하고 싶은 이야기를 할 수 있게 한다. 어떤 면에서, 그의 질문은 로라가 이해하기에 너무 복잡할 수 있다(로라가 이해할 수 있는 방식으로 말하려면 어떻게 하는 것이 좋을지 생각해 보자). 하지만 대화가 진행됨에 따라 결국 그녀가 '따라올' 것이라는 것이 기본 가정이다.

> **마리아:** 닉이나 조엘 모두 그들의 걱정이나 문제에 대해 이야기하는 데에는 그다지 능숙하지 않아요.

개입 포인트 ···

마리아는 가족 내의 남성들이 상담에서 말을 많이 하지 않을 것이라 언급한다. 이것은 고정된 성 역할 상황을 나타낸다(Featherstone et al., 2007 참조). 치료사들은 이러한 문제를 다루는 데 있어 남성과 여성이 서로 다른 방식을 가질 것임을 인식해야 한다.

마크: 그러니까 닉이나 조엘 둘 다 말을 잘하는 편이 아니라는 말씀이신가요? 그러니, 조엘?

개입 포인트 ·····················

이 대화에서 조엘의 목소리를 경청하는 것이 중요하다. 마크는 이미 조엘이 말하기 전에 신중하게 생각하는 사람이며 말을 아끼는 경향이 있다는 것을 알아차렸다. 이것이 우울증의 증상과 관련이 있을 수도 있고 아닐 수도 있지만, 조엘에게 말하고 생각할 수 있는 공간을 제공하는 것이 더욱 중요하다.

조엘: 네, 그런 편인 것 같아요.

개입 포인트 ·····················

마크는 '대화에 대해 이야기하기' 과정을 가족이 집에서 겪고 있는 어려움과 연결 짓는다. 여기서 그는 위에서 언급한 문제의 배경을 그리고 있다. 상담을 어떻게 다룰지에 대한 대화가 간접적으로 집에서 상황을 어떻게 바꿀지에 대한 대화가 된다.

마크: 제 생각에 여러분이 여기 계신 이유 중 하나는 대화하기가 어렵기 때문일 것 같습니다. 걱정하는 것에 대해 이야기하는 것은 누구에게나 어렵죠. 만약 그것이 조엘과 닉에게 문제라면, 닉은 여기 없으니 누군가가 제가 닉을 위해 무엇을 해야 할지 생각하도록 도와줘야 할 것 같습니다. 닉과 조엘이 여기서 더 편안하게 이야기할 수 있도록 내가 무엇을 해야 할까요?

개입 포인트 ·····················

마크는 이 문제를 관리하기 위해 도와 달라고 가족에게 요청하고 있다. 이것은 그의 '문제'만이 아니라 공유된 문제가 되었다. 이것이 바로 협력의 실천이다.

마리아: 천천히 진행해 보세요. 그들에게 시간을 주세요.

마크: (로라가 고개를 끄덕이는 것을 보며) 너도 동의하니, 로라? 너는 조엘이나 아빠보다 말하기가 더 쉽니?

로라: 아뇨……. 잘 모르는 사람들이 주위에 있을 땐 좀 긴장해요.

마크: 그런 게 가끔 어렵게 느껴지니? 그렇다면, 여기서도 말하기가 어려울 수 있겠네? 알겠어, 그러니까 모두가 말하기에 대해 조금 긴장하고 있어요. 어쩌면 이런 상황에서 말하는 방법을 배우지 못했을 수도 있어요(여기서의 재구성에 주목할 것). 마리아, 천천히 가야 한다고 하셨는데, 그 외에 또 무엇을 할 수 있을까요? 예를 들어, 조엘이 여기 앉아 있는데, 천천히 가는 것 외에 그가 편안함을 느낄 수 있도록 도와줄 수 있는 것이 더 있을까요?

마리아: 조엘은 비난받을까 봐 걱정할지도 몰라요.

마크: 그러니까 조엘, 엄마가 두 가지를 말하고 있네. 닉은 말하는 것에 익숙하지 않아서 천천히 가야 할 필요가 있을 것이고, 조엘은 비난받는다고 느낄 수 있다고 하네. 그게 무슨 뜻인지 설명해 줄 수 있을까?

4:43 조엘: 마치 제가 무언가에 대해 이야기하면 사람들이 그게 제 탓이라고 생각할 것 같아요……. 아마도. 모르겠어요.

마크: 내가 너를 비난할까 봐 걱정되니?

조엘: 아니요. 주로 닉이요. 닉은 많은 것에 대해 저를 비난하는 것 같아요.

마크: 그렇다면 닉이 비난하는 것 같은 너의 그 경험에 대해 너가 더 많이 말하고, 덜 비난받을 수 있도록, 내가 무엇을 할 수 있을까?

개입 포인트 ··

여기서 마크는 다시 가족에게 도움을 요청하지만, 경험에 '진실(truth)'이라는 가치를 부여하지 않는다는 점을 주목할 필요가 있다. 그는 '사실(fact)'이 아니라 경험에 대해 무엇을 할 수 있는지 묻고 있다.

조엘: 닉에게 조용히 하라고 말해야 할 것 같아요…….

마크: 그러니까 닉이 여기 있을 때, 조엘이 비난받는다고 해석할 수 있는 무언가를 그가 말할 때 내가 그것을 민감하게 인지하고 진정시켜야 한다는 거지. 지금

> 닉은 여기 없으니 대답할 수는 없고. 두 분은 닉이 제가 그렇게 하는 것을 '받아들일' 거라고 생각하나요?

조엘: 모르겠어요. 아마도 아닐 거예요. 그는 누구의 말도 듣지 않는 사람 같아요…….

마크: 그래서 닉은 말하기도 쉽지 않고 듣기도 어려워한다는 거군요(재구성에 주목할 것).

개입 포인트

치료사는 '편을 들지 않는 것'이 중요하며, 가족 내 다른 사람들이 서로를 어떻게 보는지가 치료사가 그 사람과 관계를 맺는 것에 영향을 주지 않도록 해야 한다. 종종, 인식은 맥락, 즉 반복되는 패턴에 따라 결정되며 실제로는 그 사람의 실제를 전혀 반영하지 않을 수 있다.

마크: 듣는 것과 말하는 것이 연결되어 있다고 생각하나요? 아마도 그는 듣는 것에 익숙하지 않아서 말도 잘하지 못하는 건지도 모르겠습니다.

개입 포인트

여기서 한 가족구성원이 부재중인 가족구성원에 의해 비난받는다고 느낀다고 말하고 있다. 이제 마크는 윤리적으로 행동해야 한다. 그는 이 진술에 동의해서는 안 된다. 그럴 경우 닉이 왔을 때 그와 함께 작업하기가 더 어려워질 수 있을 뿐만 아니라, 여기에 없고 스스로를 대변할 수 없는 사람에 대한 존중이 결여된 행동이기 때문이다.

주목할 부분: 로라는 아빠가 이렇게 언급되는 것에 대해 불편해 보인다.

마크: 마리아, 우리는 당신 남편에 대해 이야기하고 있고, 조엘이 여기에 더 관여하도록 돕기 위해 제가 무엇을 해야 하는지에 대해 이야기하고 있어요. 조엘이 닉에 대해 말하는 것이 공정한가요, 아니면 제가 생각해 봐야 할 다른 것이 있나요?

마리아: 어느 정도 그래요. 그는 이런 종류의…… 말하는 것에 익숙하지 않아요……. 그의 마음속에 무언가가 있을 때, 그것을 열심히 그에게서 끌어내야 해요. 매

우 어려운 일이죠.

마크: 그래서 저는 닉으로부터 그런 것들을 끌어내고 조엘이 덜 비난받는다고 느끼도록 도와야 해요. 쉽지 않은 일이긴 하네요. 조엘은 어떠니? 엄마에 대해 좀 말해 줄래? 엄마가 여기에 보탬이 된다고 느끼게 하려면, 뭔가 말할 수 있게 하려면 내가 무엇을 해야 하지?

(조엘은 이 질문에 어떻게 대답해야 할지 잘 모른다. 그래서 마크는 가족이 한 체계로서, 한 사람이 침묵하면 또 다른 사람이 말을 너무 많이 할 가능성이 있다는 생각을 말한다.)

마크: 너랑 닉을 대신해 말해야 할 수도 있는 엄마에게 내가 너무 의존하게 될까?

조엘: 글쎄요, 제 생각에도…… 네. 엄마는 다른 사람들을 대신해 채우려고 노력해요. 말이 되려나요?

마크: 엄마만 말하게 되면 이게 효과가 있을까?

조엘: 아니요!

개입 포인트 ···

이것은 조엘이 '아니요!'라고 말하도록 격려하기 위해 설계된 반은 유머인 질문이다. 이 과정은 모든 가족구성원이 책임감을 갖도록 격려하고 있다. 이 과정이 자리를 잡게 되면, 마크는 이제 가장 어린 가족구성원이 기여할 수 있는 자리를 확보한다. 치료에는 모든 가족구성원이 포함되어야 한다는 점에 주목할 필요가 있다.

마크: 그러니까 어떻게든, 우리는 엄마가 말을 조금 덜할 수 있도록 그리고 조엘과 닉이 무언가를 말할 수 있도록 도와줘야 합니다. 로라는 어떨까요? 로라가 이 대화에 뭔가 기여할 수 있다고 느끼고 대화에서 무언가를 얻을 수 있게 하려면 제가 무엇을 해야 할까요?

마리아: 로라가 말했듯이, 그 아이는 잘 모르는 사람들 앞에서 조금 수줍어하고, 오랫동안 집중할 수 없어요. 하지만 그림 그리기를 좋아해요.

마크: 지금 그림을 그려 볼래, 로라? 무엇을 그리고 싶어?

로라: 여기 있는 사람들이 이야기하는 것과 얼마나 많이 이야기하는지에 대한 그림

을 그려 볼게요(가족치료에 아이들이 참여할 경우에 참고할 문헌: Combrinck-Graham, 2006; Wilson, 1998).

10:00 **마크**: 그거 좋네. 그릴 수 있는 걸 그려 봐. 좀 있다 그것에 대해 이야기해 보자. 그러니까 우리가 함께 작업하고 여기서 사람들이 안전하다고 느끼려면, 저는 닉이 더 많이 듣고 말하도록 도와줘야 합니다. 또 조엘이 덜 비난받는다고 느끼도록 도와줘야 합니다. 저는 엄마가 말하되 다른 사람들 대신 말하지 않도록 도와줘야 합니다. 로라가 자신만의 방식으로 기여할 수 있는 기회를 갖도록 해야 합니다. 가족 내에 긴장이 있다는 것으로 들리네요. 조엘은 조엘과 닉 사이에 약간의 긴장이 있다고 말하고 있어요. 가족 구성원들 사이의 그 긴장을 우리 모두가 어떻게 관리해야 한다고 생각하세요? 만약 큰 다툼이 있었다면, 그것이 도움이 될까요, 아니면 안 될까요, 그리고 그것에 대해 우리가 무엇을 해야 할까요?

10:40 **마리아**: 어쩌면 우리는 서로에 대해 듣고 제대로 이해하려고 노력하고 다르게 반응해야 할 것 같아요.

마크: 알겠어요, 그러니까 우리는 몇 가지 규칙과 아이디어를 만들고 있어요……. 우리는 듣기를 시도하고, 다르게 반응하려고 하며, 상황이 진정되도록 해야 합니다. 만약 상황이 매우 어려워진다면, 제가 무엇을 해야 한다고 생각하세요? 예를 들어, 조엘, 엄마와 둘이 말을 주고받다가 서로에게 무례한 말을 한다면, 내가 무엇을 해야 할까?

조엘: 우리 모두에게 조용히 하라고 말하세요!

마크: 그러니까 조엘, 내가 그렇게 해도 된다는 거니? 마리아는요? 닉이 오면, 닉도 내게 그렇게 허락해 줄 것이라고 생각하나요?

마리아: 그럴 것 같아요. 로라, 허락해 줄 거니? 우리가 하는 말 들었니? 아, 들었구나.

개입 포인트

마크는 각 가족구성원이 자신이 이런 행동을 할 수 있도록 허락해 준다는 것을 확인한다. 그는 닉과도 이것을 확인해야 할 것이다.

마크: (로라에게) 집에서 사람들이 서로에게 소리 지르기도 하니?

로라: 음, 꽤 자주 그래요.

마크: 그게 무섭니?

로라: 가끔 그래요.

마크: 속상하기도 하고?

로라: 가끔은 그래요. 그렇게 자주는 아니지만요.

개입 포인트 ··························

마크는 여기에서 상담에서의 갈등을 어떻게 관리할지에 대해서뿐만 아니라 사정도 시도하고 있다.

마크: 가끔 그렇지만 그렇게 자주는 아니네요. 알겠어요. 여기서 그런 일이 발생하면, 그것을 멈추도록 요청할 권한이 제게 있습니다. 울음에 대해서는 어떻게 생각하나요? 이 상담에서 누가 울 가능성이 가장 높나요?

조엘: 엄마예요.

마크: 알겠어. 엄마가 집에서 많이 속상해하시니? 힘든 일이 있을 때 집에서 엄마가 우시니?

조엘: 네.

마크: 엄마가 울 때 신경 쓰이니?

조엘: 좀 안 좋게 느껴져요.

마크: 무언가 잘못되었기 때문에 엄마가 우는 것일 테니, 그래서 속상해지는 건가, 아니면 그냥 엄마가 우는 거 자체가 속상한 건가?

조엘: 네, 아마도…….

마크: 우는 것 자체로 속상해진다고? 로라, 엄마가 울 때 속상해?

로라: 엄마가 울 때 좋지 않아요. 왜냐하면 그게 항상 저를 슬프게 만들어요.

마리아: 마치 내가 울보가 된 것처럼 말하네요.

개입 포인트 ···

가족의 반응을 인정해 주면서 부정적인 설명은 하지 않는 것이 중요하다. 마크는 어린 자녀들이 울음을 어떻게 경험하는지 인정하지만 판단하지 않으며 상담에서 마리아가 울어서는 안 된다는 것을 시사하지도 않는다.

마크: 우리가 그런 말을 하고 있는 것은 아니지만……. 저에게 해 주실 조언은 무엇인 가요? 치료는 어려울 수 있습니다. 사람들이 기쁘지 않은 것들에 대해 알게 되면서 상처가 되는 말을 할 수 있습니다(마크는 치료 중 우는 것을 정상화한다). 이것을 어떻게 다룰까요……. 조금 울어도 괜찮나요, 우리는 약간의 속상함을 관리할 수 있나요, 제가 티슈를 줘야 할까요, 아니면 어떻게 해야 하나요?

마리아: 음, 저는 제 자신을 조절하려고 노력할 거예요. 하지만 울어서 정말 스트레스가 풀린다면 저에게 시간을 주세요. 다행히 저는 오래 슬퍼하지는 않아요. 울고 나면 정상으로 돌아올 수 있어요. 제가 알아요. 그냥 시간과 티슈를 주세요!

14:10 마크: 이제 제 머릿속에 있는 다른 것들을 이야기해 볼까요. 당신은 슬로바키아 사람이니, 가족생활과 아이들을 키우는 것에 대해 제가 익숙하지 않거나 모를 수 있는 것이 있겠죠. 제가 이해해야 할 것이 있나요?

마리아: 아마도 제가 당신이 하는 말을 모두 이해하지 못할 수도 있어요. 몇몇 표현이나 관용구는 처음 들어 보는 것들이니까요.

개입 포인트 ···

많은 가족치료사가 치료에서 문화의 중요성에 대해 언급해 오고 있다(Krause, 2012; McGoldrick and Hardy, 2008). 다양한 문화적 경험과 기대가 치료에 어떻게 영향을 미칠 수 있는지에 대한 문제를 제기하는 것은 치료사의 책임이다.

마크: 저에게 그 말은 이해하지 못했다고 말할 수 있겠어요?

마리아: 네.

마크: (아이들에게) 이게 가족 안에서 일어나기도 하는 일이니? 조엘, 넌 엄마가 이

해하지 못하는 표현을 사용하니? 아니면 별로 그런 일이 없어?

조엘: 드물긴 하지만 가끔은 그런 일이 있어요.

마크: 엄마가 슬로바키아 출신이라, 가족이나 아이를 어떻게 키워야 한다거나 등에서 특별한 태도를 가지고 있다고 느끼니?

조엘: 뭐 딱히 눈에 띄는 건 없었어요. 제가 태어날 때부터 지금까지 엄마는 늘 슬로바키아 출신이었는걸요.

마크: 그러면 학교에서 친구들과 이야기할 때, 걔들은 이렇게 하고 엄마는 다른 방식으로 해야 한다고 말한 적은 없었니?

조엘: 그건 별문제가 아니에요.

마크: 마리아, 제가 알아야 할 것이 있나요, 가족에 대한 어떤 표현들을 배워야 하나요?

16:00 마리아: 아니요.

마크: 그러니까 그것은 단순히 언어 문제인 거군요.

개입 포인트 ·············

가족치료가 '단순히 대화를 나누는 것'처럼 보일지라도, 그것은 가족구성원들의 삶에 변화를 가져오려는 목적이 있다. 그러므로 치료적 동맹을 구축하는 것에서 목표를 다룰 필요가 있다. 가족은 **치료에 참여하는 것**에 대한 목적을 찾아야 할 것이다.

마크: 그러니까 우리가 함께 작업하는 방법에 대한 최종 논점은 우리의 목표가 무엇인지를 파악하는 것입니다. 여러분은 무엇을 달성하고 싶으신가요, 이 상담에서 우리가 함께 작업함으로써 가족 안에서 얻고 싶은 것은 무엇인가요? 누가 먼저 말할까요? (로라에게 묻는다.) 가족 내에서 무엇을 바꾸고 싶니?

로라: 일단 모두가 싸우는 것을 멈추는 것으로 시작해요.

마크: 이걸 칠판에 적어 볼까요. 로라의 목표는 싸움을 줄이거나 멈추는 것입니다. 로라? (주의: 마크는 현실적인 목표를 설정하려고 한다. 다툼은 보통 가족생활의 일부이다!)

로라: 줄이고요. 그리고 조엘이 가끔 저랑 놀아 주거나 제가 아이패드 하는 것을 도와줬으면 해요.

17:00 마크: 오빠로부터 조금 더 도움을 받고 싶구나. 조엘, 이 상담에서 무엇을 달성하고 싶니? 가족이 어떻게 변하기를 원해? 상황이 좋아지길 바라니?

조엘: 사람들이 좀 더 진정되었으면 좋겠어요. 그렇게 생각해요. 그건 싸움이 줄어드는 것과 관련이 있겠죠.

마크: 동생과 매우 비슷하네. 다른 것은?

조엘: 칠판에 쓴 것 이외에는 생각나지 않아요.

마크: 닉과의 관계가 좋지 않다는 것을 들은 것 같은데, 그것을 개선하고 싶니?

개입 포인트 ··

목표는 공동으로 구성된다. 치료사는 마크가 여기서 하는 것처럼 몇 가지 목표를 제안할 수 있다.

조엘: 네…….

마크: 그리고 마리아는요? 어떻게 변화하기를 원하나요? 당신의 목표는 무엇인가요?

마리아: 저는 조엘이 기분이 나아지고 우울증에서 벗어나 방에서 더 자주 나와서 함께 저녁 시간을 가질 수 있기를 바랍니다. 더 많은 가족 시간을 보내고 싶어요.

마크: 닉이 여기 있다면 그가 이 상담에서 얻고 싶어 하는 것이 무엇일지 말해 줄 분 있나요? (치료에 참석하지 못한 가족구성원이 배제되어서는 안 된다.)

마리아: 그이도 거의 비슷한 것을 원할 거라고 생각해요. 그리고 조엘이 그에게 다른 태도를 보이기를 바라겠죠. 네, 양쪽 모두요. (마크는 상호성을 강조한다.)

마크: 그럼, 로라가 우리에게 보여 주기 위해 그린 것은 무엇일까? 보여 줄래?

로라: 말을 많이 한 사람들한테는 더 큰 블록을, 아닌 사람은 더 작은 상자를, 그리고 누군가 말할 때마다 대시를 넣었어요.

마크: 누구를 빼먹었니?

로라: 선생님이요!

마크: 맞아! 난 어디에 있을까? 내가 엄마보다 말을 더 많이 하니 아니면 덜 하니?

로라: 아마도 조금 더 많이요.

요약

이 짧은 영상은 치료적 동맹의 구축과 관련된 다양한 핵심 요인들과 '대화에 대해 이야기하기'가 이 과정에 어떻게 기여하는지를 보여 준다. 치료에서 진행 속도가 어떻게 결정되어야 할지가 다루어졌고, 강한 감정 표현에 대한 문제가 다뤄졌으며, 실제로 가족이 이에 대해 많이 이야기하지는 않았지만 문화적인 고려점도 언급되었다. 마지막으로, 아이들은 연필로 종이에 그림을 그리는 간단한 작업으로도 동맹 구축에 기여할 수 있게 만들었다!

참고문헌

Agras, W. S., Lock, J., Brandt, H., Bryson, S., Dodge, E., Halmi, K., Booil Jo, Johnson, C., Kaye, W., Wilfley, D. and Woodside, B. (2014). Comparison of 2 family therapies foradolescent anorexia nervosa. *JAMA Psychiatry*: 1279–1286.

Anderson, H. and Gehart, D. (2007) *Collaborative therapy*. New York: Routledge.

Blow, A., Bavis, S. and Sprenkle, D. (2012). Therapist–worldview matching: not as important as matching to clients. *Journal of Marital and Family Therapy*, 38: 13–17.

Bordin, E. (1979) The generalizability of the psychoanalytic concept of the working alliance. *Psychotherapy: Theory, Research and Practice*, 16: 252–260

Bowlby, J. (1988). *A secure base*. London: Routledge.

Bray, J. and Stanton, M. (2009). *The Wiley-Blackwell handbook of family psychology*. Chichester: Blackwell.

Bretherton, I. (1992). The origins of attachment theory: John Bowlby and Mary Ainsworth. *Developmental Psychology*, 28: 759–775.

Breunlin, D., Pinsof, W., Russell, W. and Lebow, J. (2011). Integrative problem–centered metaframeworks therapy I: core concepts and hypothesizing. *Family Process*, 50: 293–313.

Burnham, J. (2005). Relational reflexivity: a tool for socially constructing therapeutic relationships. In Flaskas, C., Mason, B. and Perlesz, A. (Eds) *The space between*. London: Karnac: 1–18.

Carpenter, J. Escudero, V. and Rivett, M. (2008). Training family therapy students in conceptual and observation skills relating to the therapeutic alliance. *Journal of Family Therapy*, 30: 411–421.

Combrinck–Graham, L. (2006) (Ed). *Children in family contexts*. New York: Guilford.

Crittenden, P., Dallos, R., Landini, A. and Kozlowska, K. (2014) *Attachment and family therapy*. Maidenhead: McGraw–Hill.

Dallos, R. (2006) *Attachment narrative therapy*. Maidenhead: McGraw–Hill.

Dallos, R. and Vetere, A. (2009) (Eds). *Systemic therapy and attachment narratives*. London: Routledge.

Diamond, G., Diamond, G. and Levy, S. (2014). *Attachment based family therapy for depressed adolescents*. Washington DC: APA.

Diamond, G, Russon, J. and Levy, S. (2016). Attachment-based family therapy: a review of the empirical support. *Family Process*, 55: 595–610.

Diamond, G. and Shpigel, M. (2014). Attachment based family therapy for lesbian and gay adolescents and their persistently nonaccepting parents. *Professional Psychology*, 45: 258–268.

Eisler, I. (2005). The empirical and theoretical base of family therapy and multiple family day therapy for adolescent anorexia nervosa. *Journal of Family Therapy*, 27: 104–131.

Eisler, I., Simic, M., Blessitt, E. and Dodge, L. (2016). Maudsley service manual for child and adolescent eating disorders. www.national.slam.nhs.uk/wp-content/uploads/2011/11/Maudsley-Service-Manual-for-Child-and-Adolescent-Eating-Disorders-July-2016.pdf.

Eisler, I., Wallis, A. and Dodge, E. (2015) What's new is old and what's old is new: the origins and evolution of eating disorders family therapy. In Loeb, C., Le Grange, D. and Lock, J. (Eds) *Family therapy for adolescent eating and weight disorders*. New York: Routledge: 6–42.

Featherstone, B., Rivett, M. and Scourfield, J. (2007). *Working with men in health and social care*. London: Sage.

Fernández, E., Cortés, A. and Tarragona, M. (2007). You make the path as you walk: working collaboratively with people with eating disorders. In Anderson, H., and Gehart, D. (Eds) *Collaborative therapy*. New York: Routledge: 129–148.

Flaskas, C. and Perlesz, A. (1996) (Eds). *The therapeutic relationship in systemic*, pp. 425–442.

Flaskas, C. and Pocock, D. (2009). *Systems and psychoanalysis*. London: Karnac.

Friedlander, M., Escudero, V. and Heatherington, L. (2006). *Therapeutic alliances in couple and family therapy*. Washington: APA.

Friedlander, M., Escudero, V., Heatherington, L. and Diamond, G. (2011). Alliance in couple and family therapy. *Psychotherapy*, 48: 25–33.

Germer, C., Siegal, R. and Fulton, P. (2005). *Mindfulness and psychotherapy*. New York: Guilford.

Gottman, J. (1999). *The marriage clinic*. New York: Norton.

Greenberg, L. and Johnson, S. (1988). *Emotionally focused therapy for couples*. New York: Guilford.

Henggeller, S., Schoenwald, S., Borduin, C., Rowland, M. and Cunningham, P. (2009). *Multisystemic therapy for antisocial behaviour in children and adolescents*. New York: Guilford.

Horigian, V., Suarez-Morales, L., Robbins, M., Zarate, M., Mayorga, C., Mitrani, V. and Szapocznik, J. (2005). Brief strategic family therapy for adolescents with behaviour problems. In Lebow, J. (Ed) *Handbook of clinical family therapy*. New Jersey: Wiley & Sons, pp. 73–102.

Howe, D. (1989). *The consumer's view of family therapy*. Aldershot: Gower Publishing Co.

Hughes, D. (2007). *Attachment focused family therapy*. New York: Norton.

Hughes, D. (2011). *Attachment focused family therapy: workbook*. New York: Norton.

Kagan, J. (2010). *The temperamental mind*. New York: The Dana Foundation.

Knobloch-Fedders, L., Pinsof, W. and Mann, B. (2004) The formation of the therapeutic alliance in couple therapy. *Family Process*, 43: 425–442.

Krause, I.-B. (2012) (Ed). *Mutual perspectives: culture and reflexivity in systemic psychotherapy*. London: Karnac.

Kuipers, E., Leff, J. and Lam, D. (2002). *Family work for schizophrenia*. London: Gaskell.

Lebow, J. (2003). Integrative approaches to couple and family therapy. In Sexton, T., Weeks, G. and Robbins, M. (Eds) *Handbook of family therapy*. New York: Routledge, pp. 201–225.

Lebow, J. (2005). Preface. In Lebow (Ed) *Handbook of clinical family therapy*. New Jersey: Wiley & Sons: xv–xvii.

Lebow, J. (2006). *Research for the psychotherapist: from science to practice*. New York: Routledge.

Lebow, J. (2014). *Couple and family therapy: an integrative map of the territory*. Washington DC: APA Books.

Levy, S., Russon, J. and Diamond, G. (2016). Attachment based family therapy for suicidal lesbian, gay and bisexual adolescents. *Australian and New Zealand Journal of Family Therapy*, 37: 190–206.

Liddle, H., Rodriguez, R., Dakof, G., Kanzki, E. and Marvel, F. (2005). Multidimensional family therapy: a science based treatment for adolescent drug abuse. In Lebow (Ed) *Handbook of clinical family therapy*. New Jersey: Wiley & Sons, pp.128-163.

Lock, J. and Le Grange, D. (2013). *Treatment manual for anorexia nervosa*. New York: Guilford.

McGoldrick, M. and Hardy, K. (2008). *Re-visioning family therapy: race, culture and gender in clinical practice*. New York: Guilford.

Mason, B. (1993). Towards positions of safe uncertainty. *Human Systems*, 4: 198-200.

Pinsof, W. (1995). *Integrative problem centered therapy: a synthesis of family, individual and biological therapies*. New York: Basic Books.

Pinsof, W., Breunlin, D., Russell, W. and Lebow, J. (2011). Integrative problem-centered metaframeworks therapy II: planning, conversing and reading feedback. *Family Process*, 50: 314-336.

Pinsof, W., Zinberg, R. and Knoblock-Fedders, L. (2008). Factorial and construct validity of the Revised Short Form Integrative Psychotherapy Alliance Scales for family, couple and individual therapy. *Family Process*, 47: 281-301.

Pocock, D. (2006). Six things worth understanding about psychoanalytic psychotherapy. *Journal of Family Therapy*, 28: 349-366.

Reimers, S. and Treacher, A. (1995). *Introducing user-friendly family therapy*. London: Routledge.

Rivett, M. and Street, E. (2003). *Family therapy in focus*. London: Sage.

Robbins, M., Turner, C., Alexander, J. and Perez, G. (2003). Alliance and dropout in family therapy for adolescents with behaviour problems. *Journal of Family Psychology*, 17: 534-544.

Rogers, C. (1957). The necessary and sufficient conditions of personality change. *Journal of Consulting Psychology*, 21: 95-103.

Safran, J. and Muran, J. C. (2000). *Negotiating the therapeutic alliance*. New York: Guilford.

Sexton, T. (2007). The therapist as moderator and mediator in successful therapeutic change. *Journal of Family Therapy*, 29: 104-108.

Sexton, T. (2011). *Functional family therapy in clinical practice*. New York: Routledge.

Sexton, T., Weeks, G. and Robbins, M. (2003). *Handbook of family therapy*. New York: Bruner-Routledge.

Simon, G. (1995). A revisionist rendering of structural family therapy. *Journal of Marital and Family Therapy*, 21: 17-26.

Simon, G. (2012). The role of the therapist: what effective therapists do. *Journal of Marital and Family Therapy, 38*: 8–12.

Sprenkle, D., Davis, S. and Lebow, J. (2009). *Common factors in couple and family therapy.* New York: Guilford.

Sutherland, O. and Strong, T. (2011). Therapeutic collaboration: conversation analysis of couple therapy. *Journal of Family Therapy, 32*: 1–23.

Tirch, D., Silberstein, L., and Kolts, R. (2016). *Buddhist psychology and cognitive–Behavioral Therapy.* New York: Guilford.

Treacher, A. (1988). Family therapy: an integrated approach. In Street, E. and Dryden, W. (Eds) *Family therapy in Britain.* Milton Keynes: Open University Press: 171–194.

Vetere, A. and Dallos, R. (2008). Systemic therapy and attachment narratives. *Journal of Family Therapy, 30*: 374–385.

Wagner, I., Diamond, G., Levy, S. Russon, J. and Lister, R. (2016). Attachment based family therapy as an adjunct to family based treatment for adolescent anorexia nervosa. *Australian and New Zealand Journal of Family Therapy, 37*: 207–227.

Will, D. and Wrate, R. (1985). *Integrated family therapy.* London: Tavistock.

Wilson, J. (1998). *Child focused practice.* London: Karnac.

Woolley, S. and Johnson, S. (2005). Creating secure connections: emotionally focused couples therapy. In Lebow (Ed) *Handbook of clinical family therapy.* New Jersey: Wiley & Sons, pp. 384–405.

Zimmerman, K. (2011). Commentary: is collaboration a viable target for family therapists? *Journal of Family Therapy, 33*: 215–223.

Family Therapy 제5장

구조적 가족치료
가족과 함께 새로운 춤 만들어 가기

요점정리

- 구조적 가족치료는 살바도르 미누친에 의해 창시되었다.
- 미누친은 가족이 그들만의 독특한 문화와 개별 구조를 가진 복잡한 체계라 제안하였다.
- 미누친은 체계와 하위체계 사이의 경계가 가족생활의 역할에서 중요하다고 인식했다. 그는 이러한 경계가 너무 유연하거나 경직되어 있으면 문제가 발생한다고 보았다.
- 구조적 가족치료는 실질적으로 다양한 근거기반 접근법 내에서 적응과 통합을 반복해 왔지만, 여전히 영향력 있는 모델로서 지속적으로 실천되고 있다.
- 구조적 가족치료는 너무 '전문가 주도적'이며 권력, 인종, 성별 및 문화의 문제를 무시한다는 이유로 비판을 받았다.

서론

이 장에서 소개하는 가족치료모델 명칭에서 '구조적'이라는 단어는 뭔가 견고하고 어쩌면 강철 같기도 한 성질을 암시한다. 사실, 이 치료기법이 고안된 이래 창시자는 이 모델의 실제가 단단하지도 강철 같지도 않다고 끊임없이 주장해 왔다!(Minuchin and Nichols, 1993; Minuchin et al., 2006) 이 장에서는 바로 그 창시자, 살바도르 미누친 (Salvador Minuchin)에 대한 경의를 표하며, 마치 아르헨티나 탱고의 심장부에서 태어난 미누친 자신처럼, 그의 모델을 콘크리트나 단단한 벽보다 춤으로 비유하고자 한다. 구조적 가족치료라는 명칭이 유용한 점은 이 형태의 가족치료가 실제로 가족구조에 관한 것이라는 점이다. 그러나 이론의 세련됨(일련의 발 동작과 같은)과 적용의 유동성은 그 이름이 갖는 문자 그대로의 단단함을 거부한다.

구조적 가족치료는 하나의 경험적 과정이다. 개별 가족구성원들에게 어떻게 행동해야 하는지에 대한 대안적 방법을 제공하는 치료 회기에서 무언가는 반드시 일어나게 마련이다. 미누친은 치료가 즉흥성을 위한 장소라고 언급한다(Minuchin and Fishman, 1981). 치료사는 이 과정에서 일련의 역할을 맡게 된다. 가족 드라마를 지휘하고, 때로는 가족구성원과 함께 직접 춤을 추며, 마치 인류학자처럼 그저 관찰하기도 하고, 그때 보이는 것을 즉흥적으로 치료에 반영한다. 미누친이 초기에 수행했던 작업에서 치료사는, 여느 심리분석가와는 다르게, 치료 회기에서 한 개인으로 완전히 존재한다(Minuchin et al., 2006). 이러한 치료사의 존재감은 치료 단계가 진행될수록 가족들이 치료 공간의 안전함을 바탕으로 새로운 위험을 감내하여 어떠한 변화라도 발생하게 할 수 있는 자유를 선사한다. 이러한 의미에서, 구조적 가족치료의 이론(그 성격의 '단단한' 부분)은 가족이 춤추고 있는 숨겨진 음악으로 상상하는 것이 최선일지도 모른다. 이 음악을 듣기 위해서 치료사는 직관과 연결성 그리고 육감을 사용해야 할 것이다. 이것은 이후의 움직임, 춤, 그리고 일련의 단계들을 안내한다.

이론의 배경

구조적 가족치료의 발전에 기여한 다른 많은 임상가가 있었지만[Fishman, 1993; Aponte, 1994; Montalvo 등(Minuchin et al., 1967)], 살바도르 미누친([그림 5-1] 참조)이 주요 창시자이자 주요 이론가이며 주요 전파자였음에는 이견이 없을 것이다(이에 대한 미누친의 설명은 Minuchin, 1993 참조). 실제로 96세의 나이에도 그는 여전히 컨퍼런스를 누비며 발표를 하고 있고, 자신의 연구소에서 후학 양성에 매진하고 있다.

미누친은 1921년 아르헨티나에서 태어났다. 그는 러시아계 유대계 이민자 부모 밑에서 세 자녀 중 한 명으로 태어나 작은 농촌 유대 공동체에서 자랐다. 원래 그의 가족은 유복한 편이었으나 대공황이 아르헨티나를 강타하면서 경제적 어려움에 봉착하였다. 그로 인해 미누친은 가족과 공동체 생활에 대한 사회적 고난과 불평등의 영향을 직접 경험하게 되었다. 그는 아르헨티나에서 의학을 공부하며 초기 경력을 쌓았다. 1944년 의학 교육을 받는 동안 혁명 활동에 관여하게 되었고, 이는 짧은 기간의 감옥 생활로 이어

[그림 5-1] 살바도르 미누친 박사
출처: Minuchin Center for the Family

졌다. 1946년 의대 졸업 후, 정신의학에 관심이 있었지만 소아과에서 초기 경력을 시작하게 된다.

1948년 이스라엘 국가 수립과 잇따른 아랍-이스라엘 전쟁 이후, 미누친은 이스라엘로 이동하여 유대인 병사들을 돌보는 의사로 군대에 합류했다. 종전 후, 그는 가족치료를 이미 시작한 신경정신의학과 의사이자 정신분석가 나단 애커먼(Nathan Ackerman, 1958) 아래에서 공부를 계속하기 위해 미국으로 건너갔다(2장 참조). 이후 이스라엘에서 얼마간 체류하게 되었는데, 정신분석에 대한 관심은 그를 다시 뉴욕으로 돌아오게 하였고, 1954년부터 1958년 사이에 정신분석 관련 훈련을 받았다. 곧이어 그는 월트윅 소년학교(The Wiltwyck School for Boys)의 의료 감독으로 부임하였는데, 이는 그에게 혁신적인 경험이었다. 그는 이곳에서 대부분 가난한 미국 흑인 가정 출신인 '비행 청소년들'을 개인적으로 돕는 것이 효과적이지 않다는 것을 깨닫게 된다. 정신분석에는 그들에게 더 나은 삶의 기회를 제공할 만한 기술이 없었다. 그래서 미누친은 소년들의 가족과 함께 작업하는 실험을 시작했다. 이 과감한 시도의 시작(이러한 청소년들은 가족이 '없을 때' 더 나을 것이라는 당시의 일반적 견해에 도전하는)은 아마도 애커먼 또는 그가 선호했던 정신분석의 분파[해리 스택 설리반(Harry Stack Sullivan)의 '대인관계 정신의학']에서 온 것일 수 있다. 다양한 스트레스를 경험하는 소외된 가족들과의 이러한 경험을 통해 미누친은 가족구조에 주목하게 되었다. 그는 이러한 가족들일수록 부모 권위가 부족하고 세대 간 투과성이 높은(느슨한) 경계가 있음을 반복적으로 발견할 수 있었다(Minuchin et al., 1967). 이즈음, 미누친은 팔로 알토를 방문하여 헤일리(6장 참조)와 끈끈한 우정을 맺기 시작한다.

1965년, 미누친은 필라델피아 아동지도센터(Philadelphia Child Guidance Center)에 감독으로 합류하게 된다. 그의 부임 이후, 이 센터는 전 세계적으로 존경받는 아동지도 클리닉 및 가족치료 훈련센터로 발전한다. 제이 헤일리와 같은 다른 저명한 가족치료사들도 미누친과의 공동 작업을 위해 합류하였다(6장 참조; Minuchin and Nichols, 1993). 마침내 1981년, 그는 뉴욕에 자신의 가족치료센터를 설립했으며, 1996년 은퇴 후 미누친센터로 명칭을 변경하였다. 이 센터는 오늘날까지도 계속 운영되고 있다.

앞서 구조적 가족치료사는 치료 회기 동안 늘 주의를 기울여야 함을 언급한 바 있다. 이는 치료사가 어떤 태도로 치료에 임해야 하는가를 이해하는 것까지 확장된다. 미누친은 가족생활에 대한 아이디어의 일부를 자신의 경험에서 찾았다. 그가 자란 아르헨티나계 유대 가족은 매우 위계적이었다. 세대는 가장 나이 많은 가족구성원을 존중하고 그들의 지도를 받았다. 그는 그러한 문화에 가부장적 요소가 존재함을 인정하였다. 각 가족구성원들은 다른 가족구성원들이 자신에게 기대하는 것을 알고 있었다. 이러한 경험은 '가족기능'에 대한 미누친의 생각에 영향을 미쳤다.

구조적 가족치료는 이론을 발전시키는 초기 단계에서조차 '건강한' 가족이란 '어떠해야' 하는지에 대한 일반화를 강화시킨다는 비판에서 자유롭지 못했다. 그러나 이는 미누친의 개인적 경험을 고려한다면 전혀 놀라운 일이 아니다. 앞서 짧게 언급된 그의 생애에서조차 그가 가족의 다양성을 이해하는 방식, 여러 가족이 겪어야 했던 난관, 그리고 가족생활에서 문화가 차지하는 중요한 역할 등이 드러난다(Minuchin, 1984 참조). 따라서 구조적 가족치료를 단지 핵가족 형태의 '기능적' 가족을 옹호하는 것으로 이해하는 것은 지나친 단순화일 수 있다.

구조적 가족치료의 핵심 개념

미누친은 서로 다른 문화와 배경을 가진 가족들과 일하면서 얻은 경험을 통해, 가족을 자신만의 구조를 가진 복잡한 체계로 인식했다. 그는 가족구성원들이 특정한 배열에 따라 관계를 맺는다고 주장했는데, 이 배열은 대부분 명시적으로 드러나지 않는다. 그는 가족구성원들이 서로 및 외부 세계와 관계를 맺는 방식을 결정하는 '규칙'이 각 가족 내 존재한다고 믿었다. 실제로, 이러한 패턴은 시간이 지남에 따라 발전한다. 이는 개별 가족구성원들이 상호작용하는 방식을 통제하며 가족의 일상적인 기능을 조절한다. 이러한 상호작용 패턴은 종종 위계적 배열에서 비롯되며, 가족구성원의 행동을 조절하는 데 도움을 준다. 그는 가족이 정태적이지 않다는 사실에 주목했다. 즉, 새로운 가족구성원이 태어나는 동안 다른 가족구성원은 사망할 수도 있다. 이상적으로, 가족은 이러한 변화에 적응하지만, 가족구조가 유연하지 않고 변화에 적응할 수 없는 경우 문제가 발생할 수 있다. 미누친은 구조적 가족치료사의 역할을 가족이 관계를 다루는 더 '기능적인' 방법을 찾도록 돕는 것으로 보았다.

과제 1

자신의 가족을 예로 들어 가족규칙에 대해 생각해 보자. 이 규칙들이 가족에게 어떻게 도움이 되거나 방해가 될 수 있을까?

가족구조

미누친(Minuchin, 1974: 51)은 모든 가족에게 구조가 존재한다고 주장한다.

> 가족구조는 가족구성원들이 상호작용하는 방식을 구성하는 보이지 않는 기능적 요구의 집합이다. 가족은 상호작용 패턴을 통해 운영되는 체계이다. 반복된 상호작용은 언제, 누구와, 어떻게, 관계를 맺어야 하는지에 대한 패턴을 설정하고, 이러한 패턴은 체계를 뒷받침한다.

그는 또한 "나는 구조라는 구성물이 유용하다는 것을 알게 되었다"라는 주장에서 드러난 바와 같이, "사실, 가족구조라는 것은 존재하지 않는다"고 역설하기도 하였다(Minuchin et al., 2006: 35). 미누친은 가족의 구조를 두 개의 서로 다른 차원에서 분류하였다(Minuchin et al., 1978; Minuchin et al., 2007). 첫째는 정서적 친밀감과 관련이 있다. 이 차원은 분리된 가족과 밀착된 가족이라는 '상반된' 극단을 갖는다. 분리된 가족에서는 정서

표 5-1 구조적 가족치료에서의 경계

경직된 경계 분리	명확한 경계 '정상' 범위	산만한 경계 밀착
———————————	- - - - - - - - - - - - - - - -	· · · · · · · · · ·

적 연결이 느슨하다. 치료사는 이러한 가족들이 '밤에 들렀다 가는 배'나 '집은 잠만 자는 곳'과 같은 표현으로 관계를 묘사하는 것을 목격할 수 있다. 이는 가족생활에 '마음'이 거의 없다는 것을 시사한다. 미누친은 이러한 유형의 가족들의 경우 어린 가족구성원들의 위험한 반사회적 행동 관련 문제를 경험할 가능성이 더 높다고 파악했다. 다른 극단은 '밀착된' 가족 유형이다. 이런 가족들은 자신들을 '서로의 주머니 속에서 산다'고 묘사한다. 가족구성원들은 가족 밖의 생활을 영위하는 데 어려움을 겪으며 때로는 서로의 필요에 대해 텔레파시가 통하는 것처럼 보이기도 한다. 미누친은 이러한 유형의 가족에게서 심리적 문제를 가진 어린 구성원이 나타날 가능성이 높다고 주장하였다(Minuchin et al., 1978).

이 용어들은 내부 가족구조뿐만 아니라 가족이 외부 세계와 어떻게 관련되는지에도 적용되었다. 미누친은 이러한 설명이 치료사에게 방향성을 제시하고 가족들에게 의미가 있을 때만 유용하다고 강조했다. 그는 종종 "여러분은 서로가 너무 가깝다/너무 멀다고 생각하나요?"라고 물어봄으로써 가족들이 이 관점에서 자신들을 볼 수 있도록 하였다.

이러한 가족구조모델은 경계에 대한 개념을 포함한다. 미누친은 이 개념을 외부 세계와의 관계와 같은 가족 주변의 경계, 그리고 가족구성원 간의 경계와 같은 가족 내부의 경계에 적용했다. 구조적 가족치료사들은 가족이 더 효과적으로 기능하기 위해 무엇을 해야 하는지 고려하기 위해 가족관계 지도를 그리기도 하는데, 이를 위해 일종의 기술적 약어를 사용한다(〈표 5-1〉 참조).

미누친이 강조한 가족구조의 또 다른 측면은 가족 내의 체계 또는 하위체계이다. 그는 가족 내 여러 하위체계가 서로 다른 규칙이나 문화를 가질 수 있으며 서로에 대한 다른 관계를 가질 수도 있다고 주장했다. 주요 가족 하위체계는 다음과 같다.

1. **부부 하위체계**: 이 하위체계는 자신의 원가족에서 배운 내면화된 가치와 가족각본을 새로운 관계로 가져오는 부부관계를 포함한다. 부부는 그들의 차이를 적절히 조정

해야만 조화로운 관계를 유지할 수 있다. 이 하위체계는 자녀들의 부모역할모델을 형성한다(Minuchin, 1974).

2. **부모 하위체계**: 부부 하위체계와는 다른 하위체계인데, 체계 내 구성원들이 부모일 수는 있지만 반드시 부부일 필요는 없기 때문이다(예: 이혼/별거 또는 대리모의 경우). 부모는 자신이 부모됨을 통해 깨달은 경험을 바탕으로 역할을 수행하며, 이것이 매우 다양할 경우 협상이나 타협이 필요할 수 있다. 부모 하위체계가 분열되면 여러 과정이 일어날 수 있다. 첫째, 체계 내 한 부모는 다른 부모에 대항하여 자녀들과 유대를 형성할 수 있다(예: '네 아버지/어머니가 그냥 빠져 주면 더 좋으련만'). 둘째, 부모는 부모 간 갈등에서 벗어나기 위해 자녀 중 하나에 대항하여 연합할 수 있다(예: '우리 관계는 이 아이의 행동 때문에 망가졌어'). 셋째, 부모는 자신의 원가족들로부터 지지를 구할 수 있다(예: '네가 그 여자와 결혼하지 않았다면 훌륭한 아빠가 될 수 있었을 텐데!').

3. **형제 하위체계**: 가족구성원이 많은 경우, 발달 단계에 따라 여러 개의 형제 하위체계로 구성될 수 있다. 이 하위체계는 자녀들에게 관계를 실험하고 사회적 상호작용의 효과를 연습할 기회를 제공한다.

과제 2

자신의 가족을 생각해 보고 그 안의 다양한 하위체계를 설명해 보자. 이 하위체계들이 서로 어떻게 '관련되어 있는지' 파악해 보자.

[그림 5-2]는 한 가족 내 여러 하위체계가 있을 수 있으며, 동일한 가족구성원이라도 다른 하위체계에 속할 수 있음을 보여 준다. 각 하위체계는 고유의 규칙과 가치를 가지게 된다. 이러한 복잡성은 종종 갈등과 혼란을 일으킬 수 있다. 제시된 가족은 두 집안으로 구성되어 있으며, 한 집안의 막내딸이 다른 집안의 장남과 결혼하였다. 이들은 딸 한 명과 아들 세 명을 자녀로 두었다.

1. 가장 어린 형제 하위체계를 보여 준다.
2. 부모 하위체계를 보여 준다.
3. 남성 하위체계를 보여 준다.
4. 모 하위체계를 보여 준다.

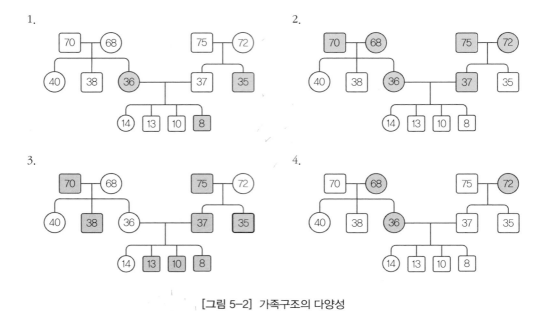

[그림 5-2] 가족구조의 다양성

　　미누친은 체계이론이 제안하듯, 하위체계 간의 상호 관련 방식이 평형을 유지하기 위해 설계되었다고 주장하였다. 그 '안정성'의 형태가 개인의 발달에 도움이 되지 않는 경우에도 가족을 안정적으로 유지하기 위해 말이다. 이에 따라 많은 가족체계에서 자주 반복되는 여러 상호작용 패턴이 생겨났다. 구조적 가족치료사들은 이러한 패턴을 보여 주는 새로운 방법을 채택하였다([그림 5-3] 참조).

과제 3

이 가족 내에서 가능한 다른 하위체계를 제안할 수 있는가? 가치, 신념, 문화, 섹슈얼리티, 교육 등에 대해 생각해 보자.

과제 4

자신의 가족을 떠올리고 이러한 상호작용 패턴이 어떻게 반복되었는지 살펴보자.

　　미누친이 중요하게 보았던 구조의 두 번째 주요 차원은 적응성이었다. 이 차원 역시 두 극단을 가진다. 한쪽 끝에는 '경직된' 가족들이 있으며, 이 유형은 명분이 사라졌음에도

어머니(M)와 아버지(F)는 그들의 아들(S)과 딸(D)과 명확한 경계를 가지고 있다. 이것은 '기능적' 가족에서 많이 볼 수 있는 패턴이다.	 M F - - - - - - D S
어머니, 아버지와 자녀들 사이에는 명확한 경계가 없다. 부모는 통제력이 없고 그들 사이에는 어느 정도의 밀착 또는 공동의존성이 있다.	 M F · · · · · · D S
어머니는 아버지를 배제하고 자녀들과 매우 가깝다.	 M /F · · · · · / D S
어머니와 딸은 어머니가 부모로서 딸을 대하지 않고 딸이 마치 작은 성인처럼 행동하는 밀착관계를 가지고 있다. 아버지와 아들은 '정상적인' 관계를 가지고 있지만, 어머니와 딸로부터 분리되어 있다.	 M / F - - - - / D / S
어머니와 새아버지(SF)는 서로 간 그리고 그녀의 첫 번째 결혼에서 난 자녀들과 정상적인 경계를 가지고 있다. 그들은 또한 친아버지(F)를 적절하게 대한다. 하지만 그는 자신의 자녀들과 지나치게 친밀한 관계를 가지고 있고 명확한 경계가 없어, 그들이 함께 있을 때는 '아이 셋'처럼 행동한다.	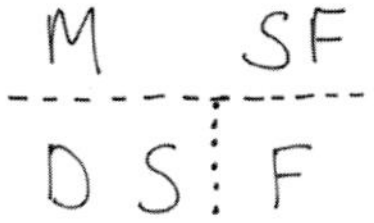 M SF - - - - - - - D S : F

[그림 5-3] 구조적 관점에서의 상호작용 패턴

불구하고 동일한 규칙을 일관되게 적용한다. 발달 단계상 더 이상 필요하지 않은 아이의 취침 시간이나, 자녀를 그들의 또래로부터 분리시키는 통행금지 시간이 그 예가 될 수 있다. 스펙트럼의 다른 끝에는 규칙이 없는 가족들이 있다. 이 가족에서는 거의 모든 것이 허용된다. 이러한 가족들은 때때로 '마르디 그라(Mardi Gras)' 축제 가족으로 묘사되기도 한다. 마치 항상 축제가 열리는 것처럼 보이기 때문이다. 이 가족들은 함께 식사를 하지 않으며, 정해진 취침 시간이 없고, 규칙을 적용할 때 매우 일관성이 없다. 초기 작업에서 미누친은 이러한 가족체계의 원인에 관심이 없었다. 그는 변화(주로 행동적)에 초점을 맞췄다. 그러나 그의 이후 작업은 가족들이 이러한 유형을 채택하기로 결정한 이유에 훨씬 더 많은 관심을 쏟았다(Minuchin et al., 2006, 2007, 2014). 〈표 5-2〉는 구조적 가족치료에서 가족구조 측면의 요약 내용을 제시하고 있다.

표 5-2　**구조적 가족치료에서 가족구조 측면 요약**

가족구조 측면	의미	치료사가 이를 어떻게 탐색할 수 있는가?
정서적 결속: 친밀함	연결의 측면이 포함됨.	"조엘이 우울하면 가족 중 누가 알아차릴까요? 그의 우울이 가족들도 우울하게 만들 수 있나요?"
정서적 결속: 거리 두기	가족구성원들이 서로로부터 얼마나 멀어져 있는지 등이 포함됨.	"너는 엄마가 무엇을 느끼고 있는지에 대해 생각해 본 적이 있니?"
적응성: 경직성	어떤 것을 하는 방식이 결정되어 있다면, 그 결정을 누가 내리는지 알아보는 것 등이 포함됨.	"가족 중 누가 규칙을 정하나요? 이 규칙들은 협상 가능한가요?"
적응성: 혼돈	어떤 일이 발생했을 때 가족이 무엇을 할 수 있을지 알아보는 것이 포함됨.	"아들이 약물을 복용하고 있다면 그것을 누가 알아차릴까요? 대부분의 가족들이 자녀들의 삶에서 무슨 일이 일어나고 있는지 모를 것이라고 생각하나요?"
하위체계	치료사는 각 하위체계가 어떻게 작동하는지, 각 하위체계 간 어떻게 관련되는지를 이해하고자 할 것임.	"아이들이 싸울 때, 부모로서 개입하는 것이 얼마나 중요하다고 생각하나요?"

가족구조를 변경하기 위해 설계된 기법들

구조적 가족치료가 적극적이고 상당히 지시적인 형태의 가족치료라는 것을 살펴보았다. 미누친은 그의 모든 작업에서 치료사들이 했으면 하는 선호하는 행동들을 제시한다. 그는 가족구성원과의 '합류' 촉진과 재구성와 같은 다른 가족치료학파에서 차용한 기법들을 활용한다(Minuchin and Fishman, 1981). 그러나 각 기법에는 구조적 관점이 다시 접목된다. 다른 가족구성원과 합류하고 때로는 예상치 못한 행동을 해야 하는 것처럼 치료사는 유연해야 하며, 이는 합류가 배타적 동맹을 피해야 함을 의미한다. 그러나 구조적 학파에서만 개발된 핵심 기법들도 다양하게 존재한다(선호하는 행동들에 대해 미누친의 언어로 설명한 내용을 보려면 〈표 5-3〉을 참조할 것).

실연

실연은 구조적 가족치료모델의 핵심으로 여겨지기도 한다(Davis, 2004; Nichols, 2000).

표 5-3 주요 개념에 대한 미누친의 직접 설명

주제	인용구
실연	"실연은 치료사가 교통경찰처럼 행동하면서, 가족원들이 치료사의 존재 하에 대화에 참여하도록 지시하는 과정이다. …… 이러한 맥락에서 두 가족구성원이 서로 대화할 때, 대화는 더 이상 즉흥적이지 않다. 그것은 느려지고 만남이 된다."(Minuchin et al., 2014: 5)
확신	"가족의 확신(certainty)은 변화의 적이다. …… 치료사의 중요한 기능은 가족의 확신에 도전하는 것이다."(Minuchin et al., 2014: 4)
균형깨기	"균형깨기(unbalancing)는 …… 일부 단위에 대한 스트레스를 생성함으로써 변화를 촉진한다. …… 동시에 다른 단위를 지원하면서 …… 그리고 시간이 지남에 따라 전환한다."(Minuchin et al., 2014: 7)
강화	"치료사가 그들[가족]의 주의를 끌었을 수 있다. …… 그러나 그들은 듣지 않는다." 그래서 치료사는 "교류의 감정적 구성 요소를 증가시켜야 한다"(Minuchin and Fishman 1981: 118).
치료사의 역할	치료사는 "가족들과 합류하여, 체험적 여정을 위한 치유자, 교사, 그리고 공명기로서의 역할을 한다"(Minuchin et al., 2006: 15).

이는 글자 그대로 상호작용의 한 부분을 '실연'하여 치료 회기에서 생생하게 구체화하고 실제로 활용할 수 있게 하는 것을 의미한다. 이는 미누친 자신과 이후의 구조적 치료사들이 설명한 여러 '단계'를 포함한다(Minuchin and Fishman, 1981; Minuchin et al., 2014). 첫째, 치료사는 가족에게 집에서 행하는 것과 동일한 행동과 패턴을 재연하도록 격려한다. 이 단계에서 치료사는 문제가 되는 패턴을 지속시키는 것이 무엇인지, 어떤 종류의 개입이 가족이 패턴을 변경하는 데 도움이 될지를 파악하기 위해 관찰을 시도한다. 둘째, 치료사는 가족이 패턴을 더욱 유익한 방식으로 해결할 수 있도록 개입한다. 셋째, 치료사는 가족과 함께 피드백을 주고받는 시간을 갖고 집에서 '새로운' 패턴을 계속 유지하는 방법을 마련한다.

예시:
• 어머니와 아버지는 아이들을 어떻게 다룰지 논의할 시간이 전혀 없다고 말한다. 치료사는 '지금이 기회입니다. 시작하세요'라고 말하고 그들이 대화하도록 유도한다. 치료사는 그들이 '전혀 대화하지 않는' 것이 시간 때문이 아니라, 표현하고 싶지 않은 불일치가 있기 때문이라고 의심한다. 그들의 대화를 통해 그러한 불일치가 무엇

인지 드러나게 된다.

- 가족이 달라지길 원하지만 무엇을 해야 할지 모른다고 말하면, 치료사는 그들에게 현재의 모습은 어떠한지, 앞으로 달라질 모습은 어떠할지를 '조각'(가족구성원에게 그들의 '현재 모습'과 가깝다고 생각되는 곳에 물리적 이미지를 표시하도록 요청하기)하도록 요청한다. 이는 어떤 에너지를 움직이게 하고, 가족구성원들에게 관계에서 무엇이 변해야 하는지를 보게 하며, 강한 정서적 영향을 제공한다.

이러한 적극적 개입이 드라마치료 및 사티어 접근법의 영향을 받았다는 근거가 있다 (1장 참조).

균형깨기

구조적 치료사는 가족구성원 간의 위계 및 관계 패턴을 변화하려고 시도함으로써 가족의 항상성을 교란하고자 한다. 예를 들어, 이는 부모와 아이 사이의 하위체계를 변화시켜 부모를 집행적 통제 역할로 다시 설정하기 위해 수행될 수 있다.

예시:

- 한부모 어머니의 첫째 딸이 자신을 어머니와 공동부모로 인식하였다. 이것은 동생은 반항하게 하고 첫째는 동생의 위험한 행동에 대해 엄격한 규칙을 적용하게 만들며 동생과의 형제관계 발달을 방해한다. 치료사는 선택적으로 어머니를 지지하여 첫째 딸로부터 통제권을 되찾고 분리된 부모/자녀 하위체계를 다시 설정하도록 한다.
- 아버지가 다른 사람이 말할 때 끼어든다. 치료사는 회기에서 '끼어들지 않기'의 새로운 규칙을 적용할 수 있다.

강화

강화(intensification)는 구조적 학파에서 개발된 가장 배우기 어려운 기법일 수 있다. 이는 부분적으로 치료사가 갈등을 회피하지 않고 자신의 성격을 사용하여 강렬한 감정적 경험을 자극해야 하기 때문이다. 여러 면에서 이것은 갈등을 싸안고 감정을 신중하게 드러낼 것을 장려하는 치료 훈련과는 '정반대'의 성격을 띤다. 강화에서 치료사는 가족이 이야기하지 않기로 선택한 것에 주목하고, 그것에 대해 이야기하도록 유도한다. 이것은 밀어붙이기와 자신감(치료사가 가족이 결과를 다룰 수 있도록 도울 수 있다는 믿음) 그리고 '적절한' 주제를 찾는 능력을 요구한다. 치료사는 가족이 '무시하고 있는' 관찰된 상호작용을 확대할 수 있다. 치료사는 갈등이 있는 가족구성원들이 함께 앉도록 격려할 수 있다(심지어 손을 잡도록 할 수도 있다). 치료사는 가족구성원 사이에 앉기로 선택하거나 침묵하는 가족구성원을 위해 '말하기'로 결정할 수 있다. 때때로 이 과정은 균형을 깨고 동시에 모든 것을 실연할 수 있게 하기도 한다!

예시:
• 아이의 도전적인 행동을 부모가 간과하는 것을 알아차린 치료사는 "아들이 당신을 신나게 무시하는 게 보이는데, 그것에 대해 어떻게 생각하나요?"라고 말할 수 있다.

구조적 가족치료의 유산

1세대 가족치료학파 중 구조적 가족치료는 '1차적'이고 처방적이라는 이유로 가족치료 분야 내에서 어쩌면 가장 많은 비판을 받았을지도 모른다(Hare-Mustin, 1987; Kassop, 1987). 그러나 다른 두 주요 1세대 학파와 마찬가지로, 구조적 가족치료는 이후 가족치료 내 실천뿐만 아니라 가족치료 외부에도 깊은 영향을 끼쳤다. 이 영향은 여러 요소로 나눌 수 있다. 첫 번째는 '구조'에 대한 개념과 관련된 영향이다. 이제 거의 모든 심리치료사는 '가족이 어떻게 작동하는가'를 고려하며, '밀착'과 같은 용어도 일반적으로 사용하고 있다.

이는 그러한 언어가 가족치료 내에서 시작되었음에도 불구하고 다양한 치료 접근 방식으로 쉽게 번역될 수 있기 때문이다. 두 번째 영향은 이미 이 장에서 언급한 바 있다. 구조적 가족치료는 적극적 형태의 가족치료이다. 구조적 가족치료에서 치료사는 일어서서 돌아다니고, 가족에게 새로운 것을 시도해 보도록 요청할 수 있는 권한을 부여받는다. 학파의 명칭이 고정적 특성을 암시하더라도, 실제 실천은 혁신적이고 창의적이다(마치 춤 그 자체처럼). 세 번째로, 치료가 완전히 편안하지만은 않아야 한다는 것을 인식하는 것은 지속적 가치가 있다. 구조적 가족치료에서는 이런 부분이 명시적이고 예측이 가능하다. 마지막으로, 3장에서 강조한 바와 같이, 많은 현대 근거기반 가족치료모델은 구조적 가족치료의 영향을 크게 받았다. 예를 들어, 애착기반 가족치료가 실연 기법을 쓰고 있는데, 애착 손상을 수리하는 방식은 여전히 이러한 고전적 기법에 의존한다. 이러한 특성들이 실연 시연 동영상에 잘 드러나기를 희망한다.

 해당 시연 동영상은 https://family.counpia.kr/로 접속하여 회원가입 후 무료로 시청 가능하다.

동영상 보기: 구조적 학파−실연

동영상 소개

시연 동영상은 닉이 가족치료 회기에 온 두 번째 시간을 담고 있다. 만약 치료사가 구조적 가족치료를 바탕으로 접근한다면, 그는 닉(그리고 모든 가족구성원)이 회기에서 새로운 것을 배울 수 있도록 도와야 할 책임이 있다. 그는 이미 가족이 작동하고 소통하는 방식은 조엘이 우울에서 벗어나거나 그가 가족의 지원을 받고 있다고 느끼는 데 도움이 되지 않는다는 생각을 바탕으로 사례개념화를 하였다. 조엘과 닉 사이의 갈등은 서로가 잘못되었다는 그들의 견해를 강화하며, 우울의 해결을 방해하는 고립을 지속시킨다. 따라서 치료사는 가족소통과 정서적 경험을 말로 표현하는 방식을 다루기로 결정했다. 구조적 방법은 가족이 새로운 행동을 시도하고 그들의 평소 스타일을 넘어서도록 도전하기 때문에 이러한 상황에서 매우 유용하다.

00:35 **마크:** 다시 오신 것을 환영합니다. 오늘 닉이 함께해 주서서 정말 좋습니다. 와주서서 감사합니다. 지난번 회기 후에 무엇인가 달라진 것을 알아차린 분이 있는지 궁금하네요.

개입 포인트 ··
치료사는 지난 회기 이후의 변화를 추적한다.

조엘: 닉이 저에게 조금 더 친절했던 것 같고, 엄마의 잔소리가 조금 준 것 같아요.

마크: 그러니까 어떤 종류의 변화가 있었구나……. 그들이 무언가 다르게 행동했다고 생각하니? 그들이 무언가 다르게 했다는 것을 그들 스스로 인지하고 있다고 생각하니?

개입 포인트

치료사는 새로운 변화가 의식적 변화가 되길 원한다. 그러한 경우 가족은 계속해서 변화를 일으킬 수 있다.

조엘: 모르겠어요. 직접 물어보세요.

마크: 알겠어. (마리아와 닉에게) 그래서 조엘은 두 분이 자기를 덜 괴롭혔다고 말하고 있고, 엄마가 무엇을 했다고 했었죠?

조엘: 닉이 더 친절해졌다고 말했어요.

마크: 그걸 알아차렸나요?

닉: 분명히 이전보다 나아졌어요. 그런 것 같아요.

마크: 어떻게 그런 일이 일어나게 됐을까요?

닉: 아마도 우리가 상담에서 해 온 것 때문에 내가 좀 더 관용적일 수 있었던 것 같아요.

!　변화라는 단어를 사용한 것에 주목할 것. 관용이란 표현은 회기 후반부에 다시 등장한다.

마크: 알겠습니다. 가족 중에서, 누가 자신이 변화할 수 있는 능력이 가장 높다는 것을 인식할 수 있고, 누가 자신이 변했다는 것을 받아들이기 매우 어려워하는지 궁금하네요.

개입 포인트

치료사는 이 질문에 답하기가 왜 그렇게 어려운지 파악하려고 노력한다.

마리아: 닉이요.

마크: 음, 당신은 닉이 자신이 변했다는 것을 받아들이기가 가장 어렵다고 생각하나요? 그 이유를 알고 있나요?

마리아: 닉은 가족 문제가 모두 조엘의 탓이거나 제 탓이라고 생각하고 싶어 하는 것 같아요. 그리고 무언가를 안다고 생각할 때 그는 꽤 완강해요.

마크: (무엇을 물어볼지 주저하는 모습) 자신이 변할 수 있다고, 무언가를 할 수 있다고 생각하는 것이 어려운 이유가 닉에게 있다고 생각하나요?

마리아: 남자로서, 아버지로서, 그는 자신이 잘 못한다고 생각하고 싶지 않아 해요.

개입 포인트 ··

이것은 중요한 장면이다. 취약성이라는 개념이 언어화되고 있다. 치료사는 이를 강화한다.

마크: 그래서 당신이 말하고 싶은 건, 상담에 오는 것이 닉에게는 실패했다는 느낌을 준다는 건가요? 조엘에게 잘하지 못했다고. 알겠어요. 그것이 대화하기 어렵다는 것과 어떤 관련이 있나요?

마리아: 네(그것이 중요한 것처럼 한숨을 쉬며).

마크: 당신도 대화하기 어려운가요? 무엇이 잘못되었고 어떻게 하면 상황을 개선할 수 있는지에 대해서요?

마리아: 네, 그냥 가족에게 생겨난 일이고, 우리는 그냥 대화하지 않아요. 이제는 그것에 익숙해졌어요.

개입 포인트 ··

치료사는 가족 내 소통이 문제라는 것을 듣고 있다.

마크: 제가 하고 싶은 것을 말씀드리겠습니다(조엘에게). 왜냐하면 저는 이 두 사람이 대화하는 데에 별로 능숙하지 않다는 것을 듣고 있기 때문입니다. 그리고 우리는 오늘 중요한 것들에 대해 여기서 마음껏 이야기할 수 있는 황금 같은

기회를 가지고 있어요. 조엘에 관한 것이나 저녁에 무엇을 먹을지에 관한 것이 아니에요. 지금 저와 조엘 앞에서 그냥 그렇게 할 수 있는 이상적인 기회예요. 그래서 마리아, 잠시 여기로 와 주시겠어요? (마리아를 닉의 맞은편에 다시 앉게 함)

개입 포인트 ···

치료사는 실연을 설정한다. 실연은 비일상적이다. 준비와 협력이 필요하다. 가족들은 왜 그것을 하라고 요청받고 있는지 이해할 필요가 있다.

04:00 마크: 이제 두 사람이 왜 대화하기가 그렇게 어려운지, 대화하기를 더 쉽게 만들 수 있는 방법이 무엇이라고 생각하는지, 대화하기 어려운 것들이 있는지, 다른 것들에 대해 이야기할 수 있는지…… 그런 것에 대해 대화를 나눠 보세요. 그러한 대화를 통해 우리도 듣게 되고, 또 두 분은 서로 이야기하는 연습을 할 수 있게 됩니다.

마리아: (닉에게) 음, 당신의 문제와 걱정에 대해 솔직하게 이야기하는 것이 왜 그렇게 어려운 거야?

닉: 이런 것들에 대해 이야기하는 것보다 그냥 그러려니 살아가는 게 더 편해. 난 이렇게 앉아 있는 게 좀 이상해.

마리아: 왜 그게 이상해?

닉: 모르겠어. 이렇게 앉아 본 적이 없으니까? 대화하는 데 시간을 보내 본 경험이 전혀 없어.

개입 포인트 ···

실연은 평소에 말하지 않던 것들을 말할 때가 성공적이다. 여기서 많은 이야기가 새롭게 드러난다.

마리아: 하지만 몇 번 시도했어. 당신이 화가 나거나 불행해 보일 때. 당신에게서 그걸 직접 끌어내려고 했지만, 당신은 말하지 않았어.

닉: 응, 맞는 말 같아. 정말로 의지할 수 있는 한 사람이 있긴 한데, 그건 바로 나 자신
이지. 그래서 아마도 대화하기가 더 어려운 거 같아. 계속 그런 식이지.

마리아: 그게 나를 조금 불편하게 해. 당신이 의지할 수 있는 사람이 당신뿐이라고
생각한다면. 왜 나에게 의지할 수 있다고 느끼지 못해?

> **개입 포인트**
>
> 실연에서의 기술 중 하나는 가족구성원을 너무 일찍 '구조'하지 않는 것이다. 치료사는 상처가 되
> 는 말이 나오게 하고 가족이 해결책으로 나아갈 수 있는지 지켜봐야 한다.

닉: 당신이 어떻게 느낄지 이해할 수 있을 것 같아. 맞아. 그리고 그 부분은 미안해.

마리아: 지난번 상담 후에, 우리가 처음부터 터놓고 이야기할 수 있었다면 여기에 올
필요조차 없었을 거라는 생각이 들었어.

닉: 그게 맞을 수도 있고, 난 어차피 처음부터 여기에 올 필요가 없다고 생각했어.

마리아: 왜?

닉: 우리가 직접 해결할 수 있었을지도 모르니깐.

> **개입 포인트**
>
> 치료사는 치료에 대한 이러한 '저항'에 반응할 수도 있다. 하지만 그대로 두는 것이 최선이다.

마리아: 하지만 어떻게, 당신은 이야기할 수 없었고 그저 조엘이나 나를 탓하고 싶어
했을 뿐인데…….

닉: 정말로 조엘을 계속 탓하고 싶었던 것은 아닌 것 같아. 걔가 더 잘 행동했더라면
아무 말도 할 필요가 없었을 거야.

마크: (마리아에게) 닉에게 왜 스스로를 탓하는지 물어보면 어떨까요?

개입 포인트 ....

누군가에 대해 비난하는 대화는 유익할 가능성이 낮다. 치료사는 비난에서 주의를 돌리기 위해 개입한다.

마리아: 당신은 스스로를 탓하고 있어?

07:00 닉: 음, 아마 많은 것이 내 잘못일 수도 있어. 어렵기도 하고. 가족생활은 어려워. 그게 그런 거지. 그래서 아마 거기에 뭔가 있을 것 같아. (침묵) 정말로 (조엘에게) 계속 조엘을 탓하고 싶지 않아, 진짜로.

마리아: 음, 당신은 그렇게 하는 것 같아. 진짜 아빠가 아니라는 사실이 처음부터 관계에 영향을 미친다고 걱정하는 것 같아…….

(서로 말을 끊으며)

닉: 물론이지. 조엘은 분명히 내 아들은 아니지.

마리아: 걔를 더 이해하려고 노력할 수 있잖아. 당신도 어릴 때 힘든 시간을 보냈으니까. 제대로 된 가족이 없어서 정말 힘들었을 거야, 그래서 당신이, 알잖아, 스스로 가족을 만들어서, 가지지 못했던 것을 가질 수 있도록 해야 한다고 생각해.

닉: 그래서 이것도 참여했잖아, 안 그래? 노력 중이야.

개입 포인트 ....

대화가 논쟁으로 바뀌려고 한다. 지금이 닉과 마리아가 새로운 상호작용을 배울 수 있도록 개입할 때다.

08:25 마크: 잠깐 멈출게요. 상황이 꽤 불편한 것 같아 보여요. 이 주제로 이야기할 시간을 나중에 몇 분 더 드릴게요. 여기서 우리가 대화하는 방식을 눈치채셨길 바랍니다. 저는 아무도 비난하지 않으려고 하고, 왜 그 말을 하는지 이해할 수 있는 언어를 사용하려고 노력합니다. 그리고 대화는 상호적이라는 것도 확실히 하려고 해요. 따라서 저는 한 사람의 행동에 대해 이야기할 때, 다른 사람의 행

동 방식도 함께 이야기하고 있어요. 지켜봤더니 일종의 순환패턴이 있어요. 이런 원칙에 기반한 대화를 한 2분 정도 해볼 수 있을지 보고 싶어요. 그러니 서로를 이해하려고 하고, 서로를 비난하지 않으려고 하며, '말하지 않음'에 기여하는 자신의 행동을 이해하려고 해 보세요. 단 2분간만 그렇게 할 수 있겠어요? (둘 다 동의함.) 이제 당신 차례에요.

닉: 내가 마치 외부인 같았던 것을 당신이 꼭 봐야 해. 그게 나에게는 많이 어려워.

개입 포인트 ....

개입은 진심 어린 고백을 이끌어 냈고, 치료사는 불편함을 견뎌 냈다. 이것이 바로 강화다!

마리아: 맞아, 그 문제의 주원인이 무엇인지 생각해 봤어. 나는 말이야, 당신이 보호받고 있었기 때문이라고 생각해. 하지만 예를 들어, 나도 비슷한 감정을 가지고 있었다는 것을 생각해 봤어. 내가 부모님을 실망시켰다는 것처럼, 가끔 아버지가 심장마비를 겪으신 이유가 무엇인지 궁금해하고, 어머니가 그것 때문에 나를 탓한다는 것도 알아. 음, 직접 말로 하진 않지만, 내가 그래.

닉: 알지. 힘든 일이지. 이해해. 정말 그래.

마리아: 정말…… 예를 들어, 당신이 일하고 집에 오면 피곤하고 불행해 보여서 나는 말을 걸어 보려고 해. 하지만 당신에게서 거리감이 느껴지는 것 같고, 그러고 나서는 당신과 조엘이 보여. 그 아이는 작은 당신 같아……. 어떻게 보면…….

! 이 부부는 곧 대화의 주제를 바꾼다. 실패에 대한 감정에 대해 이야기하는 것은 고통스럽다.

마크: 조엘이 닉처럼 느껴져서, 작은 닉이라고요? 알겠습니다, 제가 정확히 이해하지 못했어요.

개입 포인트 ···

작은 닉이라는 단어의 사용은 매우 중요하다. 닉과 조엘을 분리하기보다는 연결하기 때문이다.

마리아: 그 아이가 무언가를 보고 배웠을 수도 있어·······.

닉: 나의 화와 편협함을·······.

11:00 마리아: 화뿐만 아니라, 말을 잘 하지 않는 그 부분. 당신에게서 배웠을 수도 있어. 아마 나로부터도. 잘 모르겠어.

닉: 맞아, 우리 둘 다 소통하고 대화하는 데 서투르고 아마 서로의 감정을 이해하는 것도 그렇고.

마리아: 어쩌면 우리도 서로의 관점에서 보려고 노력해야 할 것 같아.

닉: 맞아. (고개를 끄덕임)

11:45 마크: 정말 도움이 되었네요. 대화를 해 보니 서로와 가족 상황에 대해 좀 더 이해하게 된 것 같나요?

닉: 그런 것 같아요.

마리아: 저도 그래요. 서로를 비난하기보다는 이해하려고 노력해야 한다고 생각해요.

! 마리아는 치료사의 말을 사용한다.

12:12 마크: 조엘에게 확인해 보고 싶네요. 그 말을 들었을 때, 머릿속을 스쳐 간 생각이 있니, 닉이나 엄마가 한 말에서 놀란 것이 있었어?

조엘: 별로요. 그러니까 두 분이 사적인 대화를 하는 걸 보는 게 좀 이상했어요.

마크: 사적인 대화라고는 볼 수 없지! 이제 뭔가 다른 것을 시도해 볼 의향이 있을까? 닉과 대화를 하고, 엄마랑 내가 지켜보는 가운데, 관계를 어떻게 개선할 수 있을지에 대해 이야기해 볼 의향이 있을까? (조엘은 조금 망설임.) 서로 싸우게 하지 않을게, 약속해.

··

치료사는 또 다른 실연을 설정한다. 조엘은 협력은 하고 있지만 분명히 자신의 감정을 말로 표현하는 것이 어렵다고 느낀다.

조엘: 알겠어요.

13:00 **마크:** 그럼 엄마와 자리를 바꿔 보자. 두 사람이 관계를 개선하기 위해 무엇을 할 수 있는지에 대해 이야기해 보면 좋겠어. 엄마와 나는 그저 듣기만 할 거거든.

닉: 가끔은 시키는 대로 하면 정말 좋을 것 같구나. 그게 정말로 도움이 될 것 같아.

··

! 닉은 요구사항을 에둘러 말하며 대화를 시작한다.

··

조엘: 음········.

닉: 쉽지 않을 수 있다는 걸 알아.

조엘: 제 말을 잘 들어 주지도 않으시잖아요.

··

! 조엘은 단호하지만 협상하는 방식으로 응답한다.

··

닉: 그 부분은 맞는 말 같아. 피곤할 때는 인내심이 부족함을 느껴. 그런 식으로 네 기분을 많이 상하게 해서 정말 미안해. 믿어 줬으면 좋겠네.

··

! 이 대화 안에는 사과가 존재한다. 자기 책임을 인정한다.

··

조엘: 우리가 조금만 더 노력하면 그것으로 충분할지도 모르겠어요.

닉: 같이 할 수 있는 일이나 뭐 그런 것들.

조엘: 네.

닉: 축구 보러 같이 가거나, 어쨌든 한번 시도해 볼 수 있을 거야.

조엘: 네, 하지만 그냥 거기까지죠. 여전히 문제가 될 상황들이 있을 거예요.

!   조엘은 함께 축구를 보러 가는 것 이상이 필요하다는 것을 알고 있다.

닉: 우리가 그런 것들에 대해 이야기할 수 있을까? 네 방문을 쾅 닫거나 나를 밖으로
쫓아내지 않을 거야?

개입 포인트

닉은 거의 '비난' 대화로 돌아가려 한다. 조엘은 응답하지만 선택지를 열어 두는 방식을 취한다.

조엘: 글쎄요, 당신이 좀 바보 같다고 느껴질 때면 나도 어떻게 할 수가 없어요.

마리아: (조엘이 사용한 언어에 충격을 받으며) 조엘, 모욕적인 말은 삼가렴.

마크: 마리아, 이들이 이 문제를 직접 해결하게 내버려 두세요. 무슨 일이 일어나는
지 지켜보세요. 하지만 모욕적인 말을 쓰는 것은 좋지 않아, 조엘.

개입 포인트

치료사는 마리아가 때때로 한쪽과, 때로는 다른 쪽과 편이 되는 '삼각화' 패턴을 보고 있다. 이것
은 도움이 될 확률이 낮으며 불화가 완전히 해결되지 못하게 만든다.

15:20 **조엘:** 내 말은, 당신이 무언가를 말하는 상황이 있다는 거예요. 예를 들어, 당신
이 나에게 무엇을 해야 할지 말할 때. 그것은 마치 당신이…….

닉: 정말로 너를 통제하려는 건 아니야. 나는 그저 내 방식을 보여 주려고 노력하는
거야. 내가 옳다고 생각하는 방식을. 나는 그걸 알고 있어.

! 닉은 자신이 무엇을 하는지 알고 있다.

마리아: 닉은 네가 잘하길 바라서 그렇게 하는 거야.

마크: (조엘에게) 두 분이 너한테 달려드는 것처럼 느껴지니?

조엘: 조금요.

마크: 엄마가 조엘과 닉 두 사람이 문제를 해결하도록 놔두는 게 어려워 보이니?

조엘: 그렇게 느껴져요, 네.

마크: 너와 닉이 엄마의 도움 없이 이 문제를 해결할 수 있다고 생각하니?

조엘: 네, 그렇게 생각해요.

마크: 그러면 네가 닉을 '바보'라고 부를 때, 닉이 가끔은 바보같이 행동한다는 것을, 닉에게 설명할 수 있을까?

개입 포인트

치료사는 사용된 언어를 거의 농담으로 만들어 버린다. 이것은 그로 인한 상처를 완화시켜 준다. 또한 그는 언어 뒤에 있는 감정을 인정하고 있다.

조엘: 네.

마크: 그에게 어떻게 전달할 수 있을까, 그를 모욕하려는 것이 아니라 가끔 '선을 넘으시네요. 꼭 그럴 필요는 없는데'라는 것을, 어떻게 그에게 알릴 수 있을까?

조엘: 글쎄, 제가 말하고 싶은 건…….

마크: 닉에게 직접 말해 봐.

조엘: 글쎄요, 제가 말했듯이, 어떤 상황들이 있어요. 때로는 제가 느끼는 것이…… 모르겠어요.

닉: 나랑 이야기할 수도 있을 텐데. 정말로 솔직하게 이야기해도 돼. 그리고 만약 나에게 화를 내지 않는다면, 나도 그렇게 화내지 않을 수 있어.

> **!** 닉은 여전히 비난으로 돌아가려는 경향이 있다.

조엘: 그래서 아마 필요한 것은 조금 더…….

닉: 관용. 아마 내가 바보처럼 행동할 때 나를 참아 주고, 너도 내가 원하는 대로 하지 않을 때 내가 너를 참아 줘야 해.

> **!** 닉은 이제 '관용'으로 돌아오며 조엘의 언어도 받아들여 그것을 '괜찮은 것'으로 만든다. 닉은 또한 그들 사이의 상호작용 과정을 인식한다.

17:40 마크: 잘했어요, 여러분. 집에서도 이렇게 대화할 수 있겠다는 생각이 드나요? 서로 화내지 않고 이렇게 할 수 있겠어요?

조엘: 그렇게 생각해요.

닉: 이게 도움이 되는 것 같아요.

마크: 그러니 우리는 계속 연습이 필요할지도 모릅니다. (마리아에게) 저 둘이 그냥 저렇게 하도록 내버려 두는 것이 많이 어려우세요?

마리아: 글쎄요, 둘이 싸울 때, 저는 조엘을 보호하려고 해요. 하지만 그게 오히려 방해가 되는 것 같아요.

마크: 둘이 싸우기 시작할까 봐 매우 두려워하고, 그래서 싸움이 일어나기 전에 끼어들고 싶어 하는 거죠. 하지만 항상 그런 것은 아니에요. 그리고 그들은 방법을 찾을 수도 있죠, 그렇지 않나요? 오늘 참 시작이 좋네요. 우리가 무엇을 했는지 기억해 볼 수 있겠어요? 우리가 한 첫 번째 일은 무엇이었죠?

개입 포인트
치료사는 가족이 실연의 목적을 이해하고 있는지 확인한다.

마리아: 우리가 소통하는 것이 왜 그렇게 어려운지 알아보려고 했어요.

마크: 맞아요. 그래서 계속해 볼 수 있는 것이에요. 그리고 다음번에 더 많은 것을 할 수 있어요. 그다음 우리는 무엇을 했나요? 조엘, 우리가 무엇을 시도했지?

조엘: 문제에 대해 이야기하도록 시도했어요.

19:00 마크: 맞아요, 문제가 많지요? 하지만 싸움이나 논쟁 없이 그 문제들에 대해 이야기할 수 있어요. 그러니 다음번에 이 문제들로 다시 돌아올 수 있겠죠. 너무 고통스러운 시간은 아니었길 바라요.

요약

짧은 시간 동안, 치료사는 가족이 2회의 실연을 경험할 수 있도록 이끌었다. 한 가지는 부부간의, 다른 하나는 조엘과 닉 사이의 실연이었다. 실연의 목적은 가족이 습관적인 상호작용 패턴에 도전하고 새로운 관계 형성 방법을 배우도록 돕는 것이다. 이러한 맥락에서, 실연은 기피되어 온 상호작용을 직면하게 하고, 다루어지지 않던 것을 말하게 하였다.

참고문헌

Ackerman, N. (1958). *The psychodynamics of family life.* New York: Basic Books.

Aponte, H. J. (1994). How personal can training get? *Journal of Marital and Family Therapy*, 20, 3-15.

Davis, S. (2004). Enacting relationships in marriage and family therapy. *Journal of Marital and Family Therapy*, 30: 319-333.

Fishman, H. C. (1993). *Intensive structural therapy: treating families in their social context.* New York: Basic.

Hare Mustin, R. T. (1987). The problem of gender in family therapy theory. *Family Process*, 26(1): 15-33.

Kassop, M. (1987). Salvador Minuchin: a sociological analysis of his family therapy theory. *Clinical Sociology Review*, 5(1), Article 15. Available at http://digitalcommons.wayne. edu/csr/vol5/iss1/15

Minuchin, S. (1974). *Families and family therapy.* London: Tavistock Publications Ltd.

Minuchin, S. (1984). *Family kaleidoscope*. Cambridge, MA: Harvard University Press.

Minuchin, S. and Fishman, H. C. (1981). *Family therapy techniques*. Cambridge, MA; Harvard University Press.

Minuchin, S., Lee, W.-Y. and Simon, G. (2006). *Mastering family therapy*. New Jersey: John Wiley & Sons.

Minuchin, S., Montalvo, B., Guerney, B., Rosman, B. and Schumer, F. (1967). *Families of the slums*. New York, NY: Basic Books.

Minuchin, S. and Nichols, M. P. (1993). *Family healing: tales of hope and renewal from family therapy*. New York: Free Press.

Minuchin, S., Nichols, M. and Lee, W.-Y. (2007). *Assessing families and couples: from symptom to system*. Boston: Pearson Education.

Minuchin, S., Reiter, M. and Borda, C. (2014). *The craft of family therapy*. New York: Routledge.

Minuchin, S., Rosman, B. and Baker, L. (1978). *Psychosomatic families*. Cambridge, MA: Harvard University Press.

Nichols, M. (2000). The effective use of enactments. *Journal of Marital and Family Therapy*, 26: 143-152.

Family Therapy 제6장

전략적 가족치료
언어를 치료적으로 활용하기

요점정리

- 전략적 가족치료는 문제중심 접근법을 따른다.
- 전략적 가족치료는 가족 내 의사소통 패턴에 주목한다.
- 전략적 가족치료는 이러한 패턴과 패턴 내 함축된 의미를 변화시키기 위한 전략을 설계한다.
- 전략적 가족치료사들은 시도된 해결책이 종종 문제를 악화시킨다고 본다.
- 재구성과 역설의 사용은 전략적 가족치료가 가족치료에 기여한 두 가지 선물이다.
- 넓은 의미의 '전략적 가족치료' 안에는 다양한 접근법이 존재한다.

서론

전 세계 전래 이야기에는 '성스러운 바보' 또는 '유희왕(trickster)'으로 묘사될 수 있는 캐릭터가 등장한다. 이 캐릭터는 종종 다른 사람들의 허세를 조롱하고 때로는 권력을 가진 이들에 대한 비평가 역할을 하기도 한다. 또 어떤 이야기에서는 그런 캐릭터가 사람들이 긍정적 행동을 하는 것이 그들 자신에게 이익이 될 것이라고 생각하게 만들어 사람들이 그 행동을 하도록 만들기도 한다. 즉, 그들은 사람들의 의도를 '조종'한다. 그런 캐릭터로 아프리카와 카리브해에는 '인간 거미'인 아난시가 있고(Marshall, 2012), 수피 이슬람에는 물라 나스루딘이 있으며(Shah, 1968), 북미 원주민에는 코요테가 있다(Erdoes and Ortiz, 1999). 영국에서는 이런 캐릭터로 종종 여우 같은 동물이 등장한다(Aesop, 1994;

Dahl, 2016). 가족치료에서 전략적 접근법은 종종 '교활한 여우'로 묘사될 수 있다. 모든 가족치료 전통 중 전략적 접근법은 유머, '교활한' 지능 및 창의성을 활용하여 가족들이 행동 패턴을 바꾸도록 돕는다. 그러나 이러한 특성으로 인해, 상담 현장에서 훈련 빈도가 가장 낮은 편이며, 내담자 중심의 존중이 부족하다는 비판을 받기도 한다. 이 장에서는, '전략적' 접근법과 가장 긴밀하게 연관된 접근법들을 살펴보고, 이들이 등장한 맥락을 개략적으로 짚어 볼 것이다. 이 접근법의 영향을 받은 여러 유용한 기법은 장의 후반부에 제시되는 시연 동영상을 통해 구체적으로 다루어진다. 또한 전략적 가족치료의 여러 특징이, 비록 변화가 있긴 하지만, 다른 가족치료 전통 내에서 계속되고 있음을 살펴볼 것이다.

교활한 여우의 진화

전략적 접근법이 가족치료 분야에 싹트게 된 배경을 살펴보기 전에 두 가지 내용을 다루고자 한다. 첫째, 적어도 서로 다른 세 개의 집단(서로 연결되어 있긴 하지만)이 '전략적'이라 분류될 수 있다. 첫 번째 집단은 MRI로 잘 알려진 연구자와 정신건강 전문가 및 치료사들이다. 이 중 한 사람인 제이 헤일리가 창시한 전략적 치료 학파가 두 번째 집단이다. 세 번째는 헤일리의 두 번째 아내인 클로에 마다네스(Cloé Madanes)가 설립한 학파이다. 그러므로 '전략적 가족치료학파'는 '교활한 여우들'이 있는 큰 소굴에 비유될 수 있다. 둘째, 이 학파가 '전략적'이라는 단어로 정의되는 이유를 언급할 필요가 있다. 이 질문에 대한 가장 훌륭한 대답은 헤일리(Haley, 1973: 17)의 주장에서 잘 드러난다.

치료가 전략적이라고 할 수 있는 경우는 치료사가 치료에서 주도권을 가지고 개별 문제에 대해 특정 접근법을 설계할 때이다. 특정 문제를 가진 내담자가 치료사와 만날 때 발생하는 행동은 통상 둘 다에 의해 결정되지만, 전략적 치료에서는 치료사가 대부분 주도권을 취한다.

또한 헤일리([그림 6-1] 참조)는 이 접근법에서 대화가 가족에게 도움이 되도록 하는 것은 치료사의 책임이라는 것을 강조한다. 그는 이전의 비지시적 치료 방법들인 내담자 중심 및 정신역동적 접근법들이 이러한 책임을 다하지 못했다고 주장한다. 전략적 가족치

료는 가족치료의 '1세대' 집단에 속하는데(제2장 참조), 이는 현재 가족치료 현장에서 서
비스가 설계되는 방식은 이와는 다소 차이가 있을 수 있기 때문이다.

과제 1

> 치료가 가족들에게 도움이 되고자 한다면 그것은 과연 누구의 '책임'이라고 생각하는가? 치료
> 에서 대화가 도움이 되기 위해 가족과 치료사 각각에게 얼마나 책임이 있는지 생각해 보자.

[그림 6-1] 제이 헤일리

출처: Mr. M. D. Yapko

[그림 6-2] 밀턴 에릭슨 박사

출처: The Milton H. Erickson Foundation

    모든 전략적 접근법은 1952년부터 1962년 사이 캘리포니아 팔로 알토에서 베이트슨
이 주도한 연구 프로그램에서 시작되었다.

    베이트슨은 미국 정부로부터 '가족 의사소통'에 대한 연구비 지원을 받았으며, 이
는 특히 베트남전 참전 군인들과 관련이 있었다. 그는 행동, 정신건강 및 의사소통 분
야의 여러 전문가를 모아 이후 십 년간 가족 의사소통을 연구했다. 이 그룹에는 돈 잭
슨(Don Jackson), 존 위클랜드(John Weakland), 제이 헤일리, 그리고 폴 와츨라윅(Paul
Watzlawick)이 포함되었다. 그들은 가족 상호작용의 많은 시간을 녹화하기 시작했으
며, 가족 내 의사소통이 어떻게 작동하는지에 대한 모델(보웬의 모델과 유사함; Weinstein,
2013)을 구축했다. 이후 1959년, 이 집단의 일부가 뜻을 모아 자신들의 연구기관인 MRI
를 설립했다.

MRI는 연구 대신 임상 중심을 표방하였고 연구에서 축적한 내용을 현장에 접목시킬 수 있는 기회로 삼았다. MRI는 여전히 정신건강 문제를 가진 가족들을 돕고 있으며, 50년 전에 배운 기술의 대부분을 여전히 활용하고 있다(Fisch, 2004; Haley and Frusha, 2016). 헤일리는 1950~1960년대를 자신의 경험과 이해를 확장하는 데 힘썼다. 연구책임자로서 MRI에 몰두하는 동안, 그는 애리조나주 피닉스의 신경정신의학과 의사인 밀턴 에릭슨([그림 6-2])의 작업에도 관심을 가지게 되었다. 현대 최면요법의 '아버지'로 불리는 에릭슨은 심리적 문제로 고통받는 사람들을 도와주기 위해 매우 비전통적인 방법을 사용한 것으로 유명하다(Haley, 1973; 1984; 1993). 헤일리(이후 많은 다른 치료사도 합류; O'Hanlon, 1987)와 에릭슨은 17년간 함께 연구하고 집필하는 과정을 통해 치료적 의사소통에 대한 상세한 탐구를 하였다.

헤일리는 이에 안주하지 않았다. MRI의 다른 동료들과 달리, 그는 가족 내 위계에 대해 생각하기 시작했고, 증상이 때로는 위계가 기능하는 방식과 맞물려 문제를 반영하기도 한다는 것을 알아냈다. 이러한 관심을 바탕으로 필라델피아에서 미누친(Minuchin, 2001; 제5장 참조)과 합동연구를 시작하게 되고 1960년대 후반 그곳에서 아동지도센터의 연구책임자를 역임하게 된다. 유수의 저작 중에서도 가장 유명한 작품인『문제 해결 치료(Problem Solving Therapy)』(1976)가 이 시기에 저술되었으며 이는 전략적 치료의 기본 가이드가 되었다. 1976년, 헤일리와 그의 두 번째 아내 마다네스는 워싱턴 DC에서 자신들의 교육 기관을 설립했으며, 헤일리는 1990년대까지 그곳에 머물렀다. 이후 그는 자신의 접근법이 다소 유행이 지났다는 사실을 직시하면서도 이에 기반한 치료사 양성에 매진하였다(Grove and Haley, 1993).

이 장에는 전략적 접근법들이 가족치료에 남긴 핵심 개념과 기술에 대한 개략적 설명이 담길 것이다. 논의의 용이성을 위해, MRI와 헤일리의 접근법을 구분하여 순차적으로 설명할 것이다.

MRI: 말과 세계관에 주목하기

앞서 설명했듯, 베이트슨이 위기에 처한 가족들에게 자신의 체계적·인류학적 개념을 적용하고자 하였기 때문에, MRI 팀은 가족들이 어떻게 의사소통하는지를 연구하는 데 많은 시간을 할애했다. 그 결과, 그들은 소통의 여러 특성을 기술하기 시작하였고 이러한 특성이 심리적 결과를 초래한다고 주장했다. 이 중 가장 유명한 것이 이중구속(double bind)이었다. 이러한 의사소통방식은 내용과 전달 방식 사이에 모순이 있는 것으로 특징 지어진다([예시 1] 참조).

예시 1

한 젊은 남자가 데이트할 때 착용할 넥타이 두 개(빨간색과 노란색)를 가지고 있었다. 그는 빨간 넥타이를 매고 아버지에게 잘 어울리는지 물었다. 아버지는 "노란 넥타이가 문제가 있니?"라고 말했다. 그러자 그는 위층으로 올라가 노란 넥타이로 바꿔 맸다. 아래로 내려오자 그의 아버지가 "음, 빨간 넥타이에 문제가 있나?"라고 물었다.
이것이 고전적 의미의 이중구속이다! 그는 얻을 수 있는 것이 없다! 오히려 그가 무엇을 하든 비판받는다고 느끼게 된다.

MRI 팀은 이러한 의사소통 형태가 가족원 중 한 명이 조현병(Bateson, 1972)이나 다른 정신질환을 앓고 있는 가족에게서 흔하게 발견되며, 따라서 이러한 문제들을 유발하는 역할을 한다고 주장했다(더 자세한 설명은 Berger, 1978 참조). 어떤 의미에서 이 주장은 랭(Laing, 1976)의 개념에 의해 영국에서도 제창되었으나, 그 사고가 인과론적 입장을 취한다는 점과 심각한 정신질환에 대해 가족의 '책임'을 지적하는 것처럼 보인다는 이유로 점차 빛을 잃게 되었다. 그러나 이 견해는 특정 의사소통 형태가 정신장애의 재발에 기여할 수 있다는 것에 주목하는 연구에 중요한 통찰을 제공하였다(Kuipers et al., 2002). 또한 이러한 모순된 의사소통 형태가 일상적 관계에서 매우 흔하다는 점도 주목할 가치가 있다. 이러한 견해는 고안했던 팀이 기대했던 만큼 널리 퍼지지는 않았지만, 가족원들이 말하는 방식과, 그들이 말을 통해 의미하는 바가 무엇인지에 대해 주의 깊은 관심을 기울여야 한다는 점에 있어서 가족치료사들에게 강한 시사점을 제공하였다.

과제 2

'이중구속' 형태의 의사소통을 경험했던 순간에 대해 떠올려 보자. 이 경험은 어린 시절 경험이나 가까운 관계에서 나올 수 있다. 이러한 상황에서 사람들은 어떤 생각을 하긴 하나, 어떤 반응을 해야 할지 확신하기가 어렵다. 예를 들어, 상대방에게 맞춰 주어야 할지, 그 반대로 해야 할지 말이다.

　이렇듯 세부적인 내용에 귀를 기울이고 그 의미에 주목하는 방식은, 전략적 가족 치료학파가 남긴 유산 중 현재 상담 현장에서 가장 높은 활용도를 자랑하는 '재구성 (reframing)'이라는 중요한 기술로 이어졌다. '재구성'이라는 용어는 물론 심리치료학파 전반에 걸쳐 널리 사용되고 있다(제2장 참조). 그러나 MRI 팀(Watzlawick et al., 1974: 95) 은 그들의 저서 『변화(Change)』에서 이를 처음으로 개념화하였다:

　재구성한다는 것은, 경험된 상황에 대해 개념적인 또는/그리고 정서적인 틀이나 관점 을 바꾸고, 동일한 구체적 상황의 '사실'과 동등하게 잘 맞거나 심지어 더 잘 맞는 다른 인 식의 틀을 세워, 상황에 대한 전체적인 의미를 변화시키는 것을 의미한다.

　재구성이 무엇인지 생각해 보는 방법은 다양하다. 한 가지 방법은 재구성을 그림을 둘 러싼 액자틀(frame)로 상상해 보는 것이다. 물론 그 틀은 다른 그림으로 이동할 수 있어 서, 말 그대로 틀 갈아 끼우기(re-framing)가 된다! 다른 시각적 예는 보는 관점에 따라 두 가지 모습으로 볼 수 있는 그림과 같은 착시이다([그림 6-3] 참조).

　MRI학파는 의사소통 내에서의 재구성에 더욱 관심을 쏟았다. 예를 들어, '잘못된 행 동' 등의 증상의 의미를 '행동적 실험'으로 바꾸는 것을 좋아했다. 때로는, 시연 동영상에 서 볼 수 있듯이, '최종'적으로 재구성을 마무리하기 전 중간 단계의 재구성 단계들을 도 입하기도 했다. 그래서 그들이 '잘못된 행동'을 재구성하고 싶지만 이를 바로 '행동적 실 험'으로 재구성하는 것이 너무 빠른 변화일 수 있다고 생각했다면, '강력한 의지'에 대해 먼저 이야기하고 나서 '자신이 원하는 것을 아는 것'으로 바꾸어 보고, 이후 '새로운 것을 시도해 보고 싶어 하는 것'에 대해 이야기한 후에야 '실험'이라는 재구성에 도달할 수 있 었다. [과제 3]에는 재구성의 몇 가지 예가 제시되어 있다.

[그림 6-3] 재구성을 잘 나타내는 두 개의 형태로 보이는 그림

과제 3

일상적인 언어 사용에서 재구성의 예를 많이 볼 수 있다. 재구성의 예를 떠올려 보자.

예시: 구름 뒤에는 희망의 빛이 숨겨져 있다.

당신을 죽이지 못하는 것은 오히려 당신을 강하게 만든다.

적어도 정원에는 비가 필요하다.

변화는 휴식만큼이나 좋다.

자주 사용되는 치료적 재구성

너무 슬퍼서 화를 낸다.

너무 화가 나서 슬퍼한다.

화는 다른 방식으로 표현할 수 없는 슬픔이다.

나쁜 행동은 힘과 개성의 징표이다.

논쟁은 사람들 간에 강한 감정이 있다는 징표이다.

불행은 성장 과정에서 거쳐야 할 한 단계이다.

무너짐은 뚫고 나갈 수 있는 통로를 만들어 준다.

재구성은 가족치료의 기본 기술 중 하나이다. 회기 시작부터 치료사는 가족의 삶, 가족의 자원, 그리고 문제를 극복하기 위해 함께 노력하는 가족에 대해 이야기할 것이다. 이런 것들이 재구성인 이유는 대부분의 가족이 치료에 올 때 문제가 한 개인에게 있다고 생각하는 '틀'을 가지고 있고, 그 사람이 변해야 한다고 생각하기 때문이다. 반면에, 가족치료는 가족원이 함께 변화하는 것에 관한 것이다. 〈표 6-1〉에 MRI의 주요 개념/기법이 요약되어 있다.

과제 4

살아오면서 재구성을 경험했던 몇 가지 사례를 생각해 보자. 누군가 당신을 고집 센 사람이라 불렀을 때, 그것을 '결단력 있는'으로 바꾼 적이 있을 것이다. 어른들이 얼마나 자주 어린 아이들에게 사건을 재구성하는 데 도움을 주는지 생각해 보자. 넘어진 것을 '괜찮아. 호~ 해 줄게.'라는 반응의 이유로 삼기도 하고, 기분이 안 좋아 보이는 것을 피곤해 보이는 것으로 바꾸기도 한다!

표 6-1 **MRI 전략적 학파의 주요 개념 및 기술**

주요 개념 또는 기술	배경 설명	예시
치료사의 임무는 가족이 호소 문제를 해결하도록 돕는 것이다.	문제의 원인은 중요하지 않다. 문제를 지속시키는 것이 무엇인지가 중요하다.	치료사는 가족이 문제를 지속시키는 상호작용을 멈추도록 돕는 방법을 설계해야 한다.
문제에 대한 해결을 시도하는 것이 오히려 문제를 더 악화시키는 경우가 있다.	가족은 과거의 문제에 대한 반응으로 '무의미한' 패턴에 빠진다. 이것은 새로운 문제를 만든다.	아이가 아플 때 부모는 그 아이를 더욱 보호하게 된다. 이 보호는 오히려 아이가 성장하는 것을 방해하는 문제가 된다.
가족 스스로 통제할 수 없다고 생각했던 과정을 통제할 수 있다고 인식하게 만드는 것이 치료사의 임무다.	가족은 무력감을 경험하게 되고, 이는 문제를 지속시킨다는 사실을 가정하고 있다.	치료사는 가족이 자신들에게 통제권이 있다는 것을 깨닫게 할 만한 과제를 설계하는 방식으로 '꾀를 낸다.' 시연 동영상에서는 가족이 하루 중 정해진 시간에 화를 내도록 '처방'함으로써 분노 발작이 통제 불능의 신호라는 생각에 도전한다.
행동 변화가 중요하다. 이해하는 것은 덜 중요하다.	가족은 종종 해결책의 일환으로 '같은 행동을 더 많이 하기'에 사로잡혀 정체된다. 치료사는 가족들이 그러한 '홈'에서 벗어나 다른 행동들을 시도하고 기존의 행동들은 더 '발전적 순환'으로 대체할 수 있도록 도울 필요가 있다.	어떤 가족은 아이의 나쁜 행동을 막기 위해 벌을 준다. 치료사는 이를 '악순환'으로 보고 아이에게 좋은 행동에 대한 보상을 하도록 가족들을 설득한다. 순환이 바뀌는 것을 경험하게 될 것이다!
가족생활에는 두 가지 종류의 체계적 변화가 있다.	하나는 '1차 변화'로, 행동은 변하지만 행동을 지배하는 기본 규칙은 변하지 않는다. '2차 변화'는 규칙도 변하는 것이다.	MRI학파는 이를 악몽의 예로 설명한다. 악몽을 꿀 때, 그것이 악몽임을 알아차리고 그 안에서 변화를 꾀하는 것이 1차 변화이고, 그 꿈에서 깨어나는 것이 2차 변화이다. 이 예에서, 부모가 자신의 아이를 '회복탄력성이 좋은 아이'로 보는 것이 '가끔만 좋게 행동하는 나쁜 아이'로 보는 것으로부터 2차 변화에 도달한 경우이다.
치료시 나타나는 '체계'의 저항을 활용해야 한다.	치료사는 가족이 선의를 가지고 있지만, 동시에 (두려울지도 모를) 변화를 위해 노력하는 것에 대해 갈등을 느낀다고 가정한다.	어린 가족원이 섭식장애를 극복하기 시작하면, 가족의 불안 수준은 상승한다. 이런 반응을 재발의 원인이라 보기보다는, 나아지는 것의 증거로 볼 수 있다.

치료사는 유연한 자세를 유지해야 한다.	MRI학파에서 치료사는 가족의 필요에 맞춰 행동과 입장을 바꿔 나가야 한다. 한 가족에게 한 입장만을 '억지로 끼워 맞춰'서는 안 된다.	치료사는 '한 단계 아래'의 위치를 취해야 한다. MRI는 변화의 책임이 '유능한' 치료사가 아닌 가족에게 있다는 것을 강조한다. 치료사는 이렇게 말할 수 있다. "나는 당신이 이 문제를 어떻게 해결할지 잘 모르겠네요. 내가 아는 건 한계가 있어요."
증상이 기술되고 치료사가 반응하는 방식에서 언어는 결정적인 요소이다.	의사소통이 중요하다는 말은 치료사가 대화의 세세한 부분까지 주목해야 함을 의미한다.	예를 들어, 증상이 어떤 식으로 설명되는지가 문제에 대한 가족의 접근 방식을 드러낸다. 예를 들어, 누군가가 화를 낸다고 이야기하는 가족은 그들 스스로가 '화가 많은 가족'임을 드러내는 것일 수 있다.

이는 가족치료에 대한 MRI 접근법의 짧은 개요에 불과하다. 이러한 개요가 해당 접근법의 모든 것을 아우를 수는 없다. MRI 접근법을 보다 더 잘 이해하기 위해 세 가지의 고전적인 MRI 연구들을 살펴볼 것을 추천한다(Fisch et al., 1982; Watzlawick et al., 1967; 1974).

헤일리와 마다네스: 변화를 끌어들이다

비록 헤일리가 학문적으로 에릭슨에게 큰 빛을 지고 있고 이는 공인된 사실이지만, 헤일리의 전략적 치료 접근법을 단순히 '에릭슨의 이론에 체계이론을 더한 것'으로 가정하는 것은 옳지 않다. 헤일리는 (인간이 의사소통하지 않는 것은 불가능하다는 베이트슨의 의견에 동의하면서) MRI학파의 의사소통에 대한 강조뿐만 아니라 역설적 개입에 대한 견해도 유지하였다. 더욱이, 헤일리는 자신의 치료에서 가족 내 위계에 대한 이해를 포함시키고 의사소통보다는 상호작용의 순환에 대해 더욱 면밀하게 인식할 것을 강조하였다. 그는 다음과 같이 언급하고 있다.

치료의 목표는 유기적으로 조직된 집단 구성원들 사이에서 발생하는 일련의 행동의 연쇄과정을 바꾸는 것이다. 그 연쇄과정이 바뀌면 그 집단 내의 개인들도 변화하기 마련이다.

(Haley, 1976: 105)

　　헤일리는 가족원들이 문제를 지속시키는 행동의 연쇄과정을 꼭 이해할 필요는 없다
고 보았다. 사실 그는 가족원들에게 이것에 대해 말해 줄 경우, "그 중상이 필요하도록 만
드는 무언가가 가족 상황 내에 있다"는 이유로 가족들이 변화에 저항할 것이라고 보았다
(Haley, 1976: 44). 여기서 교활한 여우의 비유가 필요하다. 즉, 치료사는 가족에게 그 중상
이 더 이상 필요하지 않도록 그들의 행동의 연쇄를 바꾸는 방향으로 '꾀를 내어야' 한다.

> 　　치료사가 진행 중인 체계에 합류하여 그 체계 내부에 참여하여 체계를 변화시킬
> 때 변화가 발생한다. 행동의 연쇄과정 반복에 의해 유지되는 체계의 항상성을 다룰
> 때, 치료사는 사람들이 체계 안에서 치료사에게 반응해야 하는 방식 때문에 서로에
> 게 반응하는 방식을 바꾸게 함으로써 그러한 연쇄과정을 변화시킨다.
>
> 　　　　　　　　　　　　　　　　　　　　　　　　　　　　　　(Haley, 1976: 119)

　　헤일리에 따르면 치료사는 치료적 노력에 있어 중심적 역할을 수행한다. 따라서 치료
사는 각 가족을 돕기 위한 독특한 방법을 창조하고, 가족이 새로운 행동의 연쇄과정을 시도
해 볼 수 있도록 창의적인 방법을 고안해야 한다.

예시 2

한 부부가 헤일리에게 도움을 요청했다. 남편이 만성 건강염려증을 가지고 있고, 자꾸만 구강
온도계로 체온을 잰다는 것이다. 아내는 이러한 행위가 너무 자주 발생한다는 것에 짜증이 났
다. 헤일리는 둘 다의 입장에 동의했지만, 구강 온도계가 그다지 정확하지 않다고 지적했다.
그는 그들에게 구강 온도계는 버려 버리고 항문용 온도계를 구입하라고 말했다. 그 행위는 멈
췄다(Haley, 1984).

　　이 접근법을 취하게 됨에 따라 헤일리는 그러한 행동의 연속을 중단시키고 가족들이
새로운 것을 시도해 보도록 동기를 부여하는 작업과 전략을 설계하는 데 많은 노력을 기
울였다. 그의 가정은 이러한 방법들이 직접적일 때보다 간접적으로 적용될 때 더욱 효과
적이라는 것이었다. 그는 에릭슨의 여러 기술을 사용하였다. 에릭슨은 환자들을 위해 이
상함을 넘어서 때로는 충격적인 작업을 시도하기로 유명했다. 예를 들어, 그는 25세까지
여전히 침대에 소변을 보는 젊은 여성에게 침대에 눕기 전 일부러 침대에 오줌을 싸라고

조언하기도 했다(Haley, 1973). 분명히, 그 문제를 '치료'할 수 있을 것이라고 그녀를 설득하는 그의 기술은 뛰어났을 것이며, '도움'을 주기 위해 최면적 의사소통 방법도 일부 사용했을 수 있다. 헤일리는 이러한 방법들을 점차 여러 가지 방식으로 조정해 나갔다. 그의 책『고된 체험 치료(Ordeal Therapy)』(1984)에는 그가 시도한 "행동을 변화시키는 이례적인 방법들"이 제시되어 있다. 이러한 방법들 중 많은 것이 역설적이었다. 헤일리는 '문제'가 가족을 안정시킨다고 주장하며 역설적 과제의 필요성을 설명하였고, 문제를 변화시키려는 어떤 시도도 저항에 직면할 것이라는 점을 역설했다. 따라서 치료사는 가족이 고군분투 중인 문제에 '처방'을 내린다.

예시 3

한 가족이 자녀가 학교를 잘 가려고 하지 않아 도움을 요청하기 위해 헤일리를 찾아왔다. 헤일리는 영리하고 창의적인 개인에게 학교가 정말 적합한 장소인지 확신하지 못하며, 학교가 어린아이의 잠재력을 억누를 가능성이 높다고 생각했다. 더욱이, 그는 자신의 아이가 학교에 다니는 그런 평범한 아이라는 사실에 부모는 매우 화가 날 것이라고 언급했으며, 그래서 아이는 집에 머물러야 한다고 했다. 부모는 그 조언에 공포를 느끼며 집으로 돌아갔고, 어떻게 해서든 아이를 학교에 보내기로 결심했다. 그들은 성공했고 치료가 그들에게 얼마나 쓸모없었는지를 보여 주었다!(Haley, 1984)

또 다른 역설적 개입은 가족이 호소한 문제적 증상을 되려 장려하는 것이다. 여기서 역설이란 실제로 통제 불능으로 보이는 증상을 가족의 통제 안으로 가져오는 방식으로 작동한다. 따라서 치료사는 가족에게 문제를 하루에 몇 분 동안만 온 맘 다해 실연하도록 요청할 수 있다. 헤일리를 읽어 내는 것은 그의 치료와 글쓰기 양쪽에 스며들어 있는 유머 감각을 향유하는 것이기에 유쾌하다(〈표 6-2〉 참조).

표 6-2 헤일리의 표현 읽어 보기

헤일리의 표현	출처
"치료사는 내담자가 그 증상을 잃는 것보다 지키는 것이 어렵다는 것을 깨닫게 해야 한다."	Mazza, J. (2001). Haleyisms. In Zeig, J. *Changing directives*. Phoenix: Milton Erickson Foundation, p. 252.

"무력한 상대를 이길 수는 없다. 단지 죄책감과 짜증, 그리고 누가 승자인지에 대한 의심만을 겪게 된다."	Haley, J. (1986). *The power tactics of Jesus Christ and other essays*. Rockville: Triangle Press, p. 40.
"정확한 가족배경 없이 조현병에 걸리려는 시도를 한 사람들은 모두 실패했다."	Haley, J. (1986). *The art of being schizophrenic*. In Haley, J. The power tactics of Jesus Christ and other essays. Rockville: Triangle Press, p. 58.
"자발적으로 개선될 수 있는 환자들을 억제하기 위한 추가적 단계로, 치료사는 환자의 과거에 초점을 맞춰야 한다."	Haley, J. (1986). *The art of being a failure as a therapist*. In Haley, J. *The power tactics of Jesus Christ and other essays*. Rockville: Triangle Press, p. 87.
"결혼하는 사람들의 가장 흔한 잘못된 이유는 자기 가족으로부터 탈출하기 위해서이다."	Haley, J. (1986). *How to have an awful marriage*. In Haley, J. *The power tactics of Jesus Christ and other essays*. Rockville: Triangle Press, p. 121.
"때로는, 더 나아지게 하기 전에 더 나쁘게 만들어야 할 때도 있다."	Mazza, J. (2001). Haleyisms. In Zeig, J. *Changing directives*. Phoenix: Milton Erickson Foundation.
"누군가가 무언가를 멈추길 원한다면, 그저 멈추라고 요청하는 것보다는 다른 무언가를 하도록 제안해라."	Mazza, J. (2001). Haleyisms. In Zeig, J. *Changing directives*. Phoenix: Milton Erickson Foundation, p. 253.
"치료는 사회적 상황이 아니므로, 일반적인 사회적 규칙이 적용되지 않는다."	Mazza, J. (2001). Haleyisms. In Zeig, J. *Changing directives*. Phoenix: Milton Erickson Foundation, p. 254.
"치료사는 가설을 세우고 깨는 일을 하는 사람이다."	Mazza, J. (2001). Haleyisms. In Zeig, J. *Changing directives*. Phoenix: Milton Erickson Foundation, p. 255.

예시 4

시연 동영상에서 치료사는 가족들에게 서로 화를 내는 연습을 하도록 요청한다. 이 과제는 매일 몇 분씩 매우 의례처럼 진행되며, 여러 가지를 가능하게 한다. 치료사가 가족에게 문제로 지적했던 의사소통 방식을 장려하고, 분노의 표현을 '폭발'이 아닌 의식적인 결정으로 바꾸며, 유머를 가족 상호작용에 도입해 실망과 진지함의 연쇄과정을 깨뜨리도록 돕는다.

마다네스(Madanes, 1981; 1984; 1995)는 전략적 치료에 여러 변화를 도입했다. 첫 번째로 아이들이 특정한 방식으로 행동하는 '척하도록' 요청함으로써 고된 체험과 역설적 개입을 더욱 재미있게 만들었다. 역설적 지시의 예로, 아이가 가족이 호소한 문제와 같은 문제를 가진 '척하도록' 하는 것이었다. 그 결과 가족들은 다르게 행동하기 시작했다. 마다네스의 또 다른 중요한 기여는 전략적 치료에 강한 윤리적 책무를 촉구한 것이었다. 이런 노력에는 치료가 가족 내의 관심과 사랑을 증가시켜야 한다는 '전략적 인본주의'(Madanes, 1990; Crenshaw and Barnum, 2001)에 대한 강조뿐만 아니라 사회적 태도에 영향을 미쳐야 한다는 믿음이 포함되었다. 예를 들어, 후기 저서인 『인간의 폭력(The Violence of Men)』(1995)에서 그녀는 학대, 성폭력 및 가정폭력과 같은 문제에 전략적 접근을 적용하였다.

예시 5

한 전형적인 '전략적' 개입에서, 마다네스는 자신의 아내를 때린 남자에게 장모를 수취인으로 한 20,000달러짜리 가계 수표를 쓰게 했다. 그리고 그가 다시 아내를 때리면 수표가 현금으로 바뀌게 될 것이라는 약속도 함께 했다(Madanes, 1995).

지금까지의 내용은 헤일리와 마다네스의 다채로운 전략적 기술들을 총망라하기에는 부족한 개략적 설명에 불과하다. 더 많은 정보를 위해 이 장의 후반부에 삽입된 참고문헌 목록을 참조하기 바란다.

전략적 가족치료의 유산

전략적 가족치료는 이 책에서 다루고 있는 모든 학파와 접근법 가운데 과소평가될 가능성이 가장 높으며, 이는 특히 유럽의 가족치료 현장에서 더욱 그러하다. 전략적 접근법이 '영리한'을 넘어서 거의 '꾀를 부리는' 자세를 취한다고 볼 수도 있기에 이는 현재 가족치료 실천의 일부 측면과 잘 맞지 않을 수 있음을 지적한 바 있다. MRI 집단과 헤일리의 저술을 접할 때 종종 '치료사가 가장 잘 알고 있다'는 것처럼 들리기도 한다. 그들은, 무엇을 하고 있는지를 내담자에게 설명하는 것 자체가 실제로 그것의 작동을 방해할 가능성이 있다는 관점을 이어 나갔는데, 이는 투명성의 강조와 같은 오늘날의 협력의 원칙이 적용되지 않았음을 의미한다. 비록 이러한 비판이 진실의 강한 냄새를 풍기긴 하지만, 그들이 등장했을 당시에도 비슷한 견해가 표명되었다는 것을 유념할 필요가 있다. 앞서 언급했듯이, 헤일리와 다른 이들(Crenshaw and Barnum, 2001)은 이러한 비판이 치료 맥락에서의 실제 권력 불균형을 무시하였고, 치료는 항상 영향력에 관한 것임을 간과하고 있다고 주장하였다. 그들은 또한 치료적 대화가 가족에게 도움이 되도록 하는 것이 치료사의 책임이라고 보았다. 그러나 전략적 접근이 연구 분야에 강력한 영향을 미쳤으며, 여러 근거기반모델 내 중심적인 역할을 수행하고 있음을 기억할 필요가 있다(Horigian et al., 2005; Sexton, 2011).

이러한 맥락에서 흥미로운 점은, 비록 미묘하고 때로는 의식하지 못하는 방식이기는 하지만, 전략적 접근법이 가족치료 현장에 지속적인 영향을 미치고 있다는 사실이다. 앞서 2장에서, 전략적 가족치료에서 밀란 가족치료, 해결중심 가족치료, 심지어 내러티브 치료까지, 가족치료 계보의 개관을 살펴본 바 있다. 가족치료의 발전에 따라 세대 간 릴레이가 이루어졌고, 전략적 기법도 이에 순응하여 수정되기도 하고 보다 협력적 형태로 변화하기도 하였다. 예를 들어, 마다네스의 '마치 ~인 것처럼(as if)' 기법도 '꾀를 부리는' 전략적 아이디어를 유머를 사용하여 유연하게 변화시킨 것이다(Madanes, 1984). 분명 날카로웠던 '실패를 장담하는'(예: 가족에게 변화를 자극하는 역설) 말도 농담조의 어조인, '변화를 막는 함정이 있을 텐데 그걸 극복할 수 있을까요?'[이것 자체가 『동기강화상담(Motivational Interviewing)』(Miller and Rollnick, 2002)에 영향을 미쳤을 것으로 보임]로 바뀌었다. 따라서 전략적 개입이 더 협력적이고 존중적 방식으로 해석될 수 있게 된 것이다. 시연 동영상에서는 역설적 '논쟁 과제'가 치료사와 가족 사이의 개방적이면서도 가벼운 교류 방식으로 가족에 의해 제안되고 수용될 수 있는 방법을 보여 준다. 실제로, 전략적 기법의 장난기와 유머는 가족치료에 다른 질감을 더해 주며, 이는 역동적일 뿐만 아니라 가족에게 유용하게 기능한다.

동기강화상담은 개인과 가족을 변화에 참여시키는 방법의 하나이다. 다양한 방법을 사용하여 변화에 대한 그들의 동기를 강화하는 것이다. 이러한 방법들 중 상당수가 전략적 가족치료사들이 사용하는 방법들과 유사한데, '저항과 함께 구르기'와 같은 방법이 예가 될 수 있다. 이 모델은 변화에 대해 생각하는 단계에서 실제로 무언가를 실행하는 것으로 나아가는 데 도움이 필요하다고 보는 '변화의 단계' 개념에 기반을 두고 있다. 동기강화상담은 물질남용 문제를 가진 개인들을 치료하는 과정에서 발전하였다.

전략적 가족치료의 또 다른 중요한 유산은 사람들이 사용하는 언어에 대한 강조이다. MRI, 헤일리, 에릭슨 모두 가족들이 자신들의 상황을 설명하는 데 사용한 언어를 면밀히 연구했다. 이러한 관점에 매료되어, 그들은 사용하는 단어를 바꿈으로써 사람들이 다르게 생각하도록 돕는 데 집중했다. 따라서 재구성은 가족과 함께 일하는 모든 치료사의 핵심 기술이라 할 수 있다. 다시 말해, 이 기술은 가족치료가 발전함에 따라 변화하였다. 내러티브치료도 '문제 상황에 대한 예외'나 '독특한 결과들'에 대해 이야기할 수 있지만,

표 6-3 **치료에서 언어 사용의 뉘앙스**

기법의 이름	작동 원리	예시
오컴의 면도날	한 행동에 대한 확정적 설명을 쪼개어 들여다봄으로써, 새로운 대안적 의미를 찾아볼 수 있다.	한 가족이 가족원 중 한 명이 항상 우울해한다고 설명한다. 치료사는 우울함이 항상 같은 종류의 우울함인지 묻는다. 이 질문에서 종종 우울함의 다양한 종류에 대한 관계적 설명이 나온다.
정반대 찾기	이 시도는 불확실성을 만들어 내지만 행동의 또 다른 의미를 볼 수 있게 한다.	치료사는 "우울함이 때때로 억눌린 화라고 생각해 본 적 있나요?"라고 물을 수 있다. 여기서 우울함에 대한 관계적 이유들이 다시 나타난다.
'단어 속으로 걸어 들어가기' [감정탐구 질문에서 사용되는 아이디어]	여기서 치료사는 호기심 가득한 채로 단어의 풍경을 탐구하여, 가족이 그 단어가 그들의 세계관을 어떻게 제한할 수 있는지를 충분히 이해하도록 돕는다.	치료사는 '우울함'이라는 단어에 대해 물을 수 있으며, 그것이 가족에게 무엇을 의미하는지, 그 단어에 대한 가족의 이해가 해당 단어의 사회적 사용과 어떻게 관련되는지, 그들의 경험에 어떤 다른 대안적 단어가 있을 수 있는지 탐색할 수 있다.

이러한 경우마저도 주의의 초점은 가족들이 사용하는 단어이다. 접근 방식의 교묘함은 치료사가 가족이 치료에 가져온 언어와 다른 방식으로 '놀 수 있게'도 돕는다. 이 중 하나가 '오컴의 면도날 원칙(principle of Occam's razor)'이다. 이는 치료사가 치료과정에서 제시된 설명을 나누어 생각해 볼 수 있게 도와주는데, 설명이 너무 한 덩어리로 이루어져 있어 이해가 어려워 보이는 상황을 해결하는 데 실마리를 제공한다. 이 방법은 처음 사용된 언어 표현이 '문제 고착'을 암시할 때에 새로운 변화를 찾을 기회를 제공한다. 예를 들어, 이 장의 시연 동영상에서, 치료사는 '두 가지 종류의 화'를 발견하는데, 이는 단순히 한 가족원이 '화가 난'이라고 설명하는 것보다 훨씬 풍부한 대화를 가능하게 한다. 마찬가지로 유용한 기술은 소위 '정반대 찾기'라고 부르는 것이다. 여기서 치료사는 인간이 양극단(정반대)을 생각하는 존재이지만, 실제 삶에서는 꼭 그렇지만은 않다는 것을 염두에 둔다. 결국, 한 감정의 뒤에는 종종 그 반대의 감정이 숨어 있다. 다시 말해, 시연 동영상에서 설명된 두 가지 종류의 화 중 하나는 실제로는 '사랑의 상실'이라는 감정이다. 〈표 6-3〉에는 가족들이 말하는 방식에 뉘앙스라는 개념을 끌어들임으로써 가족들이 다르게 생각하도록 돕는 전략적 방법이 제시되어 있다.

알아보기

감정탐구 질문은 포스트모더니즘치료 전통에서 발전한, 보다 현대적인 실천이다(Cooperrider and Whitney, 2005 참조).

해당 시연 동영상은 https://family.counpia.kr/로 접속하여 회원가입 후 무료로 시청 가능하다.

동영상 보기: 전략적 학파 – 재구성하기

동영상 소개

이 영상에서 마크는 가족 내 의미들에 대해 탐색하기로 결정했다. 특히 그는 조엘의 화가 가족 내에서 어떤 의미로 받아들여지는지에 대해 다루어 보고자 했다. 마크가 대화를 이끌지만, 중요한 의미의 요소들은 가족원들로부터 드러난다. 이를 통해 마크는 화를 재구성하게 되며 이 개입은 가족이 문제에 대한 해결책뿐만 아니라 가족원들 사이의 연결성을 보도록 도와준다. 재구성이 탄탄해짐에 따라, 화에 대한 새로운 측면들이 나타나게 되어, 가족들은 단지 조엘의 마음속에 '화를 가둬 두게 하는 것'이 아닌 다른 효과적인 접근 방식을 생각해 볼 수 있게 된다.

1:07 마크: 안녕하세요? 오늘은 조엘이 가족원들에게 '우울해 보일' 때와 '질풍노도의 청소년'처럼 보일 때를 이해하는 데 시간을 좀 할애하고 싶어요. 괜찮나요?

마리아: 그게 왜 중요한가요?

마크: 조엘에게 무슨 일이 일어나고 있는지 파악하고 이를 이해할 수 있다면, 아마도 여러분이 상황을 다르게 대처할 수 있지 않을까 생각해요. 이해하셨나요? 괜찮지요? 그럼 로라에게 물어보겠습니다. 로라가 생각할 때, 조엘이 행복해 보이지 않을 때랑 화가 났을 때, 흔한 십대들처럼 말이지, 행복해 보이지 않을 때는 얼마나 자주 그러니? 또 화가 나 보일 때는 얼마나 자주 있니?

> **개입 포인트** ·······················
>
> 마크는 이미 오컴의 면도날 기술을 사용하기 시작했다. 이 기술은 설명을 쪼개고 설명 간의 비교를 유도한다. 이는 '항상 화가 나 있다'와 같이 '전체화하는' 설명을 제한하는 효과가 있다. 이는 종종 다른 가족원들이 서로 특정한 반응을 유발하기 위해 무엇을 하는지 주목하게 하는 교두보 역할도 한다.

로라: 오빠는 항상 화가 나 있어요!

마크: 항상 화가 나 있다고 말한 것이니? 그렇구나, 오빠가 항상 로라한테, 엄마한테, 아니면 모든 사람한테 화를 내는 편이니?

개입 포인트

마크가 오컴의 면도날을 '포기'하지 않고 있다. 그는 조엘이 항상 화가 나 있다는 설명을 다르게 변화시키려고 하고 있다. 먼저 시도한 분절화(division) 대신, 그는 조엘의 화가 각 가족원에게 다르게 나타날 수 있는지를 살펴보고 있다.

로라: 오빠는 항상 저한테 화를 내요. 자기 방에서 나가라고 소리 질러요. 아이패드 사용하는 걸 도와 달라고 할 때는 거절해요.

마크: (조엘에게) 맞니?

조엘: 그런가 봐요……. 별로 생각해 본 적이 없어요.

마크: 그럼 지금 한번 생각해 보렴, 조엘. 가족원 각각에게 화를 다르게 표현한다고 생각하니? 또 가족원 각각에게 너의 불행함을 다르게 보여 준다고 생각하니?

개입 포인트

이 대화는 중요한 재구성의 모습을 보여 준다. 정서가 '고정적이고' 일정하지 않으며, 사람들이 가족원별로 다른 정서를 '보여 주기로' 선택한다는 생각을 심어 준다. 가족원이 이 재구성을 제대로 들을 수 있다면, '문제'가 변화하기 시작한다. 이제 사람들의 반응뿐 아니라 사람들의 선택이 문제가 되었다.

조엘: 음, 그렇게 말하면…… 다른 사람들, 음…… 그들은 다 다른 사람들이니깐요.

03:20 마크: 조엘이 행복하지 않다는 것을 누구에게 가장 많이 보여 준 것 같니?

! 조엘은 부정적으로 대답한다. 이 사람에게도 아니고, 저 사람에게도 아니다라고. 이러한 의사소통 방식은 마크가 주목해야 할 중요한 부분이다. 어쩌면 조엘은 '~이 아니다'라는 부정적 표현이 필요할지도 모른다. 이는 자신을 잘 드러내지 않는 것이며, 이 방식이 이 가족의 의사소통 방식에 적합한지도 모른다.

조엘: 안 그러려고 하는데…… 아마도…… 아마…… 닉이나 로라는 아닌 것 같

고…… 아마도 엄마일 거예요.

마크: 그러니까 조엘은 가족들이 다 다른 사람이듯 너도 가족 각자마다 너의 다른
'부분들'을 보여 주고 있어. 그래서 로라가 그걸 보지 못하는 것도 당연한 거고,
닉도 여기 있었다면 같은 말을 했을 거야, 그도 네 불행함을 보지 못한다고. 왜
냐하면 넌 그들에게 네 불행함을 보여 주지 않으니까. 불행함에 대해서는 조금
있다 생각해 보고, 지금은 화에 관해서만 이야기해 보자.

과제 5

마크가 왜 '화'를 먼저 다루기로 결정했는지 생각해 보자.

마크: 조엘이 로라와 닉에게 화를 내고, 엄마도 그런 걸 조금 보는 것 같다고 이야기
했어. 상대가 누구냐에 따라서 다른 종류의 화를 내고 있는 것일까?

개입 포인트 ···

오컴의 면도날이 다시 등장! 이전에 효과가 있었기 때문에 이번에도 효과가 기대된다!

05:20 **조엘:** 아마도…… 어떨 때는 화가 마치…… '나는 당신이 필요해'와 같은 모양
이죠. 또 어떤 때는, '내 인생에서 사라져'……와 같은 거죠. 화의 다른 버전들
이에요.

개입 포인트 ···

이제 치료사는 금가루 같은 소중한 것을 얻었다! 조엘의 말은 재구성을 위한 많은 대안을 열어
준다.

마크: 이걸 칠판에 써도 될까? 지금, 화에는 두 가지 종류가 있어. 사용한 표현이 뭐
였지? '내 인생에서 사라져'와 '나는 당신이 필요해.' 마리아, 당신의 경험도 그

런가요?

개입 포인트 ....

표현들을 적음으로써 그것들을 '단단하게 붙든다.' 잃어버리거나 잊어버리기 어렵게 만들어 준다. 표현된 단어들을 정확히 붙잡고 있는 것이 중요하다.

마리아: 제 생각에는…… 지금…… 일 마치고 돌아와서 밥을 차려야 할 때, 조엘은 화를 내고 그 화가 '내 인생에서 사라져' 같은 화처럼 들리지만, 어쩌면 '내가 너를 필요로 해' 같은 화일 수도 있어요. 저는 그걸 정확히 알아차리지 못해요. 차이를 못 보는 거죠. 저는 다른 종류만 보여요. '내 인생에서 사라져' 류요.

개입 포인트 ....

마리아는 마크가 도와주기 전에 이미 연결을 찾아냈다! 그녀는 이러한 화의 종류에 더 많은 상호작용적 측면을 도입하고 있다. 다른 가족원들은 조엘의 화를 또 다르게 해석할 수 있다.

마크: 그러니까 화 자체만 중요한 것이 아니라, 사람들이 인식하는 방식이 중요해요. 그리고 때때로 사람들은 잘못 인식하기도 해요. (로라에게 돌아서며) …… 로라, 이거 되게 흥미로운 부분인데 이해가 되니? 네 오빠가 말하는 건, 사람들이 가끔 오빠가 내는 화가 한 종류라고 생각하는데, 실제로는 여러 가지 종류라는 거야. 너도 그러니? 네가 사실은 "도움이 필요해"라고 말하는 건데, 사람들은 네가 그냥 화를 내고 있다고 생각하는 경우가 있니?

로라: 음, 별로 그렇지 않아요.

마크: 그렇지 않구나. 그럼 네가 생각할 때…….

마리아: 사실은 그런 것 같아요. 가끔 로라가 원하는 걸 못 얻어서 짜증 난다고 생각하지만, 사실은 도움이나 주의를 요청하는 걸 수도 있어요.

마크: (로라에게) 들었니? 엄마가 네가 자기 방식대로 되지 않아서 화가 난다고 생각하지만, 그런 식으로 화를 낼 때 사실은 도움을 요청하는 거라고 말하고 있어.

로라: 음…….

마크: 무슨 말인지 이해했니? 꽤 복잡하지?

개입 포인트 ⋯⋯

때로는 입 밖으로 말해 보기 전까지는 우리가 진정 무엇을 생각하고 있는지 우리조차도 잘 모르고 있다는 것을 유념할 필요가 있다.

로라: 네……. 아마도 그래요.

마크: 누군가에게 내 말을 들어 달라고 원하는 때가 있니?

로라: 글쎄요, 이런 식이에요. 학교에서 집에 오면, 저랑 가장 친한 친구인 신디가 저와 말을 안 하기 시작한 거에 대해 이야기하고 싶은데…… 엄마는 차 준비하는 걸로 바쁘고, 그래서 저는 문을 쾅 닫고, 그러면 엄마가 나한테 소리쳐요.

08:25 마크: 그러니까 네 오빠가 말하는 것과 매우 비슷하네. 로라는 사람들이 내 말을 들어 주기를 원하는데 들어 주지 않아서 화가 나는 경우가 종종 있는 거야. 맞니?

로라: 네.

마크: (조엘에게 돌아서며) 조엘은 어때……. 로라 말처럼, 너는 사람들에게 서로 다른 화의 메시지를 전하려는 것뿐 아니라, 때로는 화를 통해 서로 소통을 하려는 거야……. 그렇지? 말이 되니?

조엘: 네……. 네.

마크: 그러니까 가족 세 명 중—닉은 다음번에 올 거고—"나는 당신이 필요해"라는 메시지를 가장 잘 받아들일 사람은 누구니?

조엘: 음, 음, 글쎄요, 아마도 엄마일 것 같아요. 우리가 같이 시간을 많이 보내니까요.

개입 포인트 ⋯⋯

체계론적 치료에서 정서란 상호작용적 의사소통이다. 그래서 마크는 화를 관계적 과정으로 바꾸어 생각하려고 한다.

마크: 맞아. 그리고 실제로는 다른 의미인데도, 닉은 화를 잘못 이해해서, "내 인생에
서 사라져"로 이해할 때도 있니?

개입 포인트 ··

여기서 마크는 마리아와 닉이 서로 다른 관점을 가지고 있다고 가정한다. 만약 그가 호기심을 가
지고 접근하는 밀란 방식(호기심 많은)으로 접근했다면, 이 부분을 먼저 확인했을 것이다.

조엘: 네……. 그게 가장 가능성이 높아요.

마크: 로라, 너도 같니? 가끔 엄마는 네가 전하려는 메시지를 이해하는 것 같지만 아
빠는 그렇지 않거나, 아니면 둘 다 네가 도움을 요청하고 있다는 것을 알아채
지 못하니?

로라: 글쎄요, 가끔은 둘 다 아닌 경우도 있고 가끔은 둘 다인 경우도 있어요. 실제로
는 좀 복잡해요.

마크: 그럴 것 같아. 엄마, 아빠도 너희들이 무슨 말을 하려고 하는지 알아차리는 것
이 쉽지 않으실 거야.

개입 포인트 ··

마크는 이 과정이 상호적임을 확실하게 짚고자 한다. 모든 가족원이 같은 패턴에 '갇혀' 있으며,
그들 중 누구도 그 패턴의 책임을 지지 않는다.

마리아: 네, 그래요……. 특히…… 저는 아이들하고 시간을 많이 보내니깐 정말 피곤
해요. 그래서 집에 돌아오면 완전히 지쳐서 정말, 정말 피곤하고 지쳐 있어요.
그런데도 아직…… 아시다시피…… 해야 할 일이 많고 그래서…… 네. 아마도
아이들의 화를 좀 더 들어 줘야 할 것 같네요…….

마크: 알겠어요……. 화는 일종의 메시지에요. 너희들이 말해 볼래? 나는 너희 둘 다
가끔은 화를 내는 방식으로 소통하는 것 같다는 인상을 받았어. 엄마도 화를 내
면서 소통하는지 궁금하고, 아빠인 닉도 화를 내면서 소통하는지 궁금하구나.

!   마크는 이 시점에서 대화를 다른 방향으로 이끌 수 있었을 것이다. 가능한 대안적 방향에는 무엇이 있을지 생각해 보자. 그런 방향을 떠올리게 된 이유도 생각해 보자.

조엘: 네, 가끔 그래요. 그게 좀…… 사람들 모두, 어떨 땐 그런 거 아닌가…… 가끔은 그냥 화가 나고…… 제 말은…… 지금 당장 구체적인 예를 생각할 수는 없지만, 자주 그런 시간들이 있었던 건 알아요. 음…… 제 말은 그냥…… 무슨 말을 해야 할지 잘 모르겠어요…….

마크: 네가 말하고자 하는 것이, 너희 가족이 꽤 화를 많이 내는 편이라는 것이니?

?   마크가 왜 저렇게 대화를 이끌었을까?

조엘: 네.

마크: 너는 사람들이 더 나은 소통 방법을 찾지 못해서 화를 내는 거라고 생각하니?

조엘: 아마도 그럴 수 있을 것 같아요.

마크: 그렇구나……. 그래서 화는 사람들이 다른 방법을 찾지 못하거나 자기 목소리가 무시되었다고 느낄 때 소통하는 방법의 일종이라는 거지……. 그래서 화는 소통의 한 방법이고 사람들은 자기 소리가 들려지지 않는다고 생각할 때 화를 내는 것이고.

과제 6

마크가 화에 관한 대화를 가족의 상호작용적 대화로 전환한 방법을 적어 보자. 중요한 '재구성' 표현이 어디에 나왔는지 주목해 볼 것. 마크가 사용할 수 있었던 대안적 재구성에 대해서도 생각해 보자.

조엘: 네.

마크: 알겠어, 알겠어……. 그래, 우리는 화에 대해 이야기하고 있고 가족 모두가 화를 가지고 있는 것 같구나. 화가 마치 다른 방식으로 대화하려는 대체 수단 같

다는 느낌이 들지 않니? 조금 그런 것 같아. 사람들이 누군가가 계속 잔소리한다고 말하는 것처럼, 많은 경우 잔소리는 상대방이 듣지 않을 때 하는 행동이야……. 알겠지? 그래서 화는 사람들이 듣게 만들기 위한 방법 같은 거야. 그래서 이건 쌍방적인 것이지……. 단순히 누군가가 화를 내는 게 아니라, 마치 모두가 소통의 문제를 가진 것처럼……. 이해가 가니?

(모두가 고개를 끄덕인다.)

마크: 그러니까 우리는 가족 모두가 소통 문제가 있다는 것에 대해 이야기하고 있는 겁니다. 정말로 특정한 누군가가 화 문제를 가진 게 아니라, 모두가 함께—모두가 전체적으로—소통 문제를 가지고 있다는 거지요. 알겠어요……. 그러면 우리는 그것을 어떻게 바꿀 수 있을까요? 우리는 어떻게 가족들이 서로를 듣게 할 수 있을까요, 조엘은 어떻게 생각해? 아이디어가 있니?

개입 포인트 ···

마크는 이제 대화의 유형을 바꾸고 있다. 그는 가족이 더 잘 소통하는 방법에 대해 생각하도록 유도한다. 이것은 누군가에게 화 문제가 있다고 비난하는 것과는 완전히 다른 것이다! 또한 소통에 대한 책임은 모두에게 있다는 것을 공감하기에 이 문제는 더 쉽게 해결의 실마리를 찾고 있다!

13:45 마리아: 서로를 제대로 이해하는 거죠. 듣고 화를 정확히 알아차리려 노력하며, 화에 상처받지 않고 왜 화를 내게 된 건지 알아내려고 시도하는 거죠.

마크: 맞아요……. 화가 무엇을 말하려고 하는지, 그 구성원이 무엇을 소통하려고 하는지 보는 거죠.

마리아: 네.

14:15 마크: 알겠어요. 좋아요……이런 종류의 문제를 다룰 수 있는 방법은 많아요, 저도 이런 문제를 여러 번 마주쳤고, 제가 생각하는 아이디어 중 하나는 사실 좀 이상하게 들릴 수도 있어요. 서로에게 화를 낼 수 있는 기회를 주는 건데, 다만 다른 사람이 듣고 있을 때로만 시간을 정해 두는 거예요. 이 방법을 시도해 볼 의향이 있어요? 하루에 정해진 십 분 동안 화를 낼 수 있도록 허가받는 것, 괜찮을 것 같아요?

개입 포인트 ···

마크는 이제 역설적 과제로 나아가고 있다. 이러한 과제들은 에릭슨식 치료에서 유래하였으며, 상호작용에서 장난스러움을 유도하여 그 심각한 의도가 변화로 이어지도록 설계되었다.

조엘: 좀 이상하긴 하지만, 그래도······.

마크: 응, 좀 이상하긴 해······. 그럼, 네가 소통하고자 할 때 사람들이 하던 일을 멈추고 네가 시도하는 소통에 대해 생각하기 위해, 하루에 얼마나 길게 화를 내야 할까? 하루에 얼마나 필요할 것 같아?

개입 포인트 ···

과제가 효과를 발휘하기 위해서는 그것이 명확하게 설명되어야 한다. 빈도, 시간, 장소 모두가 고려되어야 하는 요소들이다. 그런 다음 치료사는 다음 회기에서 무엇이 일어났는지, 왜 일어나지 않았는지에 대해 나눌 수 있다..

조엘: 글쎄, 제 말은······ 만약 다들 듣고 있다면······ 제 생각에는 10분이면 충분해요.

마크: 네가 화를 낼 수 있고, 다른 사람들은 그것을 들어야 하는 10분이 하루 중 어떤 시간으로 정해졌으면 하니?

조엘: 음······ 모르겠어요······. 아마 학교 끝나고 바로?

마크: 알겠어, 조엘, 선생님은 학교 다닌 지가 꽤 돼서 그 시간을 잘 모르겠구나. 그게 몇 시쯤이니?

조엘: 사실, 학교가 3시 15분에 끝나는데 집에 도착하려면 대충 3시 45분쯤이에요······. 그런데······ 그때면 모두가······.

마크: 모두가 함께 있을 때가 좋을 것 같아. 닉도, 로라도, 엄마도. 그 시간에는 엄마도 물론 학교에 있으니까 어려울 것 같고, 그러면 조엘의 화를 위한 10분이 가능한, 모두가 집에 있는 시간은 언제일까?

마리아: 한 5시쯤일 것 같아요.

마크: 네, 5시요? 그러니까 5시는 조엘의 화를 위한 10분이고 모두가 그를 들어 줘야

합니다. 단 10분 동안, 아셨죠? 그래서 (로라를 향해) 로라야, 너도 몇 분이 필요할 거야. 너도 화를 내는 데 10분이 전부 필요하니?

로라: 아마 6분이나 7분 정도?

마크: 알겠어. 조엘의 화를 위한 10분이 끝난 바로 뒤에 네 화를 위한 6분이나 7분을 가지는 게 좋을까, 아니면 화가 없는 휴식 시간을 갖고 싶니?

개입 포인트

이 대화는 매우 이상하게 들릴 것이며, 그럴 의도로 만들어진 것이다! '화가 없는 휴식 시간?' 주목할 점은 가족원들은 이것을 진지하게 받아들인다는 것이다. 마크는 그들이 집에 돌아가 이를 시도할 때 실제로 그렇게 하지 않을 것이라고 추측하고 있다. 그들은 심지어 웃으면서 서로를 듣게 될 수도 있다!

로라: 아마도 조금 쉬는 게 좋을 것 같아요…….

마크: 알겠어.

로라: 왜냐하면 조엘이 끝나면, 아마도 좀 가라앉게 하고 제대로 작동했는지 확인하는 데 시간이 좀 필요할 거예요.

! 로라가 '제대로 작동했다'고 말한 것에 주목할 필요가 있다.

마크: 알겠어……. 그럼 로라가 화를 낼 6분이나 7분을 언제 갖는 것이 좋을까?

개입 포인트

지속하는 것이 중요하다. 치료사가 포기한다면, 가족은 이를 중요한 과제로 여기지 않을 것이다.

로라: 한 20분 후?

마크: 20분 후…… 그러니까 5시 20분……. 알겠어, 그럼 다음 주의 과제로 어떨까. 좀 바보같이 들릴 수도 있지만, 한번 해 보자……. 알겠지?…… 그러니까 10분

동안 원하는 만큼 화를 낼 수 있고 모두가 들어야 해. 알겠지? 그다음에 (로라를 향해) 로라가 6분이나 7분 동안 원하는 만큼 화를 낼 수 있고 모두가 듣는 거야. 엄마가 앞서 말했듯이, 사람들은 반응하지 않고, 화가 무슨 말을 하는 중인지 듣는 거야. 아무 말도 할 필요가 없어……. 그냥 듣기만 하면 돼……. 알겠지? 이해했니? 그러니깐 그들은 반박하지도 않을 것이야. 이 특별한 몇 분이, 네가 소통하려고 하는 것을 소통할 수 있는 기회가 될지 살펴보는 연습을 할 것이거든……. 알겠지? 그게 다음 주의 과제야, 그럼 무슨 일이 일어났는지 다음 주에 꼭 들려주렴. 기대하고 있을게.

> **?** 만약 마크가 '불행'에 초점을 맞춰 진행하였다면, 대화는 어떻게 되었을지 생각해 보자. 어떠한 재구성을 사용할 수 있었을지, 도움이 될 수 있는 과제는 무엇이었을지 함께 고민해 보자.

요약

영상에서 마크는, 조엘이 자신의 화가 두 가지 측면을 가지고 있다고 자발적으로 밝힐 때, 가족언어를 사용하여 재구성을 유도하였다. 이를 통해 마크는 화를 소통의 한 형태로 정의함으로써 가족이 화 문제가 아닌 소통 문제를 가지고 있다는 것으로 관점을 변화시킨다. 이로써 전자보다 훨씬 해결하기 쉬운 문제가 되는 것이다. 가족치료에서, 내담가족이 재구성하기를 이해하게 되면, 그들은 그것에 동의할 뿐만 아니라 그것을 발전시키고 스스로 사용하게 된다. 그러한 사용이 가족생활을 개선한다면, 그들은 그 방식을 지속해 나가고 문제 해결의 선순환을 경험하게 된다. 재구성은 '슬픔'을 '화'로 바꾸는 것과 같이 즉각적인 활동일 수 있다. 하지만 이 회기에서 볼 수 있듯, 이 과정은 시간이 걸릴 수도 있다. 치료사는 축구나 럭비 게임의 '단계'처럼 여러 단계를 거칠 수 있기 때문이다. 첫 번째 공을 차는 시도가 반드시 득점으로 이어지는 것은 매우 이례적인 일이므로! 이 과정에서 표현들이 천천히 바뀌고, 맥락은 변경되며, 대화가 이루어지며, 결국 기존과는 매우 다른 설명이 나타난다. 여기서 '조엘이 '화'가 났다'라는 가정은 가족이 소통하는 법을 배워야 한다는 것으로 바뀐다. 이 점진적 의미의 변화는 '엄마(Mum)'라는 단어를 한 번에 한 글자씩 바꾸어 '아빠(Dad)'로 바꾸는 단어 놀이 게임과 같다. 이 방법을 한번 써 보고 싶지 않은가?

참고문헌

Aesop (1994). *Aesop's fables*. London: Wordsworth Editions.

Bateson, G. (1972). *Steps to an ecology of mind*. New York: Ballantine.

Berger, M. (1978) (Ed). *Beyond the double bind*. New York: Brunner/Mazel.

Cooperrider, D. and Whitney, D. (2005). *Appreciative enquiry*. San Francisco: Berrett-Koehler.

Crenshaw, W. and Barnum, D. (2001). What makes it strategic? In Zeig, J. (Ed) *Changing directives*. Phoenix: Milton Erickson Foundation, pp. 101–118.

Dahl, R. (2016). *Fantastic Mr Fox*. London: Puffin.

Erdoes, R. and Ortiz, A. (1999). *American Indian trickster tales*. New York: Penguin.

Fisch, R. (2004). So what have you done recently? MRI brief therapy. *Journal of Systemic Therapies*, 23: 4–10.

Fisch, R., Weakland, J. and Segal, L. (1982). *The tactics of change*. San Francisco: Jossey Bass.

Grove, D. and Haley, J. (1993). *Conversations on therapy*. New York: Norton.

Hale, D. and Frusha, C. (2016) MRI brief therapy. *Journal of Systemic Therapies*, 35: 14–24.

Haley, J. (1973). *Uncommon therapy*. New York: Norton & Co.

Haley, J. (1976). *Problem solving therapy*. San Francisco: Jossey Bass.

Haley, J. (1984). *Ordeal therapy*. San Francisco: Jossey Bass.

Haley, J. (1993). *Jay Haley on Milton H. Erickson*. New York: Brunner/Mazel.

Horigian, V., Suarez-Morales, L., Robbins, M., Zarate, M., Mayorga, C., Mitrani, V. and Szapocznik, J. (2005). Brief strategic family therapy for adolescents with behaviour problems. In Lebow, J. (Ed) *Handbook of clinical family therapy*. New Jersey: Wiley & Sons: 73–102.

Kuipers, E., Leff, J. and Lam, D. (2002). *Family work for schizophrenia*. London: Gaskell.

Laing, R. (1976). *The politics of the family*. Harmondsworth: Penguin.

Madanes, C. (1981). *Strategic family therapy*. San Francisco: Jossey-Bass.

Madanes, C. (1984). *Behind the one way mirror: advances in the practice of strategic therapy*. San Francisco: Jossey-Bass.

Madanes, C. (1990). *Sex, love and violence: strategies for transformation*. New York: Norton & Co.

Madanes, C. (1995). *The violence of men*. San Francisco: Jossey-Bass.

Marshall, E. (2012). *Anansi's journey*. Jamaica: University of West Indies Press.

Mazza, J. (2001). Haleyisms. In Zeig, J. (2001)(Ed) *Changing directives: the strategic therapy of Jay Haley*. Phoenix, AZ: Milton Erickson Foundation Press, pp. 252–255.

Miller, W. and Rollnick, S. (2002). *Motivational interviewing*. New York: Guilford.

Minuchin, S. (2001). Walking with Jay. In Zeig, J. (Ed) *Changing directives: the strategic therapy of Jay Haley*. Phoenix, AZ: Milton Erickson Foundation Press, pp. 3–11.

O'Hanlon, B. (1987). *Tap roots: underlying principles of Milton Erickson's therapy and hypnosis*. New York: Norton & Co.

Sexton, T. (2011). *Functional family therapy in clinical practice*. New York: Routledge.

Shah, I. (1968). *The pleasantries of the incredible Mulla Nasrudin*. London: Jonathan Cape.

Watzlawick, P., Beavin, J. and Jackson, D. (1967). *The pragmatics of human communication*. New York: Norton.

Watzlawick, P., Weakland, J. and Fisch, R. (1974). *Change*. New York: Norton.

Weinstein, D. (2013). *The pathological family*. Ithaca: Cornell University Press.

Zeig, J. (2001)(Ed). *Changing directives*. Phoenix, AZ: Milton Erickson Foundation Press.

Family Therapy

제7장

밀란학파 및 후기 밀란학파
가족의 규칙과 의미 변화시키기

요점정리

- 초기 밀란학파 아이디어들의 상당 부분이 많은 부분 현대 가족치료실천의 근간을 이루고 있다.
- 그들은 가족치료 회기를 진행하는 모델을 확립했으며, 가족의 사고에 체계론적 관점이 생기도록 이끄는 방법을 고안해 냈다.
- 이 접근법의 주요 초점은 관계 내 행동 규칙과 이러한 행동이 가족생활 내에서 지니는 의미를 탐색하는 데 있다.
- 밀란학파는 치료에서 일방경 기술을 처음 사용하였는데, 이를 통해 새로운 관점으로 치료에 접근할 수 있게 되었다.
- 다양한 포스트모더니즘 혹은 사회구성주의 실천들이 밀란 접근법에서 발전했다.

서론

　가족치료를 건물에 비유한다면, '밀란학파'로 알려진 네 명의 임상가들의 기여는 벽돌을 함께 묶어 주는 시멘트 역할로 표현할 수 있다. 이러한 비유를 하면 그들의 기여가 고정적이고 '딱딱한' 것으로 여겨지기 쉬우나, 실제로는 이와 거리가 멀다. 밀란학파의 아이디어들은 1970년대부터 현재의 가족치료 현장에 이르기까지 전체적 양상이나 개별적 기술 모두 계속해서 변화하고 적응해 왔다. 실제로, 그들이 훈련시킨 많은 치료사는 치료과정에 대한 중요한 통찰을 지속적으로 제공해 왔으며, 이로써 그들의 영향력을 유지하고 있다(Bertrando, 2007; Ugazio, 2013).

이러한 요인들은 밀란 접근법을 가족치료에서 떼어 내어 설명하거나 그들의 기여만을 온전히 기록하는 것을 매우 어렵게 만든다. 밀란 접근법을 보다 정확히 이해하기 위해서는 '초기' 아이디어에서 시작하여 점차 현대의 '후기 밀란' 개념에 이르기까지 역사적 발전 과정을 살펴보는 것이 중요하다.

밀란협회

밀란 접근법은 마라 셀비니 팔라졸리(Mara Selvini Palazzoli)에 의해 창립되었다고 할 수 있다. 그녀는 1960년대 밀라노에서 정신분석학자이자 신경정신의학과 의사로 활동하며, 거식증을 가진 청소년들을 위한 개입을 발전시켰다(Selvini Palazzoli, 1963). 그녀는 초기 이론을 발전시키며 '내면의 심리에서 자기 초월적인 것으로' 관심 영역을 옮겨 갔고, 이 여정에 뜻을 함께할 마음이 맞는 신경정신의학과 의사들을 모으기 시작했다. 1971년까지, 이 '밀란협회(Milan Associates)'는 밀라노에서 가족학 연구소를 설립했고, 와츨라윅(Watzlawick et al., 1967)의 아이디어를 가족개입에 적용하기 시작했다. 이 협회의 네 명의 임상가는 지안프랑코 체친(Gianfranco Cecchin), 루이지 보스콜로(Luigi Boscolo), 줄리아나 프라타(Giuliana Prata), 그리고 셀비니 팔라졸리 자신이었다([그림 7-1a]와 [그

[그림 7-1a] 지안프랑코 체친과 줄리아나 프라타

출처: The Archive of Giulia Prata, 로라 프루게리(Laura Fruggeri)의 도움으로 제공받음.

[그림 7-1b] 마라 셀비니 팔라졸리

출처: The Archive of Matteo Selvini, School of Psychotherapy, Milan, Italy.

림 7-1b] 참조). 그들의 첫 번째 책 『역설과 반역설(Paradox and Counter-paradox)』(1978)은 주로 와츨라윅과 동료들의 MRI(전략적)의 아이디어에 크게 영향을 받았다. 이후에는 베이트슨(Bateson, 1972)의 아이디어를 접목하여 다시 한 번 실천의 방향을 바꾸기도 했다.

밀란 팀은 그 후 창의적 협업의 10년을 시작했고, 그 결과 전 세계 가족치료사들이 채택한 가장 인상적인 기법들이 탄생했다. 마틴(Martin, 1985: 11)은 다음과 같이 언급하고 있다.

> 정신분석과 베이트슨의 아이디어 간 '결합'을 기반으로 한 오랜 기간의 부화과정의 결과 탄생한 것은 베이트슨의 순환적 인식론의 명확하고 빛나는 적용뿐만 아니라 …… 가족과의 면담 및 개입을 위한 자세하고 정확하게 기술된 기법도 포함되어 있었다.

밀란 팀은 1978년 첫 영어로 된 단행본을 출간하고(Selvini Palazzoli et al., 1978), 이어서 다양한 학술지에 영향력 있는 논문들을 발표했다(Selvini Palazzoli et al., 1980a; 1980b).

밀란 팀이 활동했던 시기의 맥락에 대해서는 별로 언급이 안 되는 편이지만, 당시의 맥락은 그들의 작업이 어떻게 발전했는지와 깊은 관련이 있다. 첫째, 정신분석적(팀의 모든 구성원은 정신분석가로 훈련받았다.) 사고의 뿌리는 초기 저작에 잘 스며들어 있다. 분명 그들이 자신들의 치료를 어떻게 묘사하는지에 대한 냉정하고 객관적인 '느낌'이란 것이 존재한다. 한 예로, 정신분석치료에서 치료사는 내담자 뒤에 앉는다. '고전적' 밀란 가족치료에서는 치료사들이 한쪽에서만 보이는 스크린 뒤에 앉는다. 둘째, 이 당시 밀라노에서는 바사글리아(Basaglia)의 주도 아래 대규모 정신병원들이 폐쇄되고 있었다(Foot, 2015; Rogers and Pilgrim, 2001). 이 운동이 얼마나 강력했는지는 상상조차 불가능하며, 밀라노는 전 세계적으로 정신의학의 실천 방식을 반대하는 상징이 되었다. 이런 상황에서 정신병 문제에 가족기반 해결책을 제공하는 치료법이 선호되었다. 즉, 밀란 팀에게 있어 조현병과 거식증을 경험하고 있는 가족을 위한 치료 촉진을 위해 더 나은 맥락은 없었다고 할 수 있다.

알아보기

바사글리아는 1970년대 이탈리아의 시설 수용 정신질환 환자들의 치료를 혁신한, 정치적으로 활동적인 신경정신의학과 의사였다.

그러나 이후 작업들이 출간되는 시점쯤에, 밀란학파는 두 집단으로 분리되었다. 셀비니 팔라졸리와 프라타는 주로 그들이 고안해 낸 모델은 유지하되, 실천의 일부만을 새로운 맥락에 적용하면서 다양화를 추구하고자 하였다(Selvini Palazzoli et al., 1986; Selvini Palazzoli et al., 1989; Prata, 2002). 이러한 시도들이 의미가 없었던 것은 아니지만, 다른 두 팀원인 보스콜로와 체친의 기여가 전 세계 가족치료 실천에 더 넓은 영향을 미쳤다. '후기 밀란'이란 용어는 이들의 접근법을 포괄하기 위해 명명되었다. 따라서 이후 논의들은 밀란 가족치료의 두 시대, 밀란학파 및 후기 밀란학파를 중심으로 다뤄질 것이다. 이 접근법들의 주요 개념을 짚어 보고, 밀란 접근법이 어떻게 '협력적'이고 '포스트모던적인' 실천의 측면을 담은 채로 오늘날 가족치료 현장의 일부가 되었는지 살펴볼 것이다.

초기 밀란: 핵심 개념

많은 다른 가족치료학파가 불쾌해할 수도 있겠지만, 밀란 팀은 그들의 접근법에 '체계론적 가족치료'라는 용어를 붙였다. 이것이 다른 형태의 가족치료가 체계적이지 않다는 것을 암시하는 것처럼 보일 수도 있지만, 이는 확실히 밀란 팀의 실천이 체계적이었음을 말한다. 그들의 저서 『역설과 반역설』(1978)은 아래의 내용으로 시작하고 있다.

> 가족은 시간이 흐르면서 형성된 규칙에 따라 스스로 조절하는 체계이며 …… [이 규칙들은] …… 일련의 교류들과 수정적 피드백을 통해 존재하게 되며 …… [이것들 은] 관계에서 무엇이 허용되고 무엇이 허용되지 않는지를 결정한다. …… 이 규칙들 은 커뮤니케이션으로서의 속성을 지닌다.
>
> (Selvini Palazzoli et al., 1978: 3)

더욱이, "전통적으로 '병리적'이라 진단되는 행동을 보이는 구성원이 한 명 또는 그 이 상인 가족은, 행동을 주고받고 또 그 과정에 따라 형성된 규칙 자체가 그 병리에 특정적 이며, 이를 통해 함께 지속된다"(Selvini Palazzoli et al., 1978: 4). 이는 여러 측면에서 밀란 팀의 아이디어를 완벽하게 요약하고 있다. 그들은, 체계라는 개념을 도입하고 그러한 체 계들을 유지하고 변화시키는 데 있어 피드백 고리가 중요함을 강조했던 베이트슨의 개 념을 채택했다. 미누친과 달리, 그들 관심의 초점은 관계가 내재된 구조가 아니라, 상호 작용 시 작동하는 행동의 '규칙'에 있었다. 그들은 가족생활의 문제가 시간이 지남에 따 라 축적된 행동 규칙과 가족생활 내에서 행동에 부여된 의미에 뿌리를 두고 있음을 이해 했다. 이는 다음의 주장에 잘 담겨 있다. "권력은 관련자들이 변경할 수 없는 게임의 규 칙에만 존재한다"(Selvini Palazzoli et al., 1978: 6). 따라서 밀란학파는 가족생활을 지배하 는 규칙을 변경하는 것에 초점을 맞췄다. 이 방식은 MRI나 전략적 가족치료 접근법(6장) 에 큰 빚을 진 것은 분명하나, 밀란학파는 그 방식을 보다 크게 확장하였다.

이러한 이론적 개념을 바탕으로 가족치료 회기를 수행하기 위한 실제적 방법들이 탄 생하였다. 이 모델은 '5단계 회기(the five-phase session)'라 불렸다. 팀이 가족을 만나기 위해 준비하는 것으로 회기는 시작된다. 팀은 의뢰 배경 정보를 살펴보고, 이전 회기에 서 무슨 일이 있었는지 파악하며 치료가 나아갈 방향에 대한 정교화를 시도한다. 회기는 남성과 여성 치료사로 구성된 공동 치료 팀(면담 팀)이 진행하는 동안, 또 다른 두 명이 한 쪽에서만 보이는 스크린이나 거울 뒤에서 해당 회기를 관찰하는(컨설팅 팀) 상태로 진행 된다. 약 45분 후, 면담 팀은 가족을 회기 현장에 남겨 두고 스크린 뒤의 컨설팅 팀과 논 의를 진행하게 된다. 이 세 번째 단계 동안, 장비는 꺼지고 가족은 프라이버시가 보호된 채로 남겨진다. 두 팀이 논의하는 동안, 컨설팅 팀은 개입을 제안할 것이고, 면담 팀은 이 를 가족 회기로 전달한다(네 번째 단계). 일반적으로, 이 단계는 짧으며, 주로 가족을 위한 메시지로 구성된다. 이 메시지는 그들이 다음 회기까지 특정한 방식으로 행동하도록 요청하는 내용을 담게 된다. 가족이 떠난 후, 치료사 팀은 다시 모여 메시지의 효과를 검토하고 다음 회기를 계획한다. 이렇듯 고도로 형식화된, 어찌 보면 의례화된 것 같기도 한 진행 방식은 네 명의 밀란 회원들이 정신분석적 훈련을 받은 치료자들이라는 사실과 관련이 있을 수 있다. 그 기능은 치료를 '평범하지 않은' 것으로 인식하게 하고, 따라서 가족이 더 쉽게 치료에 협력하고 팀의 메시지에 반응하도록 만드는 것으로 보였다.

이러한 가족치료 회기 진행 방법은 지금의 관점에서 보면 다소 '구식'으로 보일 수 있지만, 지난 40년 동안 여러 변형을 거쳐 계속되어 왔다. 그러나 밀란 팀의 접근법이 실제 현장에서 영향력을 발휘할 수 있었던 무기는 핵심 기술에 있었다. 그러므로 밀란 팀이 사용한 주요 기술에 대해 살펴볼 필요가 있다.

초기 밀란: 핵심 기술들

이들이 가족치료 실천에 큰 영향을 미친 저술은 『역설과 반역설』(Palazzoli et al., 1978)이지만, 이들의 1980년(Palazzoli et al., 1980a) 논문이 좀 더 쉽게 따를 수 있는 방법을 제시하고 있다. 이 논문은 '회기 진행자를 위한 가이드라인' 세 가지를 제시하고 있다. 이를 순서대로 살펴보고자 한다.

1. 가설 설정하기

다른 접근법의 가족치료사들도 그들의 작업 목표에 대해 가설을 설정(hypothesising)하고 개념화를 실시한다는 사실에는 의심의 여지가 없지만, 밀란 팀은 이것이 가족치료에 무엇을 의미하는지에 대한 공식적 설명을 최초로 제시하였다.

> 가설은 치료자가 수행하는 탐색의 시작점을 설정한다. …… 만약 그것이 틀렸다면, 치료사는 두 번째 가설을 찾아야 한다.
>
> (Palazzoli et al., 1980a: 3)

밀란 팀의 적용 실제에서 가설은 치료사가 얻은 정보를 모아 가족 내에서 무슨 일이 일어나고 있는지에 대한 일관된 체계론적 설명을 기술하려는 시도이다. 해당 논문에서는, "모든 가설은 체계론적이어야 하며, 따라서 가족의 모든 구성 요소를 포함해야 하고, 관계적 기능에 대한 총체적 가정을 우리에게 제공해야 한다는 점을 강조하는 것이 가장 중요한 포인트"라고 언급되어 있다(Selvini Palazzoli, 1980a: 6).

가설 설정의 개념이 발전함에 따라(밀란 팀의 저작뿐만 아니라 다른 접근법에서도), 그것의 여러 측면이 현장 적용과 관련하여 중요해졌다. 하나는 가설이 면담에서 얻은 정보나 호소 문제에 기반해야 한다는 것이다. 두 번째는 여러 가지의 가설을 설정할 필요가 있다는 것이다. 치료사와 팀이 어떤 특정 가설과 '사랑에 빠지거나' '결혼하지' 않아야 하기 때문이다. 이는 치료의 방향을 제한할 수 있기 때문이다. 부르바티와 포르멘티(Burbatti and Formenti, 1988)는 이를 철학적 관점에서도 설명한다. 그들은 베이트슨의 격언인 '지도는 영토가 아니다'를 되뇌인다. 따라서 치료사는 자신의 가설이 가족 내에서 무슨 일이 일어나고 있는지를 보여 주는 '진짜' 그림이라고 가정하는 것에 대해 경계해야 한다. 이 때문에, 밀란의 영향을 받은 팀들은 다양한 가설을 만들고 가족과의 치료 중에 그것들을 '검증'한다. 여러 가지의 가설을 가지면 어떤 특정한 하나의 가설이 '참'이라고 믿는 것에 대한 경계를 할 수 있다(Jones, 1993).

따라서 가설은 치료 팀에 의해 가족 내에서 무엇이 일어나고 있는지에 대한 몇 가지 아이디어를 생성하는 방법으로 형성된다.

과제 1

참고: 이 장의 과제들은 조엘 및 그의 가족과 직접적으로 관련되어 있으며, 기술과 기법들은 시연 동영상(밀란 및 후기 밀란학파—순환질문)에서 제시된다. 이 장에서 이 모델을 선정한 이유는 밀란 기법들이 다른 학파들의 기법보다 더 미묘할 수 있기 때문이다.

조엘이 왜 우울한지, 또는 왜 부모님에게 화가 난 것인지 설명할 수 있는 여러 가설을 설정해 보자.

기억할 것: 가설은 체계론적이고 관계적이어야 한다.

예 1: '조엘은 생물학적 아버지를 그리워하고 있기 때문에 우울하다'는 조엘만을 집중적으로 다루기 때문에 체계론적인 가설이 아니다.

예 2: '조엘의 우울은 마리아와 닉 사이의 관계에서 거리두기라는 가족패턴을 지속시키는 방법으로 기능하며, 닉이 아버지로서의 한계를 다루는 것을 방지한다.' 이것은 적어도 세 가족원을 포함하며 '선형적'이지 않기 때문에 체계론적인 가설이라 할 수 있다.

가설의 세 번째 특성은 그것이 치료사의 개입 방향을 만들어 낸다는 것이다. 따라서 치료사가, 조엘의 우울이 가족패턴을 유지해 나가는 방법을 탐색하는 것이 유용할 것으로 생각한다면, 그녀 또는 그는 가족에게 조엘이 우울하지 않았다면 어떻게 상호작용할지 생각해 보도록 요청할 수 있다. 처음에는 이러한 접근 방식이 가족에게 이상하게 보일 수도 있다. 하지만 이러한 가설을 사용하는 의도는 가족이 조엘의 우울을 변화시키려 한다면 그들이 행동하고 생각하는 방식을 함께 바꿔 나가야만 한다는 것을 깨닫도록 하려는 것이다.

알아보기

여기서 관계적이란 한 개인의 생각, 감정 또는 행동이 다른 사람들과의 관계와 관련되어 있다는 것을 의미한다.

과제 2

조엘의 가족에 적용할 수 있는 다른 가설들을 고려해 보자.
예 3: "조엘의 가족은 서로에 대한 실망을 드러내어 표현할 수 없다. 그럴 경우 결국 그들의 관계가 파괴될 수 있다. 오히려 조엘이 우울하게 '행동'하는 그것이 그들에게 이러한 다른 문제들에 대해 생각하지 않게 만드는 더 쉬운 방법이다."
이 가설은 가족원이 어떻게 행동하는지를 결정하는 '게임의 규칙'을 탐색한다. 만약 치료사가 이 가설을 추구한다면, 조엘이 단지 화가 났다기보다 우울하다는 것을 마리아와 닉이 알고 있는지를 탐색해 볼 수 있다.

가설 설정 과정의 또 다른 특성은 치료사들이 지속적으로 가설을 생성하기 때문에 중립성을 유지하기 용이하고(이 장 뒷부분에서 논의됨) 가족이 그들로 하여금 스스로 생각하도록 장려하는 데 도움이 된다는 점이다.

예를 들어, 조엘 가족의 경우, 치료사는 가족의 설명이 정확하다고 '가정'하기 쉽다. 이 경우, 호소된 '문제'는 조엘의 우울증이다. 그러나 다양한 가설을 수립함으로써, 치료사는 가족과 함께 작업하며 체계론적 관점을 유지할 수 있다(Campbell et al., 1989).

2. 순환성

'순환성(circularity)'이라는 개념은 1980년 논문에서 처음 소개되었다. 이 개념이 특정한 종류의 질문으로 이어진 방법에 대해서는 추후 논의할 것이지만, 처음 설명된 바에 따르면, 이는 치료사가 피드백에 반응하는 데 도움을 제공하기 위한 것이었다.

> 순환성을 통해 치료사는 가족 내 관계로부터 나온 정보에 대한 가족들의 피드백
> 을 기반으로 탐색을 수행할 수 있게 되며, 이런 과정은, 곧 차이와 변화를 가져온다.
>
> (Selvini Palazzoli, 1980a: 8)

이런 의미에서 순환성은 베이트슨의 아이디어와 상응하는데, 그는 적어도 두 가지 방식으로 이를 강조했다. 첫째, 치료사가 치료적 면담을 시도할 때, 관계 외에는 '아무 것도 없는 것처럼' 수행할 것을 요구했다. 정보 획득과 반응의 순환 과정을 유지함으로써, 치료사는 오직 패턴에만 집중하는 세계에 진입하는 것이다. 더욱이, 치료사는 이러한 방식으로 가족의 삶을 들여다보는 것을 가족에게 전달한다. 이 개념에서 파생된 두 번째 측면은 다음과 같은 제안으로 이어진다.

> 정보는 차이를 만들어 낸다. 그 차이가 바로 관계로 이어진다(또는 관계 내의 변
> 화로 이어진다).
>
> (Selvini Palazzoli, 1980a: 8)

인간 체계는 감지할 수 있는 차이가 존재할 때만 무언가를 인식하는 경향이 있다. 그러한 차이는 생각, 행동, 또는 감정 안에서 나타날 수 있다. 치료사는 가족원들이 차이를 인식할 수 있도록 회기를 진행해야 하며, 이 차이는 그들이 자신들의 상황에 대해 새로운 것을 알아차리는 데 도움이 되어야 한다.

밀란 팀은 이런 종류의 차이를 끌어내는 특정한 방법을 '삼자질문(triadic questions)'이란 용어로 설명하였고, 이는 오늘날 소위 '순환질문'의 개념과 맞닿아 있다. 이에 대해서는 나중에 논의할 것이다.

3. 중립성

1980년 논문에서 제시된 세 번째 권장사항은 중립성(neutrality)이다(Selvini Palazzoli, 1980a). 이는 치료사에게 회기 중 '누구의 편도 들지 않도록' 지시한다. 이 중립성이라는 개념이 정신분석 방법에서 기원한 것은 아닌가 하는 의문이 들 수도 있다. 밀란 팀은 다음과 같이 언급하고 있다.

> 연속적 동맹(successive alliances)의 궁극적 결과는 치료사가 가족원 모두와 연결되어 있기도, 동시에 그 누구와도 연결되어 있지 않기도 한 상태가 되는 것이다.
>
> (Selvini Palazzoli, 1980a: 9)

알아보기

여기서 메타 수준이란, 가족이 현재 인식하고 있는 내용과 다르거나 때로는 그를 넘어서는 의미나 이해를 견지하고 있는 것을 말한다.

존스(Jones, 1993: 16)는 중립성이 치료사가 "가족에 대해 '메타 수준'을 유지하도록" 설계되었다고 설명한다. 더욱이, 이것은 치료사가 "가족 및 그 개별 구성원들의 관점과 다른 관점을 갖도록" 돕는다. 존스는 치료사가 메타 수준의 관점을 가질 때에만 가족에게 도움이 될 수 있다고 주장한다. 예를 들어, 가족이 문제를 인식하는 방식에 전적으로 동의하거나 믿는 것은 치료적 변화를 방해할 수 있다. 부르바티와 포르멘티(Burbatti and Formenti, 1988)는 가족들이 종종 치료사를 "구세주" "주술사" 또는 "판사" 중 하나로 기대하기도 한다는 사실을 언급한다. 그러나 이러한 역할을 수동적으로 받아들이는 것은 치료의 폭을 좁힐 수 있다. 대신에

> 치료사는 문제를 분명하고 안정적인 정의로 치환하는 위험을 경계해야 하고 …… 그 구성원 중 한 명과의 연합을 밀도에 상관없이 피해야 하며 …… 문제의 원인으로 환자의 부모를 비난하는 것을 피하여 …… 체계론적 접근으로써의 일관성을 유지한다.
>
> (Burbatti and Formenti, 1988: 88).

치료사가 '중립적'이어야 한다는 관점은 후기에 와서는 비판을 받았는데, 이는 치료사가 내담자나 치료에 관심이 없는 것처럼, 가족원 중 한 사람이 학대받는 상황이어도 이에 대한 인식이 없는 것처럼, 치료사의 존재가 가족에 미치는 영향을 간과한 것처럼 보이게 할 수 있다는 염려에서였다. 따라서 후기 밀란 접근에서는 이것이 새롭게 명명되고 다시 설명되었다.

초기 밀란: 핵심적 실천들

지금까지 밀란 팀이 가족치료 세계에 제시한 초기 개념들을 살펴보았다. 이러한 아이디어들로부터 다양한 임상 실천들이 생겨났다.

순환질문

첫 논문에서 밀란 팀은 '삼자질문'이라는 표현을 도입했지만, 이후 '순환질문(circular questions)'이라는 용어를 사용하였다. 가족치료가 심리치료 세계에 안겨 준 선물이 있다면, 바로 이러한 종류의 질문들이다. 간단히 말해서, 순환질문은 가족원에게 다른 가족원과 행동이나 감정 또는 생각으로 어떻게 관련되고 연결되어 있는지 생각해 보도록 요청하는 질문이다. 예를 들어, "아버지가 그렇게 할 때, 당신은 무엇을 하게 되나요?"와 같은 질문이다. 이러한 질의 방식은 치료사가 "그럼, 당신이 그렇게 할 때, 아버지는 무엇을 하나요?"라고 묻게 됨으로써 말 그대로 '순환적' 방향으로 이어진다. 치료사가 설정한 것은 다음과 같다.

- 한 가족원이 하는 일은 다른 가족원에게 영향을 미친다.
- 가족원 사이에는 종종 순환 패턴이 존재한다.
- 따라서 상호작용하는 두 가족원 중 최소 한 명이라도 다르게 행동하면 패턴을 바꿀 수 있다.

이 두 예시는 (아직은) 세 번째 가족원이 설명에 등장하지 않았으므로 '삼자적'이라 할 수는 없다. 삼자질문의 예로 "당신의 형제가 당신과 아버지가 이런 식으로 상호작용하는 것을 볼 때 무엇을 하나요?"를 생각해 볼 수 있다. 1980년 논문에서 밀란 팀은 이러한 질문들의 가치를 설명한다.

> 이 기법은 가족 내 다양한 삼자관계를 밝혀내는 반응의 소용돌이를 일으키기 [시작한다]. 이는 가족의 한 구성원을 공식적으로 초대하여 그들이 존재하는 가운데 다른 두 사람의 관계에 대해 메타적으로 소통하게 함으로써, 비단 역기능적 가족의 만연한 규칙 중 하나를 깨뜨리는 것뿐만 아니라, 의사소통의 화용성(pragmatics)에 관한 첫 번째 공리를 실행시킨다. 즉, 상호작용의 상황에서 다양한 참여자들은 …… 소통을 피할 수 없게 된다.
>
> (Selvini-Palazzoli et al., 1980: 4)

같은 논문에서 밀란 팀은 가족 내 행동 및 사고의 일련을 추적하기 위해 이러한 '삼자적' 질문들을 사용하는 방법을 상세히 기술하고 있다. 그 의도는 가족이 그들 사이에 일어나는 일을 이해하는 방식에서의 차이(difference)를 알게 하기 위함이다. 제시된 예에서 치료사는, 한 형제의 행동이 어쩌면 아버지와 다른 형제 사이의 패턴을 지속시킬지도 모른다는 가설을 다음과 같이 탐색할 것이다. "형이 하는 행동이 당신과 아버지 사이의 상호작용에 어떻게 영향을 미치나요?"

가족치료에 순환질문을 적용하는 시도는 1980년 논문 발표를 계기로 점점 많아졌다. 여러 저자들이 순환질문을 활용하는 방법을 체계화하기 시작했으며, 순환질문의 '종류'를 유형화하였다. 톰(Tomm, 1984a)은 처음에 순환질문이 가족체계 내 차이를 강조하도록 설계되었다고 다음과 같이 강조했다. "많은 치료사가 직관적으로 차이질문(difference questions)을 하지만, 종종 차이라는 개념이 질문을 통해 스스로 발견하게 하는 시발점이 된다는 사실을 알아차리지 못한다"(Tomm, 1984a: 259). 비록 제시된 유형론이 여러 모델 중 하나일 뿐이지만(Penn, 1982; Brown, 1997; Nelson et al., 1986; Tomm, 1985), 그는 치료에서 질문 사용의 가장 일관된 유형을 제공하기도 했다(Tomm, 1987; 1988). 실제로, 개별 임상가들의 창의성은 그들이 사용하는 질문이 얼마나 다양한지 그리고 그 종류는 얼마나 독창적인지와 같은 부분에서 종종 나타난다. 〈표 7-1〉은 순환질문의 무한한 다양성을 가늠할 만한 그 일부를 담고 있으며, 문헌에 기반을 두고 있기는 하나 포괄적이진 않다.

순환질문의 모든 범주의 예시를 제공하는 것은 당연히 불가능하다. 보다 더 상세한 내용을 이해하기 위해서는 참고문헌 목록을 살펴보는 것이 도움이 될 수 있다. 그러나 참

표 7-1 **순환질문의 범주**

질문 유형의 명칭	예시	질문이 미칠 수 있는 효과는?
관계추적질문/ 상호작용 과정에 대한 질문	"x가 그렇게 할 때 y는 무엇을 하나요?" 또는 "그들이 그렇게 할 때, 당신은 무엇 을 경험하나요?"	이 질문들은 정보를 이끌어 내지만 가 족원 간 상호연결을 강조한다. 이런 질문들은 과거, 현재, 미래의 세 시간 대를 아우를 수 있다.
비교질문/ 순위질문	"누가 x가 겪는 상황에 대해 가장 걱정하 고 있나요?" 또는 "가족 중 누가 누구와 가장 가까운가요?"	이 질문들은 모든 가족원이 서로에게 어떤 영향을 미치는지 인식할 수 있는 맥락을 형성한다. 종종 '언급되지 않 았던 부분(unspoken)'을 말할 수 있 도록 돕기도 한다. 가족원들의 경험의 차이를 명명하는 데에도 도움이 된다.
가상질문	"만약 당신이 y 대신 x를 했다면, 아버지 는 어떻게 다르게 행동할 것 같나요?"	이 질문들은 매우 구체적인 방식으로 변화의 '씨앗을 뿌린다.' 한 가족원의 행동/감정/이해가 조금이라도 변하면 다른 사람들도 변할 수 있음을 보여 준다.
시간적 질문	"아버지가 직장을 잃은 후 당신의 관계 에 변화가 있었나요?" 또는 "만약 변화가 없다면, 2년 후 또는 대학에 진학할 때 당신의 관계에 무슨 일이 일어날까요?"	이 질문들은 '변화를 위한 도전'을 하 고 관계의 변화를 사건들과 연결한다.
맥락적 질문	"그녀가 '관심받고 싶어 한다'고 당신이 생각할 때, 당신의 반응이 그녀가 하는 행동에 어떤 영향을 미치나요?" 또는 "당 신이 부모로서 어떻게 행동하는지가 부 모님이 당신과 어떻게 지냈는지에 의해 영향을 받나요?"	이 질문들은 두 맥락 사이의 연결을 만들어 낸다. 한 맥락 내 행동이 다른 맥락에서는 다른 것을 의미할 수 있음 을 가족들이 발견하도록 도와준다.
반영적 질문 (reflexive questions)	"아버지가 직장을 잃었을 때, 그것이 아 버지에 대한 당신의 생각과 아버지와의 관계를 어떻게 바꾸었나요?" 또는 "만약 당신이 그녀가 왜 그랬는지를 이해하는 방식을 바꾼다면, 그녀에 대한 생각이 어떻게 바뀔까요?"	이 질문들은 '관계 속의 자기'에 대한 이해를 촉진하도록 설계되어 있어, 가 족들의 행동/생각/감정을 바꿔 나갈 수 있다. 치료사는 이러한 질문에 가 족이 어떻게 반응할지 알지 못한다.

고문헌 목록으로 이동하기 전에, 중요하게 유념할 몇 가지 실천 포인트가 있다. 하나는 순환질문이 '일상적' 대화와 함께 배치되어야 한다는 것이다. 그렇지 않으면 단조로워질 수 있다. 그러나 치료사가 중요한 질문을 하고 있다면, 내담자도 기다려 줄 필요가 있다. 순환질문 사용을 배우는 과정에서 흔한 임상적 실수 중 하나는 첫 질문이 '실패'한 후 바로 포기해 버리는 것이다. 또 다른 하나는 치료사가 너무 복잡한 순환질문을 만드는 경우이다(이 장의 시연 동영상에서 확인할 수 있다). 순환질문은 간결하고 단순하며 효율적이어야 한다. 이는 '다른 사람 앞에서 뒷담을 하는 것'으로 묘사되기도 하는데, 분명히 영국 문화에서는 '무례한' 것으로 간주되기 쉽다.

그러나 이는 가족원들 사이의 관계적 이해라는 중요한 목표를 달성하도록 설계되었다는 것을 깨닫는 것도 중요하다. 처음에는 수련 중인 치료사와 가족 모두에게 어색할 수 있지만, 반드시 인내해야 한다. 수련 치료사들은 종종 어떤 질문을 사용해야 할지를 어떻게 알 수 있을까 궁금해하곤 한다. 일반적으로 사용하려는 질문은 가설과 연결되어 있기 마련이다(밀란학파의 실천에 관한 추가적인 내용은 〈표 7-2〉 참조).

과제 3

〈표 7-1〉에 기술된 질문들을 살펴보고, 가족패턴에 대한 어떠한 가설과 연결될 수 있는지 고려해 보자.

표 7-2 기타 중요한 밀란학파의 기법들

기법의 이름	목적	시연 동영상 '밀란 및 후기 밀란학파'에서 활용된 예시
긍정적인 암시 (positive connotation)	이것은 특정한 종류의 재구성(6장 참조)이다. 밀란 팀은 사람들이 비판을 받을 때는 변하지 않는다고 보았다. 그래서 어떤 행동이든 긍정적인 설명을 찾기 위해 노력하였다.	"조엘이 계속해서 부모님에게 자기가 우울하다는 것을 보여 주는 것은 정말 중요합니다. 이 때문에 부모님은 그에 대한 관심을 표현할 수 있게 되고, 부모님 자신의 걱정에 대해 걱정하지 않게 되지요."
역설의 사용	밀란 팀은 많은 가족 문제가 이중구속을 영속시키는 의사소통 방식 때문에 지속된다고 믿었다(6장 참조). 그래서 이러한 의사소통을 극복하기 위해 역설(및 반역설)을 만들었다.	"조엘은 자신의 우울함을 계속해서 보여 줘야 합니다. 우리는 그가 우울하지 않으려고 시도하는 어떤 시도도 가족을 매우 힘들게 만들 것이라고 확신합니다."

최종 개입	네 번째 회기 단계에서, 팀은 항상 다음 회기 전에 가족이 수행해 보기를 원하는 메시지나 행동 '처방'을 제안했다. 이것은 가족이 선택한 패턴을 교란하도록 설계되었다.	"우리는 조엘이 앞으로 2주 동안 우울증의 증거를 더 많이 보여 줌으로써 계속해서 부모님의 초점을 자신에게 맞추게 하는 것이 중요하다고 생각합니다."

후기 밀란학파의 아이디어와 기술

이 장의 시작 부분에서 1980년대 밀란 팀이 일종의 학문적 이혼, 즉 체친과 보스콜로가 후에 '후기 밀란'이라 불리게 된 밀란학파의 새로운 버전을 설립한 사건을 겪었다고 설명한 바 있다. 체친(Cecchin, 1987)은 '중립성'을 '호기심'으로 이해해야 한다고 역설하며 새로운 국면을 개척해 갔다. 그는 개별 구성원이 현실을 구성한다고 주장한 생물학자 마투라나와 바렐라(Maturana and Varela, 1988)의 사고에 의존했으며, 따라서 치료사는 가족생활 내에서 '더 나은'과 '덜 좋은' 방식 사이의 판단을 내릴 수 없다고 보았다. 즉, 호기심이 가장 유용한 치료적 태도였다. 체친은 "호기심은 대안적 관점의 탐색과 창조를 이끈다"고 논평했다(Cecchin, 1987: 406).

또한 이 관점은 "상호작용의 복잡성을 환영하고 상호작용의 기술과 설명에 다양한 목소리가 있다는 관점을 취한다"(Cecchin, 1987: 406).

그는 또한 다음과 같은 내용에 주목했다.

> 우리는 과거에 무슨 일이 일어났었는지만 알 뿐, 미래의 문화 패턴이 어떨지는 알지 못한다. 따라서 부모에게 어떻게 부모가 되어야 하는지, 아이에게 어떻게 아들이나 딸이 되어야 하는지 가르칠 수 없다.

결과적으로, 후기 밀란학파는 가족에게 최종 '메시지'를 전달하는 것을 지양한 채 회기 동안 가족이 자신들의 삶을 다시 생각해 보는 기회를 갖도록 돕고자 했다. 치료사가 호기심 있는 태도를 취하는 것은 어떤 행동이 행해져야 하는지 '처방'하지 않으면서도 변화를 자극하는 데 도움이 되었다고 보았다. 이 접근법은 불확실성에 의해 촉진되었으며, 이는 치료사가 취하는 호기심의 본질적 부분이었다. 다시 말해, 호기심은 그 자체가 기술이 아니라 치료적 태도인 것이다.

린 호프만(Lynn Hoffman)은 미국의 사회복지사 출신 가족치료사로, 밀란 팀을 포함하여 가족치료 현장에 중요한 영향력을 끼친 다양한 개척자들과 함께 일해 왔다.

후기 밀란학파의 두 번째 특징은 2차 사이버네틱스에 대한 믿음이었다(Hoffman, 1985). 이러한 믿음은 이미 베이트슨의 접근법에 암시되어 있었지만, 후기 밀란 치료사들에 의해 전면에 나타나게 된다. 1차 사이버네틱스는 외부의 관찰자가 가족체계(예: 체계가 어떻게 작동하고 왜 그런 방식으로 작동하는지)를 설명할 수 있다고 가정한다. 그러나 2차 사이버네틱스는 보이는 것이 관찰자의 편견, 지향점 등에 의해 결정된다고 주장한다. 즉, 관찰자의 관점을 고려하지 않고 인간체계를 설명하는 것은 불가능하다. 실제로, 체계는 관찰자의 시선의 영향 하에 있게 된다.

해리 굴리시안(Harry Goolishan)은 가족치료 분야의 선구자로, 미국 심리학자인 할린 앤더슨(Harlene Anderson)과 함께 '협력적 치료'로 알려진 포스트모던 접근법을 개발하였다.

후기 밀란학파의 실천에 세 번째로 기여한 인물은 앤더슨과 굴리시안(Anderson and Goolishian, 1988)이며, 그들은 '체계'가 실제로 언어의 영역에서만 존재한다고 역설했다. 때문에(즉, 패턴에 대해 이야기하는 것 자체가 패턴이라는 것의 실재를 만든다는 의미에서), 그들은 가족치료가 '변화를 만드는 것'이 아니라 '대화'에 관한 것이라 주장했다. 이 관점은 치료사가 언어 및 그 언어에 대해 가족원들이 체험하는 의미에, 그리고 더 나아가 해당 가족을 포함하는 더 넓은 문화에 대해 탐색할 수 있는 옵션을 제공한다. 이 접근법은 가족치료를 이해하는 데 있어 사회구성주의적 관점을(McNamee and Gergen, 1992) 취한다.

이러한 이론적 개념의 대부분은 포스트모더니즘 개념이 가족치료 사전에 들어오기 전부터 존재하였지만, 앤더슨과 굴리시안은 어떤 내용이 가족치료에 접목될지를 구체화하였다. 후기 밀란학파는 전반적으로, 더 부드럽고, 숙련된 협력적 적용기법들을 고안해

표 7-3 후기 밀란학파 가족치료사들의 대표적 접근법

실천의 이름	실천의 목적	예시
호기심	치료사는 호기심 있는 태도를 취함으로써, 가족 내에서 호기심을 불러일으킨다.	"이 행동을 분노로 해석하는 이유가 정말 궁금합니다. 조금 더 자세하게 설명해 주실 수 있나요?"
행동에 대한 다양한 설명 탐색 ('다원적 사고')	대안적 관점을 탐색하여 다양한 선택지를 제공한다.	"그래서 닉은 이 행동을 분노로 보고, 마리아는 이것을 슬픔으로 본다면, 어느 것이 더 유용하다고 생각하시나요?"
단어의 의미에 집중하기	가족이 대안을 탐색하여 그것들이 자신들의 어려움을 해결하는 데 도움이 되는지 결정할 수 있도록 돕는다.	"다른 사람들이 우울을 다르게 이해할 수도 있다고 생각하나요?" "만약 그들이 이것을 '성장하는 방법'으로 보았다면, 그것이 가족에게 더 도움이 될까요?"
협력	치료사가 정답을 가지고 있는 게 아니라 가족이 해결책을 가지고 있으며, 이를 발견하는 데 도움이 필요하다는 것을 강조한다.	"오늘 우리가 논의한 모든 아이디어 중에서, 어떤 것을 시도해 보고 싶으신가요? 어떤 것이 여러분의 삶에 가장 큰 차이를 만들 것 같나요?"
반영적 질문 사용 독려	여전히 가족원이 서로의 연결을 이해하는 데 초점을 맞추지만, 보다 연속적인 개입 방식을 취하고 가족원이 치료사의 이해가 아닌 자신들의 이해에 도달하도록 초점을 맞춘다.	"이 회기에서 무엇을 배웠나요?" "오늘 우리가 여러분의 가족에 대해 올바른 것들을 이야기했나요?"

냈다(후기 밀란학파의 실천 내용은 〈표 7-3〉 참조).

밀란학파의 유산: 후기 밀란학파에서 현대 실천에 이르기까지

도입부에서 언급했듯, 밀란 팀의 아이디어들은 가족치료라는 집을 짓는 데 계속해서 시멘트를 제공하고 있다. '가족치료' 계보도(2장 참조)에 제시된 것처럼, 밀란 팀의 아이디어들은 계속해서 성장하고 발전해 왔으며, 많은 현대 가족치료 현장에 영향력을 행사하고 있다. 밀란 및 후기 밀란학파는 가족치료 실천 현장에 중요한 변화의 새바람을 불러일으켰으며, 이는 현대 가족치료 실천에 중요한 유산으로 자리매김하고 있다. 먼저, 가족치료 회기의 전체 구조가 밀란학파에서 진화했다는 것을 주목할 필요가 있다. 대부

분의 가족치료사는 회기를 시작하기 전에 가족에 대한 정보를 탐색하거나 이전 회기에 대해 반성하는 시간을 보낼 것이다. 이것은 일반적으로 '문제'에 영향을 미치는 패턴, 가족생활을 둘러싼 의미들이 어떠한 형태로 나타나는지, 그리고 치료사가 이러한 과정에 어떻게 영향을 미칠 수 있는지에 대한 생각들을 정리하는 시간일 것이다. 그런 다음 회기는 종종 (치료사가 팀 체제가 아니더라도) 추가적인 반성을 위한 휴식 시간을 포함할 것이다. 마지막으로, 회기는 요약과 가족을 위한 과제로 마무리될 것이다.

둘째, 밀란 팀은 가족치료사들에게 '팀 작업'이 창의성을 증진시키고 가족과 치료사 모두에게 소중한 자원이 될 수 있다는 것을 일깨웠다(Selvini and Selvini-Palazzoli et al., 1991). 두 명 이상의 치료사로 구성된 팀이 가족에게 그들의 문제 및 관련 해결책에 대한 다양한 관점을 제공한다는 것을 보여 주는 연구들도 보고된 바 있다. 이를 통해 가족은 자신들의 이슈가 진지하게 받아들여지고 있다는 것을 재확인하는 시간을 갖게 된다. 치료적 위치의 측면에서, 팀 작업은 가족치료사들이 다양한 관점을 존중하고 반성적인 '체계론적' 공간에 머무를 수 있도록 돕는다. 어떤 수준에서는, '겸손'(그리고 호기심)을 가족치료사의 실천에 뿌리내리게 하였다.

알아보기

톰 안데르센(Tom Andersen)은 노르웨이의 가족치료사로서, '반영 팀(the reflecting team)'에 대한 작업을 발전시킨 것으로 유명하다.

실제로, 지난 20년 동안 가족치료 현장에 가장 영향력 있었던 변화는 팀 작업 방식에 대한 변화였을지도 모른다. 1991년, 노르웨이의 가족치료사인 톰 안데르센(Andersen, 1991)은 팀 작업 방식을 중심으로 후기 밀란 접근법의 '다중 관점' 개념을 주장하는 논문을 발표했다. 그는 '반영 팀'이라는 형태를 도입했다. 이 방식에서는 팀이 가족과 치료사 앞에서 그들의 아이디어에 대해 이야기하며, 그들의 생각을 '비공개'로 유지하고 '일방경 뒤'에 숨기지 않는다. 그의 주장에 따르면 치료(후기 밀란 관점에서)는 문제의 새로운 설명을 찾아 나서는 것이므로, 팀 대화를 투명하게 만드는 것이 가족들이 더 많은 '차이의 소식'을 듣게 해준다는 것이었다(베이트슨의 아이디어가 여전히 중요하다는 것에 주목). 이 자체가 팀의 작업 방식을 더욱 개방적이고 협력적으로 만들었다. 반영 팀 모델은 유럽과 영국 전역에서 매우 영향력이 있었지만, 치료가 민간 영역에서 지배적으로 행해졌던 미국에서는 파급 효과가 적었다. 가족들이 이러한 작업 방식을 지지한다는 것을 보고한 몇 연구들이 존재함을 다시금 강조한다(Willott et al., 2012).

오늘날 영향력 있는 많은 가족치료사가 밀란학파 접근법을 바탕으로 수련하였다. 개인 내담자와의 체계적 작업을 강조한 베르트란도(Bertrando, 2007)를 9장에서 다시 언급할 것이지만, 그는 또한 '대화주의(dialoguism)'(이 장 후반부에 다시 설명)를 받아들였고 밀란학파라는 '집'에 내러티브 개념을 통합했다. 우가지오(Ugazio, 2013)는 의미가 종종 대립되는 개념을 염두에 두고 구성된다는 점을 탐구함으로써 의미에 대한 강조를 새로운 단계로 발전시켰다(이 또한 장의 후반부에 다시 언급). 프루게리와 동료들(Fruggeri, Davolo and Fruggeri, 2016)은 문화적 맥락 내에서 후기 밀란학파의 복잡성을 계속 탐구했다.

지금까지 살펴본 내용은 밀란 및 후기 밀란학파의 '직접적인 유산'이라고 부를 수 있는 것들이다. 그러나 몇몇 중요한 간접적인 유산들도 있다. 후기 밀란 접근법은 그 모델 내에 반영성(reflexivity)과 불확실성을 내재화했기 때문에(Mason, 1993), 모든 가족치료학파 중에서도 치료적 관점에서의 '포스트모던' 또는 '사회구성주의적' 혁명을 받아들일 준비가 가장 잘된 편이었다(McNamee and Gergen, 1992; Gergen, 1999). 흥미롭게도 예를 들어, 내러티브 가족치료의 창시자 중 한 명인 화이트는 처음에는 '밀란 방식'의 치료사였다(White, 1983).

알아보기

포스트모더니즘은 확실성이란 존재하지 않는다고 주장하는 철학적 움직임이다. 흔히 '지식'이라 불리는 것은 보편적이 아닌 지엽적(local) 현상이라는 것이다. 포스트모더니즘은 어떠한 '거대 담론'에 대해서도 회의적이다.

후기 밀란 가족치료에서는 가족치료사들이 포스트모던 아이디어를 받아들인 후에 큰 발전이 일어난 '봄(Spring)'과 같은 성장이 있었다. 이러한 발전들(한 시대와 다른 시대를 연결하는 '가교' 수준의)에는 생물학자 바렐라와 마투라나(Varela and Maturana, 1988)의 아이디어와 크로넨과 피어스(Cronen and Pearce, 1985)의 커뮤니케이션이론들이 포함되었다.

알아보기

크로넨과 피어스(Cronen and Pearce, 1985)는 모든 의사소통이 처해 있는 맥락이 위계를 갖고 있다고 보았다. 이 모델은 '의미조율이론'이라고 불리게 되었는데, 이는 언어를 더 넓은 사회적 그리고 문화적 맥락 내에 위치시켰다.

알아보기

바렐라와 마투라나(Varela and Maturana, 1988)는 외부 과정이 생물학적 유기체를 변화시키는 방법을 결정한다는 것이 불가능하다고 보았다. 따라서 치료사가 인간 체계를 '변화시킨다'는 생각은 과감히 '포기해야 한다'고 주장하였다.

이러한 이론의 변화가 가져온 결과는, 앞서 언급했듯, 많은 가족치료 실천이 후기 밀란학파에서 '비롯되었지만' 점차 큰 폭으로 다양해졌다는 것을 의미한다. 〈표 7-4〉에 관련된 예시가 정리되어 있다.

표 7-4 **포스트모던 가족치료의 다양성(내러티브 및 해결중심치료 제외)**

창시자/모델명	기본 개념	실천 예시
의미론적 양극성 방법 (Campbell and Groenbaek, 2006; Ugazio, 2013)	조직과 가족 내에서, 한 관점은 필연적으로 그 반대를 낳으며 사람들은 관계에서 이 양극성에 대한 '입장'을 취한다.	한 부모가 아이들은 바르게 행동해야 한다고 주장할 수 있다. 그러면 누군가는 반대 의견을 취할 것이다. 즉, 아이들은 한 개인으로서 존중받아야 한다는 의견을 낼 수 있다. 치료사는 이러한 반대 의견들을 탐색하여 구성원들이 새로운 입장을 취하도록 도울 것이다.
협력적 질의 방법 (Anderson and Gehart, 2007)	치료는 두 사람 사이의 협력적 질의과정이다. 치료사는 유용한 대화를 관리하는 방법 외에는 어떠한 특정 지식도 사용하지 않는다.	앤더슨은 내담자와 '함께' 있는 것과 마치 주인이 손님을 집으로 초대하듯 대화에 임해야 한다는 것을 주장한다.
개방적 대화 (open dialogue) 및 대화적 접근 (Seikkula et al., 2012; 2006)	이 치료사들은, 언어가 사회적 현상이며 인식과 경험을 변화시키는 반응을 끌어낸다고 주장한 바흐친(Bakhtin)과 비고츠키(Vygotsky)의 아이디어를 사용한다.	세이쿨라(Seikkula)는 이 방법을, 한 개인이 소위 '정신적 에피소드(psychotic episode)'라는 것을 경험하게 해 주는 네트워크 미팅에 적용했다(Seikkula and Arnkil, 2006). 개인과 그 가족의 경험에 관한 열린 대화의 장을 통해, 신경정신의학과 입원이 감소하였다(Seikkula, 2002).

인문주의적, '윤리적 대화(just talk)' 접근법 (Bird, 2000; Pearce, 2012).	이 집단의 치료사들은 내담자들과 연결을 만들어 내기 위해 치료사가 언어를 사용할 수 있는 방법을 강조한다. 이들은 내러티브, 밀란, 페미니즘에서 가져온 다양한 기법을 사용한다.	버드(Bird)는 관계에서 학대를 경험한 이들에게 희망과 치유를 불러일으키기 위해 '관계적 외재화(relational externalizing)'를 사용한다고 말한다.
변혁적 실천으로서의 체계론적 치료 (McCarthy and Simon, 2016)	체계론적 치료는 개인/가족 문제의 사회적 맥락에 대한 독특한 관점을 가지고 있다. 이 대화들이 창의적으로 활용되면, 치료는 맥락/사회의 변혁에 일익을 담당할 수 있다.	아푸아페(Afuape, 2016)는 성폭력 생존자들을 위한 집단치료 맥락에서 자신의 접근 방식이 내담자들에 힘을 부여하여 그들이 개인 및 사회적 '해방'의 형태를 찾는 데 기여했다고 주장한다.

알아보기

비고츠키는 단어의 중요성이 그것들의 실제 '의미'에 있지 않고 대화의 맥락 내에서 부여된 의미에 있다고 강조한 러시아의 발달심리학자였다. 이러한 사고를 바탕으로 그는 언어를 '둘러싼' 상호작용 과정의 탐색에 몰두하였다. 그는 대화가 의미를 어떻게 구성하는지에 관심을 가지게 된다(Seikkula, 1993; 2003 참조).

알아보기

바흐친 역시 러시아의 심리학자로, 대화에서 발생하는 의미들과 그 다양성에 많은 관심을 가졌다. 언어가 '자아'를 '창조'하는 데 도움이 되는 사회적 현상이기 때문에, 바흐친은 인간이 '다성적(polyphonic)' 세계에서 살고 있다고 주장했다. 즉, 자아는 다양하며 다양한 맥락에서 사용되는 서로 다른 언어에 의해 구성된다는 것이다(Seikkula, 1993; 2003 참조).

포스트모더니즘과 후기 밀란 가족치료학파 대부분이 채택한 것으로 보이는 몇 가지 공통적인 실천 접근법이 있다. 이론적으로, 일부는 비록 그들이 사용하는 많은 기술이 체계론적 관점에서 진화했음에도 불구하고, 체계이론을 자신들 이론의 근원으로 여기지 않는다(Lowe, 2004). 이들 중 많은 학파가 쇼터(Shotter, 1993) 등에 의해 개발된 '일상 대화' 이론과 같은 다른 철학 및 이론적 출처에서 아이디어를 얻는다. 첫째, 거의 모든 학파가 '협력'에 큰 가치를 두는데, 이는 치료사와 내담자 사이의 권력 차이를 줄이기 위해 치료사가 많은 노력을 기울인다는 것을 의미한다. 둘째, 많은 학파가 치료의 대화적 측면에 초점을 맞춘다. 이는 그들이 단어의 사용에 큰 주의를 기울이고 '문제의 언어'를 탐색하여 내담자가 '문제'에 대한 새로운 태도를 개발하도록 돕는다는 것을 의미한다. 셋째, 치료사는 '변화'시키려는 의도를 피할 필요가 있다. 대화는 치료사가 결정하는 방향이 아니라 내담자가 이끄는 방향으로 움직이도록 설계된다. 현대 가족치료의 이러한 경향들은 비판에 당면하기도 한다(Rivett and Street, 2003). 예를 들어, 미누친(Minuchin, 1998; 5장 참조)은 이러한 접근법들이 많은 경우 개인치료에만 집중하게 되면서 가족과 함께 일하는 활기를 '잃어버렸다'고 지적했다. 또한 '거대 담론'이나 적어도 그에 대한 더 미묘한 접근이 치료사에게 유용하다는 주장도 있었다(Flaskas, 2002; Pocock, 1995).

지난 20년 동안 밀란학파의 영향력은 체계론적 실천 내에서 지속적으로 확장되고 성장해 왔으며, 종종 초기 팀의 이론으로부터 멀어지기도 했다. 그러나 집을 지을 때 가장 중요한 접착제인 시멘트는 거의 무한한 실험의 가능성을 뒷받침하기도 한다. 독자들이 이 장을 통해 다양한 실험들을 탐색하면서, 네 명의 밀란협회 구성원이 그러했듯 순환적이고 호기심 많으며 겸손한 태도를 견지한 채 치료사로서의 실천을 뿌리내리길 바란다.

해당 시연 동영상은 https://family.counpia.kr/로 접속하여 회원가입 후 무료로 시청 가능하다.

동영상 보기: 밀란 및 후기 밀란학파 – 순환질문

동영상 소개

이 영상에서는 가족치료사인 마크가 마리아, 닉, 조엘과 만나는 모습을 볼 수 있다. 마크는 밀란 및 후기 밀란학파의 기법을 사용하여 가족원들이 청소년기, 가족갈등, 불행, 슬픔, 분노의 묘사를 풀어 나가도록 돕는다.

00:44 마크: 다시 오신 것을 환영합니다. 다시 뵙게 되어 반가워요. 이번 시간에는 조

엘의 불행에 대해 조금 더 깊이 생각해 보고자 합니다. 그리고 그 불행에 대해 몇 가지 질문을 할 건데, 질문 중에는 조금 복잡한 것도 있을 수 있지만, 이런 종류의 질문을 하는 이유는 사람들이 서로 어떻게 연결되어 있는지, 한 이슈와 한 사람의 생각이 다른 사람의 행동과 어떻게 연결되는지 생각해 보려는 것입니다.

개입 포인트

여기서 치료사는 가족이 자신들에게 부여될 질문의 '유형'을 이해하도록 도와준다.

마크: 그러면, 조엘이 불행한 시기를 겪고 있다는 걸 가족 중 누가 제일 먼저 눈치챘는지 알아보는 것부터 시작해 볼까요?

개입 포인트

이는 첫 번째 순환질문의 전형적 유형이다. 가족원들이 다른 가족원에게 무언가 잘못된 일이 일어나고 있다는 것을 알아차리는 '행위'에 대해 생각해 보도록 유도한다. 이때 종종 나타나는 것은 관점이나 반응, 이해의 차이이다. 또한 마크가 조엘의 경험에 '우울증'이라는 단어를 사용하지 않은 것에 주목할 필요가 있다. 이것 역시 밀란학파의 방법과 상당히 일치한다. 마크는 가족원들이 그의 경험에 우울증이라는 개념을 사용했는지 알고 싶어 한다.

01:26 **마리아:** 제가 처음 알아차린 것 같아요……. 글쎄요, 그가 방에 많이 머무르더라고요(그녀는 이 행동이 중요하다고 생각한다). 그 상황이 계속되면서, 어느 날 밤 그 애가 우는 소리를 들었어요. 그래서 무슨 일인지 물어봤죠……. 아무 일도 아니라고 했어요. 그때 그냥 조엘을 의사에게 데려가야겠다고 생각했어요.

개입 포인트

조엘이 '아무 일도 아니'라고 한 이유는 여러 가지가 있을 수 있다. 이 시점에서 마크는 이러한 이유들을 구체적으로 다루지는 않지만, 이를 구체적으로 다루는 치료사도 있을 수 있다. 또한 마리아가 '조엘을 의사에게 데려간다'고 이야기한 점도 흥미롭다. 이렇듯 스트레스에 대한 반응도 가족이 속한 문화에 따라 차이가 있다.

마크: 알겠어요……. 조엘에게 '네가 안 좋아 보이는구나'라고 말했나요? 조엘이 '나는 불행해요'라고 말했나요?…… 어떤 표현을 사용해서 물어봤나요……?

개입 포인트
마크는 가족이 경험을 어떻게 묘사하는지 듣고 싶어 한다.

마리아: 그때 저 자신도 확신이 없었어요……. 호르몬 때문인가 싶고……. 성장하면서 화를 내는 거라고 생각했죠.

개입 포인트
이 설명은 조엘의 경험이 일시적인 것이며, 청소년들에게 '정상적인' 것이라는 것을 시사한다. 조엘의 관점에서 이것은 그의 경험이 어머니에게 '소통되지 않았다'고 느껴졌을 수 있다.

02:46 **마크:** 닉과 그것에 대해 공유했나요……. 그것이 청소년기의 평범한 감정 기복이었다고?

개입 포인트
여기서 마크는 이 정의가 가족 내에서 공유된 것인지, 아니면 논란이 되었는지를 파악하고자 한다.

02:58 **닉:** 네, 청소년이 겪는 그냥 그런 일반적인 기분 변화죠.

마크: 그게 언제 변했나요? 언제 호르몬 문제가 아니고, 청소년의 기분 변화가 아니라 슬픔이고, 불행이고, 다른 무언가라고 생각하게 되었나요?

> **개입 포인트**
>
> 여기서 마크는 이전의 정의가 틀렸을 수 있다는 것을 시사하는 전환적 질문을 하고 있다!

03:19 **마리아:** 둘이 점점 더 많이 싸우기 시작했을 때인 것 같아요. 그리고…… 닉은 조엘이 자신에게 무례하다고 생각했어요. 왜냐하면 그가 그의 진짜 아빠가 아니기 때문이죠.

03:44 **마크:** 그래서 닉이 문제를 더 키웠군요…….

마리아: 닉이 문제를 더 키웠다고 말하고 싶지는 않지만, 그가 단지 친아버지가 아니라는 느낌 때문에…… 그래서 그 부분에 대해 매우 속상했고, 그것 때문에 화가 났던 것 같아요…….

> **개입 포인트**
>
> 대화의 양상이 약간 변화하고 있음을 감지할 수 있다. 마리아는 닉과 조엘 사이의 관계가 악화됐을 때, 그것이 일반적인 기분 변화가 아니라고 생각하기 시작했다고 언급했다. 이것은 주목해야 할 중요한 변화이다.

04:23 **마크:** 조엘…… 엄마는 닉과의 갈등이 너의 불행을 더 악화시켰다고 생각해. 그에 대해 조금만 더 생각을 해 볼 수 있을까……. 닉과의 갈등이 너를 더 불행하게 만드는 것 같니?

> **개입 포인트**
>
> 마크는 드러난 설명에 대해 신중하게 분석하고 있으며, 때로는 다른 것들보다도 특정한 문구나 아이디어를 강조하고 있다. 이것을 구두점 찍기(punctuation)라고 한다.

조엘: 음, 네. 저는 싸움에 휘말리고 싶지 않아요. 기분 좋은 일이 아니에요. 기분이 나쁜 상태에서 싸움에 휘말리면, 전체 상황이 더 안 좋아지죠.

05:48 마크: 그런 일이 일어날 때, 때때로 자기의 슬픔을 다루는 것보다 다른 사람에게 화를 내는 것이 기분을 더 낫게 느끼게 해 주기도 하거든. 그런 일이 조엘에게도 일어난 것 같니?

조엘: 그런 것 같아요……. 어느 정도는요.

마크: 그래서 어떤 식으로든 화가 조엘의 슬픔을 다루는 데 도움이 되는 것 같니?

개입 포인트

마크는 다음과 같은 순환을 탐구하고 있다. 즉, 슬픔이 갈등으로 이어지고, 갈등은 슬픔을 가리게 된다. 이것은 닉과 조엘 사이의 순환인 것이다. 이러한 순환이 양쪽 당사자에게 모두 작용하는지 물어볼 수 있다. 둘 다 '슬픔이' 점차 화로 나타나게 된다.

조엘: 네, 그런 것 같아요.

06:29 마크: 그럼 어떤 것이 달라졌을까, 엄마가 네가 우는 것을 들었다면…… 조엘의 불행이 가족에 의해 다뤄지고 있다고 느끼게 하려면 어떤 일이 일어났어야 했을 것 같니? 엄마, 아빠가 어떻게 했어야 했을까?

조엘: 모르겠어요……. 방에 들어와서 무슨 문제인지 물어봤다면 상황을 더 악화시켰을 수도 있어요…….

개입 포인트

이는 분명 가족치료사가 듣고 싶어 했던 내용이 아닐 것이다! 이전에 언급된 바와 같이, 조엘의 불확실성에는 타당한 이유들이 있었을 수 있다. 치료사는 '해결책을 찾기'보다 방에 들어오는 것이 왜 도움이 되지 않았는지에 대해 가족원들이 이해할 수 있도록 도와야 할 것이다.

조엘: 아마도…… 언제나…… 잘 모르겠어요.

개입 포인트 ....

치료사는 조엘이 무언가를 말하려고 하는 듯한 반응에 주목하고 있다. 조엘은 무언가를 말하고 싶지만 아직 또는 지금은 말할 수 없는 것처럼 보인다. 치료사는 그가 무엇을 말하고 싶었을지 추측할 수 있다. 가족치료에서 치료사는 가족원들에게 그가 무엇을 말하고 싶었을지에 대한 생각을 물어볼 수 있다. 대신, 마크는 대화를 다른 방향으로 이끌기로 결정한다. 조엘은 아직 무언가를 말할 준비가 되지 않았으므로, 마크는 이해와 과정의 단계들로 다시 돌아가야 한다.

07:41 마크: 닉에게 궁금한데요. 마리아가 조엘이 불행하고, 슬프다고 느낄 때, 그녀는 무엇을 하나요?

개입 포인트 ....

대화의 흐름에서, 마크는 조엘에게 의존하는 것이 좋은 방법이 아니며, 다른 가족원들이 어떻게 해야 하는지에 대한 더 복잡한 질문들을 추가하는 것도 마찬가지로 좋은 방법이 아님을 알게 되었다. 그래서 그는 부모 사이의 관계로 돌아간다. 닉이 생각하면서 보였던 긴 침묵에 주목해 보자. 마크는 반성적 질문을 시도하였다.

08:03 닉: '어떻게 했길래 조엘이 저러는 거예요?'라고 말하는 것 같아요.
마크: 알겠어요, 그래서 그녀가 조엘의 슬픔을 당신과의 관계와 관련된 것으로 해석한다고 생각하나요?

개입 포인트 ....

매우 중요한 장면이다. 만약 이게 사실이라면, 마크는 다른 생각들이 떠오르도록 장려할 수 있다. 아마도 조엘의 슬픔은 마리아나 그의 친아빠 또는 다른 또래 친구들과의 관계와 관련이 있을 수 있다.

08:22 닉: 항상 그런 것은 아니지만, 제 탓인 것 같아요.
마크: 그녀가 어떻게 다르게 행동하면 당신이 당신 탓이라고 느끼는 것을 멈출 수 있

을까요?

닉: 아마 그녀가 그냥 '조엘이 화가 났어……. 우리가 그와 이야기해 볼 수 있을까'라고 말하면 좋을 것 같아요……. 저를 자기 편에 포함시키는 것처럼요…….

개입 포인트 ⋯⋯⋯⋯⋯⋯⋯⋯⋯⋯⋯⋯⋯⋯⋯⋯⋯⋯⋯⋯⋯⋯⋯⋯⋯⋯⋯⋯

이 시점에서, 마크는 마리아에게 그렇게 하지 않았던 이유가 무엇인지 물어볼 수 있었다. 그러나 흥미롭게도 마크는 다른 방향으로의 전환을 시도한다. 그가 이렇게 한 이유를 정확하게 알 수는 없다. 순환질문을 사용하는 데 있어 유념해야 할 중요한 기술 중 하나는 주제에 머물며 그것을 철저히 탐색하는 것이다. 이를 수행하는 대신, 마크는 '프레임을 넓히고' 가족 내 다른 관계를 살펴보기로 결정했다. 회기에서 부모관계에 너무 집중하는 것이 바람직하지 않다고 생각했을 수 있기 때문이다.

마크: 닉, 마리아가 조엘의 불행을 알아챌 때, 그것이 그녀와 로라의 관계에 영향을 미친다고 생각하나요?

닉: 확실히 그런 것 같아요……. 로라는 막내라 그냥 밀려나고, 좀 소외되는 편입니다.

개입 포인트 ⋯⋯⋯⋯⋯⋯⋯⋯⋯⋯⋯⋯⋯⋯⋯⋯⋯⋯⋯⋯⋯⋯⋯⋯⋯⋯⋯⋯

이 정보를 통해 마크는 불행이 가족원들에게 다르게 영향을 미친다는 점을 언급할 수 있다. 다시 한 번 이 지점에서 그는 불행을 외재화하였다(7장 참조). 밀란치료에서 이러한 장면은 잘 발생하지 않는다. 가족 내의 다른 사람들이 불행에 어떻게 다르게 관련되는지를 매핑하는 것이 더 일반적인 밀란 접근법이기 때문이다. 여기서도 마크는 다른 가족원들의 불행에 집중하기로 선택한다.

09:42 마크: 집안의 다른 사람들이 불행할 때 누가 그것을 알아채나요? 마리아, 당신이 불행할 때 누가 당신이 불행하다는 것을 알아차린다고 생각하나요?

마리아: 모두가 알아차릴걸요. 왜냐하면 그럴 때 저는 우는 편이고 그럼 모두가 볼 수 있으니까요(닉이 동의하며 고개를 끄덕인다). 하지만 가장 동정을 많이 받는 건 조엘로부터예요.

정말 흥미로운 정보가 등장하고 있다. 이 정보가 바로 '차이에 대한 소식'을 구성하는데, 이는 어머니–아들 관계를 확인하고 그 정의에 따라 남편인 닉을 배제한다. 이것이 왜 일어나고 그가 어떤 방식으로든 이것을 장려하는지를 궁금해할 수 있다.

마리아: 로라는 너무 화가 나서…… 제가 볼 땐, 로라도 방으로 가서 울 것 같아요. 하지만 로라는 그 모습을 저에게 보이고 싶어 하지 않을 거예요……. 닉은 정말 불편해해요……. 저는 조엘이라고 생각해요.

10:50 **마크:** 마리아, 당신이 불행할 때 조엘이 당신의 불행을 도와주면, 그것이 조엘의 불행에 어떤 차이를 만들어 낸다고 생각하나요?

마리아: 짧게는 그의 불행을 잊게 도와주고 그가 저를 위로하려고 하지만, 결국에는 그에게 더 나빠지는 것 같아요……. 왜냐하면 조엘에게도 자신의 문제가 있으니까…… 그게 조엘에게 더 힘들 것 같다고 생각해요…….

11:43 **마크:** 그럼 조엘, 가족이 너의 불행을 감당하기가 더 힘든지, 아니면…… 엄마의 불행을 감당하기가 더 힘든지 생각해 볼 수 있니?

이것은 반성적인 질문이다. 마크는 조엘이 어떻게 대답할지, 심지어 대답을 할지조차 모른다. 하지만 조엘은 결국 대답한다.

조엘: 엄마의 것을 다루는 게 더 쉬운 것 같아요…….

12:26 **마크:** 엄마의 불행을 다루기가 조엘의 것보다 더 쉬운 이유가 무엇인지에 대해 말해 줄 수 있니?

조엘: 엄마는 자신이 불행하다는 것을 직접 보여 줘요.

12:44 **마크:** 닉도 불행하다는 것을 직접 보여 준 적이 있니?

> **개입 포인트** ···
>
> 밀란 팀은 가족원들에게 라벨링하는 것을 지양했다. 마크가 한 가족원이 불행하다고 이야기하는
> 것이 아니라, 가족원들이 기분이 안 좋을 때 그것을 보여 주는지에 대해 이야기하는 것에 주목할
> 필요가 있다.

조엘: 저는 닉이 불행한 것을 거의 알아차리지 못해요. 저는 그가 불행한 것을 본 적
　　　이 없는 것 같아요.

13:05 **마크:** 알겠어, 엄마에게도 물어볼게. 마리아, 닉이 불행한 것을 본 적이 있나요?

마리아: 물론이죠.

마크: 그래요? 알겠어요, 닉이 불행할 때 당신이 알아차리는 것은 무엇인가요?

> **개입 포인트** ···
>
> 이 대화는 순환질문을 사용하여 가족 내에서 불행이 표현되는 여러 방법이 있고 많은 가족원이
> 불행하다는 인식도 자극하고 있다. 즉, 조엘만이 불행한 것이 아니라!

13:21 **마리아:** 글쎄, 그는 스스로를 안으로 닫고, 더욱 닫고…… 스스로를 안으로
　　　가두고 이전보다 이야기하고 싶어 하지 않고…… 그냥 괜찮다고만 할 거예
　　　요……. 제가 느끼기에는 그게 아니지만.

마크: 마리아가 맞나요, 닉?

닉: 아마, 네, 아마도요. 제 문제가 좀 더 내면적인 거 같아요. 그것 때문에 화도 나는
　　　것 같아요.

마크: 그러니까 조엘과 좀 비슷하네요……. 슬픔과 화가 어떻게든 연결되어 있나요?

닉: 네, 그렇다고 생각해요. 사람들이 우울해하는 것, 불행을 보는 것, 가끔 견디기
　　　어렵죠.

마크: 그래서 마리아가 슬플 때 더 화가 나나요?

> **개입 포인트** ⋯⋯⋯⋯⋯⋯⋯⋯⋯⋯⋯⋯⋯⋯⋯⋯⋯⋯⋯⋯⋯⋯⋯⋯⋯⋯⋯⋯⋯⋯⋯⋯⋯⋯⋯⋯⋯⋯
>
> 대화는 슬픔과 분노라는 이분법으로 방향을 틀었다. 하지만 이 대화로 인해 닉의 화가 슬픔과 연결되기 시작했다.

닉: 글쎄, 그녀가 슬퍼하는 것을 보는 건 싫으니까, 저에게 뭔가를 촉발시키긴 해요, 그래요.

마크: 알겠어요, 그러면 마리아는 당신의 동정심보다 화를 더 많이 보나요?

닉: 그렇다고 생각해요. 맞아요.

마크: 조엘에게도 같은 건가요? 그가 사람들에게서 자신의 슬픔에 대한 동정심보다 화를 더 많이 보는 건가요?

닉: 네, 그렇다고 생각해요. 그렇죠⋯⋯.

마크: 만약 가족 모두가 화보다는 슬픔을 볼 수 있다면⋯⋯ 화 대신에 슬픔을 보는 것을 가장 어려워할 사람은 누구 같아요?

15:15 닉: 조엘이라고 생각해요⋯⋯.

15:39 마크: 닉의 대답이 맞니?

조엘: 아마도요⋯⋯.

(마크가 대화를 정리한다.)

마크: 우리가 알게 된 것은 여러분 모두가 슬픔을 공유하고 있고, 슬퍼하는 다양한 방식을 공유하고 있지만, 각자가 사람들이 슬퍼할 때 그것을 인식하기 어렵다는 것입니다. 거기에 연결고리가 있는 것 같고, 슬픔과 화는 연결되어 있으며 때로는 하나가 다른 하나와 혼동되기도 한다는 것을 공유하였습니다. 이해가 되시나요? 다음번에 이 주제로 다시 돌아올 수도 있겠네요.

요약

이 영상에서 마크는 반성적/순환적 질문을 사용하여 가족원들이 감정을 표현하는 경험을 통해 서로 어떻게 연결되어 있는지를 강조한다. 회기의 마지막에 마크는 가족이 기억길 원하는 메시지를 요약한다. 즉, 조엘이 감정을 가진 유일한 사람이 아니라는 점이다. 가족원들은 서로 연결된 감정을 공유하며, 이것은 가족원들을 서로 안 좋은 방식으로 연결시키기도 하므로, 이에 대해 추가적으로 더 자세히 탐색해 볼 필요가 있다.

참고문헌

Afuape, T. (2016). A 'fifth wave' systemic practice punctuating liberation. In McCarthy, I. and Simon, G. (Eds) *Systemic therapy as transformative practice*. Farnhill: Everything is Connected Press, pp. 43-61.

Andersen, T. (1991). *The reflecting team: dialogues and dialogues about the dialogues*. New York: Norton.

Anderson, H. and Gehart, D. (2007). *Collaborative therapy*. New York: Routledge.

Anderson, H. and Goolishian, H. (1988). Human systems and linguistic systems. *Family Process*, 27: 371-393.

Bateson, G. (1972). *Steps to an ecology of mind*. Chicago, IL: University of Chicago Press.

Bertrando, P. (2007). *The dialogical therapist*. London: Karnac.

Bird, J. (2000). *The heart's narrative*. Auckland, NZ: Edge Press.

Brown, J. (1997). Circular questioning: an introductory guide. *Australian and New Zealand Journal of Family Therapy*, 18: 109-114.

Burbatti, G. and Formenti, L. (1988). *The Milan approach to family therapy*. New Jersey: Aronson.

Campbell, D., Draper, R. and Huffington, C. (1989). *Second thoughts on the theory and practice of the Milan approach to family therapy*. London: Karnac.

Campbell, D. and Groenbaek, M. (2006). *Taking positions in the organisation*. London: Karnac.

Cecchin, G. (1987). Hypothesizing, circularity and neutrality revisited: an invitation to curiosity. *Family Process*, 28: 405-413.

Cronen, V. and Pearce, B. (1985). Toward an explanation of how the Milan method works: an invitation to a systemic epistemology and the evolution of family systems. In Campbell, D. and Draper, R. (Eds) *Applications of systemic family therapy: the Milan approach*. London: Grune and Stratton: 69-84.

Davolo, A. and Fruggeri, L. (2016). A systemic-dialogical perspective for dealing with cultural differences in psychotherapy. In McCarthy, I. and Simon, G. (Eds) *Systemic therapy as transformative practice*. Farnhill: Everything is Connected Press, pp. 111-124.

Flaskas, C. (2002). *Family therapy: beyond postmodernism*. Hove: Brunner-Routledge.

Foot, J. (2015). *The man who closed the institutions*. London: Verso.

Gergen, K. (1999). *An invitation to social construction*. London: Sage.

Hoffman, L. (1985). Beyond power and control: toward a 'second order' family systems therapy. *Family Systems Medicine*, 3: 381–396.

Jones, E. (1993). *Family systems therapy*. Chichester: Wiley and Sons.

Lowe, R. (2004). *Family therapy: a constructive framework*. London: Sage.

McCarthy, I. and Simon, G. (2016) (Eds). *Systemic therapy as transformative practice*. Farnhill: Everything is Connected Press.

McNamee, S. and Gergen, K. (1992). *Therapy as social construction*. London: Sage.

Martin, F. (1985). The development of systemic family therapy and its place in the field. In Campbell, D. and Draper, R. (Eds) *Applications of systemic family therapy: the Milan approach*. London: Grune and Stratton.

Mason, B. (1993). Towards positions of safe uncertainty. *Human Systems* 4, 181–200.

Maturana, H. and Varela, F. (1988). *The tree of knowledge: the biological roots of human understanding*. Boston: Shambala.

Minuchin, S. (1998). Where is the family in narrative family therapy? *Journal of Marital and Family Therapy*, 24: 397–403.

Nelson, T., Fleuridas, C. and Rosenthal, D. (1986). The evolution of circular questions: training family therapists. *Journal of Marital and Family Therapy*, 12: 113–127.

Pearce, K. (2012). *Compassionate communicating*. Oracle, AZ: CMM Institute for Personal and Social Evolution.

Penn, P. (1982). Circular questioning. *Family Process*, 21: 267–280.

Pocock, D. (1995). Searching for a better story: harnessing modern and postmodern positions in family therapy. *Journal of Family Therapy*, 17: 149–173.

Prata, G. (2002). *A systemic harpoon into family games*. London: Routledge.

Rivett, M. and Street, E. (2003). *Family therapy in focus*. London: Sage.

Rogers, A. and Pilgrim, D. (2001). *Mental health policy in Britain*. Basingstoke: Palgrave.

Seikkula, J. (1993). The aim of therapy is to generate dialogue: Bakhtin and Vygotsky in family session. *Human Systems*, 4: 33–48.

Seikkula, J. (2002). Open dialogues with good and poor outcomes for psychotic crises: examples from families with violence. *Journal of Marital and Family Therapy*, 28: 263–274.

Seikkula, J. (2003). Dialogue is the change: understanding psychotherapy as a semiotic process of Bakhtin, Voloshinov and Vygotsky. *Human Systems*, 14: 83–94.

Seikkula, J. and Arnkil, T. (2006). *Dialogical meetings in social networks*. London: Karnac.

Seikkula, J., Laitila, A. and Rober, P. (2012). Making sense of multi-actor dialogues in family therapy and network meetings. *Journal of Marital and Family Therapy*, 38: 667-687.

Selvini, M. and Selvini Palazzoli, M. (1991). Team consultation: an indispensable tool for the progress of knowledge. *Journal of Family Therapy*, 13: 31-52.

Selvini-Palazzoli, M. (1963). *Self starvation*. London: Human Context Books.

Selvini-Palazzoli, M. (1986). *The hidden games of organisations*. New York: Pantheon.

Selvini-Palazzoli, M., Boscolo, L., Cecchin, G. and Giuliana Prata (1978). *Paradox and counter-paradox*. New Jersey: Jason Aronson.

Selvini-Palazzoli, M., Boscolo, L., Cecchin, G. and Giuliana Prata (1980a). Hypothesizing, circularity, neutrality: three guidelines for the conductor of the session. *Family Process*, 19: 3-12.

Selvini-Palazzoli, M., Boscolo, L., Cecchin, G. and Giuliana Prata (1980b). The problem of the referring person. *Journal of Marital and Family Therapy*, 6: 3-9.

Selvini-Palazzoli, M., Cirillo, S., Selvini, M. and Sorrentino, A. (1989). *Family games*. London: Karnac.

Shotter, J. (1993). *The cultural politics of everyday life*. Toronto: University of Toronto Press.

Tomm, K. (1984a). One perspective on the Milan systemic approach: Part 1. Overview of development of theory and practice. *Journal of Marital and Family Therapy*, 10: 113-125.

Tomm, K. (1984b). One perspective on the Milan systemic approach: Part II. Description of session format, interviewing style and interventions. *Journal of Marital and Family Therapy*, 10: 253-271.

Tomm, K. (1985). Circular interviewing. In Campbell, D. and Draper, R. (Eds) *Applications of systemic family therapy*. London: Grune and Stratton.

Tomm, K. (1987). Interventive interviewing: Part II: reflexive questioning as a means to self-healing. *Family Process*, 26: 167-183.

Tomm, K. (1988). Interventive interviewing: Part III: intending to ask lineal, circular, strategic or reflexive questions? *Family Process*, 27: 1-15.

Ugazio, V. (2013). *Semantic polarities and psychopathologies in the family*. New York: Routledge.

Watzlawick, P., Beavin, J. and Jackson, D. (1967). *Pragmatics of human communication*. New York: Norton.

White, M. (1983). Anorexia nervosa: a transgenerational system perspective. *Family Process*, 22.

Willott, S., Hatton, T. and Oyebode, J. (2012). Reflecting team processes in family therapy: a search for research. *Journal of Family Therapy*, 34: 180-203.

내러티브치료
이야기 해석하기

요점정리

- 내러티브치료의 핵심 신념은, 우리의 현실이 우리와 다른 사람들이 우리에 대해 말하는 이야기들에 의해 구성되고 유지된다는 것이다.
- 내러티브치료사들은 자신의 치료 접근 방식을 결정하는 일련의 가정을 가지고 있으며, 이러한 가정은 치료사가 상담을 받는 사람에게 사용하는 여러 기술이나 개입과 연결되어 있다.
- 내러티브치료사는 문제를 가진 사람이 지닌 긍정적 기술을 부각시켜 사람들이 다른 방식으로 변화를 관리할 수 있게 한다.
- 이러한 기법들은 내러티브 접근을 하지 않는 다른 치료사들과 여타 조력 전문가들의 개입 방식에 통합되었다.

서론

최근에 새 책을 구입한 기억을 떠올려 보자. 표지 디자인이 눈에 띄어서건, 작가의 이름 때문이건, 고전 소설이건 범죄 소설이건, 아니면 비소설이건, 장르가 무엇이든, 저자의 목표는 첫 페이지를 열었을 때 독자를 다른 장소나 경험으로 데려가거나 새로운 기술을 배우게 하는 것이었을 것이다. 그러나 새로운 페이지를 넘길 때마다, 단어를 해석하고 이야기를 이해해 나가는 것은 바로 독자의 몫이다. 언어의 해석은 내러티브 접근법의 본질이다. 내러티브치료사들은 언어가 강력한 힘이 있으며, 그것을 읽거나 듣는 사람들의 삶의 경험을 변화시킬 수 있는 힘이 있다고 믿는다. 이 변화는 선택되고 사용되는 방식에 따라 부정적이거나 긍정적일 수 있으며, 도움이 되거나 그렇지 않을 수 있다. 당연한 이야기처럼 들릴 수 있으나, 내러티브치료는 1980년대 후반/1990년대 초반 가족치료의 한 학파로 등장했을 때 매우 새로운 접근 방식이었고, 이후 독자적 노선을 취하는 포스트모던 치료모델로 자리 잡게 된다. 푸코(Foucault)와 데리다(Derrida)와 같은 철학자들, 베이트슨과 기어즈(Geertz)와 같은 인류학자들, 그리고 많은 가족치료사에 이르기까지 내러티브학파는 다양한 근원을 가진 사회구성주의모델로 간주된다. 그러나 오늘날 우리가 내러티브치료라 부르는 접근법은 마이클 화이트(Michael White, [그림 8-1])와 데이비드 엡스턴(David Epston, [그림 8-2])이 1981년부터 발전시켜 온 학파를 일컫는다. 그들이 어떻게 내러티브치료에 빠지게 되었는지 그 과정을 살펴보는 것은 학파의 발전을 이해하는 데 도움이 된다.

마이클 화이트(1948~2008)는 호주 애들레이드(Adelaide)에서 태어났다. 그는 원래 보호관찰관으로 일했으며 이후 사회복지사가 되는 훈련을 받았다. 그 후, 그는 1980년대 그가 설립한 애들레이드의 덜위치센터(Dulwich Centre)에서 가족치료사로 활동하였다. 처음에는 밀란학파에서 훈련을 받았던 화이트는 이후 일반체계이론에 대해 제약을 느끼게 된다. 그는 사람들이 자신의 삶의 경험을 이해하고 삶의 문제에 반응하는 방식, 그리고 이 문제들을 이해할 수 있는 대안적 방법의 가능성에 초점을 맞추게 되었다.

화이트는 호주 원주민 커뮤니티와 함께 일했지만, 조현병과 거식증을 다루는 치료, 그

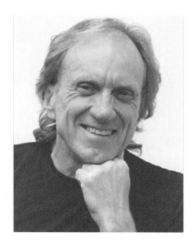

[그림 8-1] 마이클 화이트
출처: © Dulwich Centre

[그림 8-2] 데이비드 엡스턴
출처: © Rebekah Jensen

리고 어린이 및 청소년 대상 치료로 특히 잘 알려져 있다. 불행히도 샌디에이고에서의 강의 투어 중 59세에 심장마비로 사망할 때까지, 화이트는 내러티브 접근법과 그 실제에 관한 방대한 저술을 남겼다.

화이트는 대안적 내러티브 가족치료의 공동 창시자로 불릴 수 있는데, 이 접근법은 전통적인 체계론적 초점에서는 벗어나 있다. 내러티브치료의 공동 창시자인 데이비드 엡스턴(마이클은 그를 '친형제'처럼 생각했다.)은 주요 저서인『이야기 심리치료 방법론: 치유를 위한 서술적 방법론(Narrative Means to Therapeutic Ends)』(1990/2015)을 포함하여 여러 출판물을 공동 작업하였다. 데이비드는 1944년 캐나다에서 태어났지만 청소년기 후반에 뉴질랜드의 오클랜드로 이주해 인류학과 사회학을 공부하였으며, 그 후 영국으로 건너가 지역사회 사업과 사회복지를 공부하였다. 1970년대 후반, 사회복지는 그를 가족치료로 이끌었고, 가족치료는 그를 다시 오클랜드로 이끌어 1980년대에 가족치료센터 (Family Therapy Centre)를 공동으로 창립하게 하였다. 화이트와 엡스턴 모두 흥미롭고 다양한 분야에서 초기 경력을 쌓았으며, 이러한 경험의 풍부함은 그들의 치료적 사고에 잘 반영되어 있다.

그들의 삶의 경험과 지역사회 내 사회복지 경력의 결합은 내러티브치료의 기본 원칙에 영향을 미쳤으며 토대가 되었다. 이는 내담자와 치료사 사이의 협력적 접근법으로, 인생의 이야기에 대한 관심과, 권력이 없는 이들에게 권력을 부여하는 일에 초점을 맞추고 있다. 조현병과 가정폭력으로 고생하는 사람들과의 치료과정에서 이러한 원칙의 증거를 발견할 수 있다. 화이트가 사망한 이후에도 엡스턴은 내러티브 접근법을 계속해서 집필하고 실천하며 가르치고 있다.

내러티브치료의 가정들

내러티브치료는 체계와 관련된 비유가 아닌 이야기 비유를 중심으로 구성되어 있다. 즉, 우리를 둘러싼 현실이라는 것은, 우리의 관계와 경험의 영향이 아닌, 우리와 다른 사람들이 우리 자신에 대해 말하는 이야기에 의해 구성되고 유지된다는 것이 이 접근법의 핵심 신념이다. 그러나 내러티브치료 개념의 일부는 어느 정도 체계론적 성격을 띠기도 한다(〈표 8-1〉 참조)

내러티브치료에서 이야기는 생활 사건들에 관한 해석으로 정의되며, 플롯 내에서 시

표 8-1 체계론적 가족치료와 내러티브 가족치료 사이의 유사점

내러티브치료적 개념	체계론적 요소
문제는 문화적 맥락 내에서 구성된다.	사람들은 자신이 속한 문화 내 믿음/규칙의 영향을 받는다.
문제의 영향을 그려 나간다(mapping).	개인의 '문제'가 다른 사람들과의 관계에 어떤 영향을 미치는지 탐색한다.
행동 영역의 질문을 한다.	이러한 유형의 질문은 '문제'가 개인의 행동과 현장에 있는 다른 사람들의 행동에 어떻게 영향을 미쳤는지 확인하는 데 도움을 주고자 한다.
'하나의' 객관적 진리란 존재하지 않는다. 여러 '진리들'만 존재한다.	의미/진리가 다른 이들과 함께 만들어 나가는 과정이며 끊임없이 진화한다고 보는 의미조율이론(Pearce and Cronen, 1980)과 관련된다.

간에 걸쳐 순차적으로 연결되어 있다(Morgan, 2000). 하지만 체계론적 접근법과 내러티브치료 접근법 간에는 다른 유사점도 있다. 즉, 체계론적 접근과 내러티브 접근 모두 우리의 생활 경험과 문제에 대한 이해가 타인과 문화의 영향을 받는다고 여긴다. 두 접근법 모두 이러한 영향을 풀어내고 대안적 이해를 탐색하고자 한다. 내러티브치료사는 문제를 가진 사람의 잠재적 기술(skill)을 발견하려 하며, 이 기술은 그들이 다른 방식으로 변화를 관리할 수 있게 할 것이라고 기대한다(내러티브치료사들은 상담하는 이들을 보통 내담자가 아닌 평범한 '사람들'이라 부른다). 변화를 관리하는 새로운 방법은 행동적이거나 정서적일 수 있으며 인지적일 수도 있다. 체계론적 치료사들도 변화를 촉진하려 하지만, 개인의 정체성 재구성과 이해를 통해서가 아니라 관계의 체계를 통한 변화를 추구한다.

모건(Morgan, 2000)은 내러티브치료사들이 치료 방식을 이끄는 일련의 가정을 가지고 있다고 제안한다.

1. 문제가 문제이며, 사람이 문제가 아니다.
2. 문제가 100퍼센트의 시간 내내 존재하는 것은 아니다.
3. 삶의 경험에 대한 이해는 시간이 지남에 따라 변한다.
4. 문제는 문화적 맥락 내에서 구성된다.
5. '하나의' 객관적 진리란 없다. 여러 '진리들'만 존재한다.
6. 사람들은 모두 자기 삶의 전문가이며 자기 문제를 다루는 데 도움이 될 수 있는 기술/신념/가치 및 능력을 가지고 있다.

7. 치료사는 비전문가의 입장을 취해야 한다.

8. 치료적 문서들과 의례를 활용하는 것은 변화의 지속을 위한 가치 있는 자원이다.

이러한 가정들은 내러티브치료사가 상담하는 사람과 함께 탐구하려고 하는 여러 기술/개입과 연결되어 있으며, 그중 일부는 이 장의 뒷부분에서 설명될 것이다. 내러티브치료는 사용되는 기술을 식별하고 설명하기 위해 특이한 용어들을 사용한다(여기에서 그중 일부는 굵은 고딕체로 표시됨). 이러한 용어들이 다소 복잡하게 느껴질 수 있기 때문에 〈표 8-2〉에 요약하여 제시하였다.

표 8-2 **내러티브치료 용어 및 기법**

내러티브치료 기법/개념	설명
대안적 이야기 (또는 선호되는 미래)	지배적 이야기를 지지하지 않고 앞으로의 삶에 대한 새로운 가능성을 나타내는 삶의 이야기.
해체	문제 이야기를 지지하는 당사자와 다른 사람들의 믿음, 사고 및 경험을 풀어서 보기.
지배적 이야기	과거, 현재 및 미래의 그 사람의 이해에 영향을 미치는 자신에 대한 고정된 믿음. (예: "나는 예쁜 언니지 똑똑한 언니가 아니야." "나는 돈 벌기는 글렀어.")
외재화	문제를 그 사람으로부터 분리하기 위해 객체화하는 것.
외재화 대화	문제의 외재화를 개발하고 그것의 성격을 설정하기 위해 질문을 사용하는 것. (예: "죄책감이 당신의 우정에서 무엇을 빼앗고 있나요?")
문제의 영향 탐색 (또는 문제의 영향 그려 나가기)	문제가 삶의 모든 측면에 어떻게 영향을 미쳤는지 밝혀내는 것. 문제가 그 사람이 자신과 다른 사람들에 대해 어떻게 생각하고 느끼며 어떻게 행동하게 만드는지, 이것이 도움이 되는지 혹은 도움이 되지 않는지 등([그림 8-3] 참조).
행동 영역의 질문	문제가 그 사람에게 어떤 행동을 하게 하는지와 그 행위의 결과/세부 사항을 설정하는 것. (예: "괴물이 나타났을 때 다른 누군가와 함께 있었나요? 그들은 무엇을 했나요?")
정체성 영역의 질문	문제가 그 사람으로 하여금 자기 자신에 대해 어떻게 생각하게 하거나 알게 하는지를 설정하는 것. (예: "당신이 그렇게 할 수 있다는 것이 당신에 대해 무엇을 말해 주나요?")
대안적 이야기에 이름 붙이기	문제 바깥의 다른 삶의 방식에 대하여 이름 붙이기(그 사람의 말과 아이디어로부터).

문제에 이름 붙이기	문제를 그 사람으로부터 더욱 구분하기 위해 사용하는 외재화 형태의 이름 붙이기(그 사람의 말과 아이디어로부터).
외부-증인 집단	주인공이 알고 있을 수도 있고, 모를 수도 있는 두 명 이상의 사람들(그 사람의 상황과 관련된 생활 경험이 있을 수 있음)이 초대되어 주인공이 자신의 이야기와 선호하는 미래에 대해 이야기할 때 이를 듣고 반영을 제공하는 연출된 의례.
문제로 포화된 이야기	그 사람/가족을 구성하는 지배적 이야기로, 변화하거나 대안적인 이야기를 찾는 것을 방해함.
재저작 대화(또는 이야기 재구성 대화)	치료사는 시간의 흐름에 따라 사건들을, 문제를 가져온 그 사람에게 의미 있는 이야기로 연결하는 것을 목표로 함.
회원재구성 대화	과거와 현재에 도움이 된 관계를 탐색하는 것(동물, 대상, 장소 또는 사람일 수 있음). 대안적 이야기를 설정하는 데 사용됨.
비계설정	대화의 상대를 알려진 익숙한 이야기에서 익숙하지 않은 이야기로 점진적으로 이동시키는 과정.
입장 말하기 지도	문제를 명명하는 과정과 문제의 역사 및 후속 영향 탐색을 통해, 그 사람의 삶에서 문제의 위치가 확립되도록 하는 기법.
빈약한 설명	다른 의미들을 배제한 설명. (예: 주목받고 싶어 하는 사람, 비관주의자, 실패자 등)
이야기를 풍부하게 하기	그 사람의 삶과 그 주변 사람들의 삶의 세부 사항과 내용을 확장하여 포함시켜 대안적 이야기의 내용을 풍부하게 하는 것.
독특한 결과(또는 빛나는 사건 또는 순간)	문제가 존재하지 않았던 때. 이때는 문제를 경험한 지금과 상반된 특징을 보여야 함.

1. 문제가 문제이며, 사람이 문제가 아니다.

외재화는 사람들이 '문제'가 사람 내부에 있다고 사회화되어 믿고 있는 그 생각에 대한 내러티브치료적 반응이다. 외재화는 그 사람이 경험하는 억압적 문제를 인격화/객관화시키는 것으로 설명되어 왔다. 이는 문제가 자체적 정체성을 갖도록 하여, 이전에 귀속되었던 사람이나 관계의 정체성과 별개로 여겨지도록 하는 과정을 일컫는다. 이를 통해 관심의 초점을 사람으로부터 그 사람과 문제와의 관계로 옮길 수 있으며, 이는 전략적 가족치료학파에 뿌리를 둔 아이디어라 할 수 있다. 외재화는 이전에 접근할 수 없었던 문제에 대한 행동의 가능성을 열어 준다. 이는 사람들과 그들의 가족이 문제로부터 거리를 두고, 결과적으로 사람에 대한 판단과 귀속을 바꿔 나가는 데 도움이 될 수 있다.

화이트는 유분증 문제로 고통받는 어린 소년과의 치료에서 외재화를 사용하여 문제를 '교활한 똥'으로 명명한 사례로 유명하다(White, 1984). **문제에 이름 붙이기**는 외재화 과정의 일부이며, 문제를 사람으로부터 분리하는 데 더욱 도움이 된다. 문제는 적절한 이름이 부여될 때까지 '그것'으로 칭해지며, 이 과정은 그 사람과 치료사 간의 긴밀한 협력을 통해 이루어진다. 치료사는 그 사람이 문제를 설명하는 데 사용하는 언어에 주의를 기울여야 한다. '게으름' '악몽' '엄청난 공포'와 같은 언어의 반영이 예가 될 수 있다. 대안적으로는 치료사가 적절한 이름을 제안할 수도 있는데, 예를 들어 거식증에 대한 예로 '애니(Ani)'가 될 수 있는데, 이는 소녀의 이름 '애니(Annie)'와 '거식증(anorexia)'의 약어를 반영하였다. 막무가내 떼쓰기는 '괴물(The Monster)'이라 부를 수도 있을 것이다. 대문자의 사용은 문제를 고유명사로 식별하게 도와주기 때문에 외재화에 더욱 용이하다. 이름은 그 사람이 그린 문제를 묘사한 그림이나 호랑이, 스포츠카 등과 같이 문제를 묘사할 만한 동물이나 사물과 함께 사용될 수 있다.

내러티브치료사들은 모든 문제를 외재화할 수 있다고 본다. 즉, 관계의 문제, 예를 들어 다툼, 불신, 감정, 슬픔, 분노, 그리고 인종차별, 차별과 같은 문화적 관행 등까지도 외재화가 가능하다고 본다. 그러나 치료사는 외재화를 사용할 때 사람들의 삶의 보다 넓은 맥락까지 탐색해야 하며, 외재화가 문제 자체의 지배적 아이디어, 즉 권력과 억압의 문제를 강화해서는 안 된다는 사실을 명심해야 한다.

외재화를 폭력과 성적 학대를 다루기 위해 사용하는 일은 절대 없어야 한다. 피해자 입장에서는 가해자가 자신의 행동에 대해 책임이 없다고 해석할 위험이 있다. 따라서 치료사는 의도치 않게 학대를 강화할 수 있게 된다. 그러나 여자가 옷 입는 방식이 성폭력을 야기한다와 같이 학대나 폭력을 지지하는 태도 및 신념 자체는 외재화될 수 있다.

외재화는 **외재화 대화**의 맥락에서 만들어진다. 여기서는 열린 질문을 사용하여 문제를 조사하고 그 문제의 속성을 보여 주는 문제의 프로필을 구축한다. 밀란 팀이 호기심을 사용했던 것처럼(5장 참조), 내러티브치료사들은 외재화 대화를 사용하여 제시된 문제의 행동, 가치, 신념, 계획, 생각, 동기, 행동에 초점을 맞춘다. 내러티브치료사들은 범죄 현장을 조사하는 탐정처럼, 다음과 같은 질문을 하기도 한다.

그래서 아침을 먹을 때 애니가 당신에게 자기 자신에 대해 어떻게 생각하게 했나요?

애니가 음식을 엄마에게 안 보이게 숨기라고 당신에게 말했을 때 당신은 무엇을 했나요?

간식을 먹고 나서 쉬자는 당신의 생각에 대해 애니는 어떤 생각을 가지고 있나요?
크리스마스 휴가 동안 애니가 당신을 위해 계획한 것은 무엇이었나요?

과제 1

어린 시절 즐겨 했던 것에 대해 생각해 보자. 예를 들어, 취미나 학교 교과목 등이 있을 수 있다. 그리고 이에 대해 자기 자신과 외재화 대화를 나눠 보자. 스스로에게 "축구가 당신의 삶에 언제 처음 들어왔나요?" "피아노 치는 것이 당신이 당신 자신에 대해 어떻게 생각하게 했나요?"라고 물어보자. 이 질문들을 하면서 자신에 대해 어떻게 느끼는지 주목해 보자.

이와 같이, 외재화 대화는 **문제의 영향을 탐색**하거나 **문제의 영향 그려 나가기**에 사용된다. 문제의 영향을 탐색함으로써, 문제를 제시하는 사람과 치료사 모두에게 그 사람의 삶의 모든 측면에 대한 전체적인 영향이 드러난다([그림 8-3] 참조). 이러한 탐색 없이는 치료사가 문제의 심각성을 완전히 이해하지 못하는 것처럼 보일 수 있고, 그 사람은 오해받는 것처럼 느낄 수도 있다. 이러한 탐색은 그 사람이 사용해 온 기술과 역량을 강조할 수 있으며, 따라서 **대안적 이야기**를 더욱 풍부하게 한다.

[그림 8-3] 문제의 영향에 대한 탐색

과제 2

여러분이 성장하는 동안 여러분의 가족에게 일어난 중요한 사건에 대해 생각해 보자(예: 새로운 아기의 탄생, 이사, 학교 변경 등). 그리고 [그림 8-3]에 있는 제목들을 사용하여 이것이 여러분에게 미친 영향을 고려해 보자.

2. 문제가 100퍼센트의 시간 내내 존재하는 것은 아니다.

그 사람이 문제를 극복한 경우가 있다. 이러한 경우는 **해체** 대화 도중에 드러나며, 독특한 결과로 간주된다. **독특한 결과**는 지배적 **문제로 포화된 이야기**에 모순되는 사건들로, 그 사람이 문제에 성공적으로 저항한 경우이다(Morgan, 2000).

독특한 결과는 **빛나는 순간**이라고도 불리며, 문제와 달라서 돋보이는 사건들로서 문제의 역사를 고려했을 때 그 사람이 달성하기 어려웠을 것으로 여겨지는 것이다. 치료사는 그 사람이 독특한 결과로 간주하는 것에 주의를 기울여야 하며, 독특한 결과는 과거나 현재의 행동, 생각, 감정, 믿음 또는 사건으로 나타날 수 있다. 치료사와의 상담에 찾아온 그 사람(내담자)만이 독특한 결과가 무엇인지 결정할 수 있다. 치료사는 사람을 설득해서는 안 되지만, 과정을 돕기 위해 직접적인 질문을 할 수 있다. 예를 들어, "애니가 평소보다 약한 것을 언제 알아차리나요?" "언니와 휴가 가는 것에 대한 애니의 방해를 어떻게 막았나요?"

3. 삶의 경험에 대한 이해는 시간이 지남에 따라 변한다. 그리고

4. 문제는 문화적 맥락 내에서 구성된다.

문화는 우리가 삶을 이해하는 방식, 그리고 어떤 이야기가 지배적 이야기 혹은 부수적 이야기가 되는지에 강한 영향을 미친다. 성별, 계급, 인종, 능력, 나이 등은 과거와 현재 모두에서 삶의 의미를 만들어 내는 배경 '소음'을 제공하며, 이 의미는 시간이 지남에 따라 변할 수 있다. 내러티브적 관점은 문제가 더 큰 문화적 아이디어와 신념에 의해 지지될 때 성장한다는 것이다. 예를 들어, 인종차별은 백인이 갖는 특권과 권력에 대한 생각에 의해 지지되며, 비백인 인종 그룹의 사회경제적 그리고 정치적 지배를 영속시킨다. 여성과 남성의 성적 대상화는 역사적으로 〈세 번째 페이지의 여자와 다섯 번째 페이지의 남자(Page 3 Girl and Page 5 Fella)〉(영국의 일간 타블로이드 신문에 매일 게시되는 여성과 남성 모델의 반라 사진)를 통해 지지되어 왔다. 보다 넓은 문화적 신념의 내러티브적 해체를 통해 문제의 근원을 밝혀내어 사람들이 그것에 도전하고 선호하는 미래를 선택할 수 있도록 돕는다.

내러티브치료사들은 문제를 유지하게 만드는 문화적 신념, 관행, 개념을 해독하는 해체 대화를 사용하여 문제를 다르게 보도록 돕는다. 과거에 문제를 도왔던 문화적 신념과 문제를 유지하는 현재의 신념에 특히 관심이 있으며, 문제의 의미를 고민하는 사람에게 문제가 그 사람에게 어떤 의미인지를 포착하려는 질문을 던져 자세히 검토한다. 소위 말해진 적 없는 '진실', 예를 들어 '여성은 본질적으로 모성 본능이 있다' 또는 '남성은 자기 감정 표현이 어렵다'와 같은 진실이 의문시되고 평가되는데, 그 진실이 문제를 변화시키려는 그 사람에게 도움이 되는지, 그것이 문제를 지지하거나 문제 자체의 원천인지 등이 다뤄진다. 과거에 어떤 식으로든 도움이 되었던 문화적 신념이라 할지라도 현재에는 도움이 되지 않을 수 있다. 그 사람(치료의 주인공)은 시간이 지남에 따라 이 변화를 인식하고 다른 관점을 취하도록 도움을 받는다. 우리가 생애 사건을 해석하고 그에 따라 새로운 내러티브(이야기)를 만들어 내며, 이를 우리 스스로나 주변 사람들에게 공유하는 방식과 내용은 시간의 흐름에 따라 변화하게 마련이라 고정적일 수 없는데, 이는 다음의 가정과 밀접하게 관련되어 있다.

5. '하나의' 객관적 진리란 없다. 여러 '진리들'만 존재한다.

체계론적 치료사들처럼 내러티브치료사들 역시 다양한 '진리들'이 다양한 해석과 해결책을 제공한다고 주장한다. 엡스턴과 화이트는 논리적 실증주의(과학에서 파생된 정보만이 유효한 지식이며 이것만이 '진리'라는 믿음)가 서구 사회 사람들의 정신건강 문제의 배경이라는 생각을 확고히 가지고 있다. 그들은 내담자들이 다른 사람들(예: 의료 전문가)에 의해 자신이 병리화되는 것을 받아들이고 스스로를 병리화하도록 사회화되었다고 설명하고 있다. 예를 들어, '나는 우울하다' '나는 정신병이 있다' '나는 양극성장애가 있다' 이러한 병리학은 그 사람의 내면화된 자기-진술(self-description)이 되어 여타의 '살아온 경험(lived experiences)'을 희미하게 만들어 버린다(White and Epston, 1990). 이러한 병리학은 전문가들과 그들에게 상담받는 사람들이 대안적 이야기를 탐색하는 것을 방해해 왔다. 결과적으로 대안적 이야기는 대안적 이해 및 변화의 가능성과 함께 묻히고 주변화되어 버린다. 그들은 우리의 삶에서 많은 다른 이야기가 동시다발적으로 발생하게 되고, 우리는 지배적 설명과 시간의 맥락에 따라 그 이야기들을 해석한다고 주장하였다. 예를 들어, 한 어머니는 자기 가족을 따뜻하고 자족하며 친밀하다고 묘사할 수 있는 반면, 교사는 동일한 그 가족을 와해되었고 역기능적이라고 묘사할 수 있고, 사회복지사는 그 가족을 빈곤하고 소외된 대상으로 이해할 수 있다. 교사는 '친밀함'의 이야기를 주변화시키고 '기능장애'의 이야기를 우위에 두며, 사회복지사는 '자족함'의 이야기보다 '빈곤'의 이야기를 우위에 두고, 그 부모는 '빈곤'의 이야기보다 '따뜻함'의 이야기를 우위에 둔다. 이 모든 다양한 해석이 각자에게는 '진리'이며 모두 타당하지만(이 사람들이 그런 생각을 가지고 있는 시간 동안에는), 어느 것도 '진짜' 진리는 아닌 것이다.

6. 사람들은 모두 자기 삶의 전문가이며 자기 문제를 다루는 데 도움이 될 수 있는 기술/신념/가치 및 능력을 가지고 있다.

이 가정은 내러티브 접근법뿐만 아니라 다른 제3세대 또는 포스트모던 접근법의 중요한 기반이다. 여기서 치료사는 상호작용 과정에서 협력하는 참여-관찰자로, 그 사람이 자신의 경험을 식별하고 가치 있게 여기도록 돕고, 간접적으로 다른 사람, 기관 또는 문화에 의해 강요된 지배적 견해를 따르는 것에 대해 저항하도록 격려한다. 내러티브치료사들은 치료 회기 내에서 이러한 제안된 관점을 확립하기 위해 자신들만의 작업 도구를 활용한다. 외재화는 첫 단계이며, 사람이 문제를 자신의 기술이나 능력과 별개로 보도록 권한을 부여한다. 일단 문제가 외재화되면, 사람은 문제의 희생자에서 문제에 대한 전문가로 위치가 상승한다. 이 위치에서 그들은 질문을 받게 된다. 문제의 영향을 그려 보는 질문, 문제를 해체하는 질문, 빛나는 순간을 강조하는 질문들이 이에 포함된다. 빛나는 순간은 그 사람이 자신의 기술에 대한 믿음을 높이고 자신의 삶을 재창조하는 능력을 강화하는 과정에서 특히 중요하다. 그러나 이를 인정하려면 문제로 가득 찬 무능력이라는 익숙한 아이디어에서 미지의 문제 해결 능력의 장소로 이동하고 그 사이의 격차를 넘어서야 한다. 내러티브치료사들은 **비계질문**의 과정을 통해 이 격차를 해소하는 데 도움을 제공한다. 비계질문은 손쉽게 거부되기도 하는 그 사람의 자아 개념과 크게 다르지는 않지만, 또 어떻게 보면, 생각할 거리를 제공할 만큼 충분히 다른 아이디어로 생각을 확장시키기도 한다. 그들은 익숙한 아이디어를 지지하는 동시에 과거 사건의 재평가와 그렇지 않으면 간과될 수 있었던 기술과의 재연결 기회를 제공한다. 치료사는 그 사람의 호기심과 상상력을 끌어들여 그들의 기술에 대한 믿음을 강화하고 자신감을 구축하고자 시도한다. 그 사람의 자신감이 희망적으로 증가하면 **선호되는 대안적 미래**의 식별 단계로 넘어가게 된다.

과제 3

여러분의 학교 성적표를 떠올려 보고 선생님들의 부정적인 평가를 기억해 보자. 예를 들어, '잡담이 많다' '가만히 있지 못하는' '쉽게 산만해지는' 등이 있을 수 있다(혹시 이런 경험이 없다면, 가능한 묘사에 대해 생각해 보자!). 이런 표현을 외재화하는 것에 대해 생각해 보고, 이런 묘사가 사실이 아니었던 경우를 생각해 보자. 그리고 이런 표현과 관련되는 삶의 기술 (skill)에 대해 생각해 보자.

7. 치료사는 비전문가의 입장을 취해야 한다.

사람들이 치료를 받으러 온다는 것은, 그들이 이전에 시도했던 해결책들이 오히려 그들이 해결하고자 했던 문제들을 지속시키는 데 기여했을 가능성이 크다는 말이다. 내러티브치료사의 임무는 해결책과 답을 내놓기보다는 대화를 촉진하는 것이다. 내러티브치료사의 탈중심화(decentring)는 치료사가 변화해야 할 것을 '알고 있다는' 전략적 및 구조적 아이디어와는 다르며, 대신 내담자의 해석에 대한 대화(consultation)라는 방향을 취한다. 그러나 이것이 치료사가 외재화 대화에 전략적 초점을 유지하지 않을 것이라는 의미는 아니다. 결국 사람들은 스스로 변화시킬 수 없었던 문제들을 변화시키기 위해 치료를 받으러 온다. 내러티브치료사는 사람(들)이 자신의 이야기를 할 수 있도록 호기심을 가지고 존중의 태도로 대화를 촉진한다. 치료사는 그 사람이 사용하는 단어를 신중하게 반영하고 그것에 대한 자신의 이해를 확인한다. 즉, 치료사는 단어에 대한 공통된 이해가 있다고 가정하지 않는다. 그 사람은 대화의 주요 '저자'이지만, 치료사는 그 저작에 미치는 언어의 힘과 사회문화적 영향을 드러내는 책무를 가진다. 탈중심화는 참여하지 않거나 영향력이 없거나 수동적인 것을 의미하지도 않는다. 치료사는 개입을 구조화하기보다는 질문 사용을 통해 영향력을 발휘한다.

앞서 〈표 8-2〉에서 강조한 바와 같이, **외재화 대화, 재저작 대화, 회원재구성 대화, 정체성 영역의 질문** 및 **행동 영역의 질문**과 같은 대화 내 질문들이 내러티브치료사의 주요 도구이다. 화이트는 치료적 질문의 사용과 질문의 구성을 예술의 형태로 바꾸었으며, 질문을 사용하여 이야기를 구축하고 그 사람이나 가족이 문제에 도전하도록 지지하는 구조를 만들었다. 내러티브치료의 질문은 그 사람의 언어를 직접 참조하는데, 화이트가 가족들과 함께하는 회기 녹화본을 보면, 그가 상담하는 사람이 사용하는 언어를 신중하게 메모하면서 반복적으로 사용하는 것을 볼 수 있다. 내러티브치료사들은 (그들의 사회구성주의적 사고 때문에) 문제의 원인보다는 현재의 영향과 과거의 유산에 더 관심이 있다. 그들은 정보를 얻기 위해서가 아니라 그 사람의 삶의 경험에 대한 이야기를 생성하기 위해 질문을 하며, 그들이 답을 알지 못하는 질문만을 한다.

8. 치료적 문서들과 의례를 활용하는 것은 변화의 지속을 위한 가치 있는 자원이다.

엡스턴은 치료과정에서 편지와 문서의 사용을 도입한 것으로 잘 알려져 있다(Epston and White, 1992). 엡스턴은 회기 후에, 회기 내 나타난 주요 생각들을 요약하고 자신과 그 사람(들) 사이의 협력의 일부로 사람(들)에게 편지를 보냈다. 엡스턴(Epston , 1994)은 편지가 치료적 대화를 확장한다고 주장했다. "편지 속의 단어들은 대화가 희미해지고 사라지는 방식처럼 소멸되지 않는다. ······ 내담자는 회기 후 며칠, 몇 달, 몇 년이 지나도 편지를 손에 들고 반복해서 읽을 수 있다." 편지는 여러 형태로 분류할 수 있으며 다양한 기능을 가지고 있다(Morgan, 2000). 즉, 편지는 주로 지식을 요약하고, 목표를 되풀이하며, 치료과정에서의 진행과 변화를 기록하는 데 다른 문서와 함께 사용된다. 편지와 문서에 사용된 언어는 외재화 과정을 강화하고 회기 사이 및 치료 종료 시 참여한 사람이나 가족의 노력을 격려하는 데 사용된다. 이들은 직접 치료과정의 일부로 사용될 수 있어 대안적 이야기를 더욱 풍부하게 하거나(직접 작업이 불가능한 경우) 전체 치료과정으로 사용될 수 있다. 또한 서로 다른 사람들 사이의 계약의 형태를 취할 수 있는데, 예를 들면 변화에 대한 약속의 상징으로 그 문서에 각자 서명할 수 있다. 가족구성원들은 편지에 답장함으로써 변화과정에 기여할 수 있으며, 편지쓰기 캠페인이 이어질 수 있다(Madigan, 2011).

문서는 '애니와의 싸움에서 승리한 전투' '내 인생에서 애니 축출하기 작전 완료'와 같은 빛나는 사건들을 축하하기 위한 수료증이나 상장의 형태를 취할 수 있다. 증명서의 한 예시가 [그림 8-4]에 제시되어 있다.

과제 4

[과제 3]에서 나눈, 학교에서 여러분에게 한 묘사를 참조하여, 이른바 성격 결함을 극복한 당신의 성공을 축하하는 '어린 당신'에게 보낼 치료적 편지나 수료증을 작성해 보자.

의례와 축하의식은, 공식적이든 비공식적인 것이든 모두, 치료과정에서 중요한 지점을 표시하는 데 사용된다. 그것들은 문제로 포화된 이야기에서 선호하는 미래로 나아가

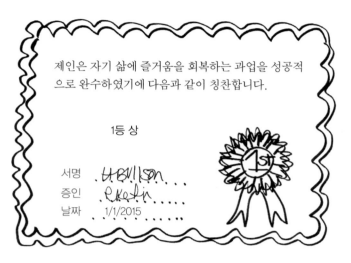

제인은 자기 삶에 즐거움을 회복하는 과업을 성공적
으로 완수하였기에 다음과 같이 칭찬합니다.

1등 상

서명 HBWlson
증인 ekelin
날짜 1/1/2015

[그림 8-4] 치료적 증명서의 예

는 과정을 기념하는 데 사용되며, 그 과정을 강화하는 동반자와 같은 역할을 한다. 이것
들은 관련자들에게 특정된 개인맞춤형으로 준비된다. 축하 행사에서는 중요한 사람들
에게 초대장이 발송되고, 순서가 정해지며, 축하받는 주인공의 변화과정에 대한 자신의
관찰을 이야기하도록 요청받는다. 치료사는 참여할 수도 있고 현장에 나타나지 않을 수
도 있다. 음식이 준비되고 증명서가 준비될 수도 있다. 의례와 의식이 반드시 축하를 포
함하는 것은 아니며, 사랑하는 사람의 사망, 트라우마 또는 어떤 방식으로든 미완성인
사건을 기억하는 데에도 사용된다. 내러티브 집단 과정인 **외부-증인**(outsider-witness;
Myerhoff, 1986의 작업에서 발전됨)은 네 부분으로 구성된 정의 예식이다. 화이트는 과거에
그와 상담했던 사람들로 구성된 '동문' 외부-증인 명부를 개발했다. 동문들 중 현재 치
료 중인 사람과 유사한 경험을 가지고 있는 경우 호출될 수 있다. 그들은 조직화된 의례
에 참석하여 치료 중인 사람이 하는 이야기를 듣고 말한다. 화이트는 외부-증인이 그들
이 증언해 주는 사람만큼이나 그 과정에서 혜택을 받았다고 믿었고, 이것이 그들 자신의
재저술 과정의 일부가 된다고 믿었다. 마이어호프(Myerhoff)의 아이디어는 가족치료 클
리닉의 '반영 팀'(Andersen, 1991)을 통해 살아남았으며, 비록 반영 팀이 전통적으로 여러
분야의 숙련된 조력 전문가들로 구성되어 있다는 점은 다르지만, 외부-증인 집단과 비
슷하게 여겨질 수 있다(10장 참조).

체계론적 전통과의 연결성

내러티브치료는 치료사와 상담에 온 사람(들) 간의 협력적 접근 방식이다. 그들은 새로운 이야기를 함께 구성하는데, 이들이 사용하는 기법의 일부는 체계론적 실천에 뿌리를 두고 있다. 내러티브치료사들은 이 기술들을 단순히 배우는 것 이상의 다른 역량이 있다는 것을 강조하며, '보고 따라 하기' 식의 치료를 사용하는 것으로 보이고 싶지 않아 한다. 모건(Morgan, 2000)은 이야기를 "기술이나 기법이 아닌" "태도와 지향점"으로 묘사한다. 페미니즘과 인류학이라는 철학에서부터 사회 정의에 대한 관심 및 사회구성주의 이데올로기에 대한 믿음이 내러티브치료를 뒷받침하고 있다. 그러나 이야기를 활용한 기술 및 변화를 만들어 내는 독특한 치료 도구들은 내러티브치료가 지닌 독특한 매력이며, 다른 훈련을 받은 치료사들도 이러한 창의적이고 협력적인 접근 방식 내에서 사람들과 함께 일해 보고 싶게 만들기도 한다. 내러티브치료 접근을 취하지 않는 치료사들도 이러한 치료 도구를 익힐 수 있다. 실제로, 내러티브치료에서 나온 아이디어들은 체계론적 가족치료 실천과 더 큰 심리치료 분야에 성공적으로 통합되어 왔다. 섭식장애 가족치료에서의 외재화의 사용은 이의 한 예가 될 수 있다(4장 참조).

해당 시연 동영상은 https://family.counpia.kr/로 접속하여 회원가입 후 무료로 시청 가능하다.

동영상 보기: 내러티브학파 – 외재화

동영상 소개

이것은 제스(IP)와 그녀의 어머니 수지, 할머니 팻이 가족치료사 조와 처음 만나는 가족치료의 첫 회기 현장이다. 제스는 현재 거식증 진단 기준에 부합하지는 않지만, 건강한 식습관을 유지하는 데 어려움을 겪고 있다.

이 회기에는 조가 '합류' 과정을 시작하고 구축하는 모습이 잘 나타나 있다. 그녀는 외재화를 사용하여 가족이 현재의 어려움에 대해 다르게 생각하도록 돕고, 식사 문제와 관련된 어려움을 외재화한다. 그 당시 가족에게 치료실과 집 모두에서 중요한 과제로 보였던 그것을 '긴장'이라고 이름 붙였다. 그러나 조가 거식중이든, 가족에게 영향을 미치는 다른 문제든 어떤 것을 외재화했든지 간에 그 과정은 동일할 것이다.

> **01:10 조:** 그래서 애비가 거의 19세가 맞나요, 홀(Hull) 대학교에 다니고 있고 오늘은 안타깝게도 우리와 함께할 수 없는 것이죠? 여기 있어야 할 사람 중 또 빠진 사람은 없나요?
>
> **팻:** 아니요, 여기 있는 사람이 다예요.
>
> **조:** 아, 전부인가요? 좋아요, 소개도 해 주시고 가계도 작성에 도움 주셔서 감사드립니다. 대화를 통해 여러 가지 문제가 제기되었는데, 그중 하나가 제스가 다시 식사 문제를 겪고 있다는 것이었어요. 여러 문제 중 무엇을 먼저 이야기하는 것이 좋을까요?
>
> **수지:** 우리가 여기 온 이유는 제스의 거식증 때문이에요…….
>
> **제스:** 그리고 그것을 일으킨 것은 엄마와 엄마의 음주고요.
>
> **수지:** 제스, 내 탓이 아니야. 난…….
>
> **조:** 알겠어요, 동의하고, 거식증과 그것이 가족에게 어떻게 되돌아왔는지에 대해 생각해 봐야 합니다. 왜냐하면 정말 우려되는 일이니까요. 하지만 저는 여러분 모두의 생각에 관심이 있고, 음, 애비가 여기 있었다면, 이상한 질문이지만, 애비가 여기 있었다면, 애비가 무엇이라고 말했을 것 같나요?

개입 포인트 ··

조는 모든 가족구성원의 관점을 포함하기 위해 순환질문을 사용한다. 애비는 가족을 치료로 이끈 문제에 대한 **대안적 이야기**를 가지고 있을 수 있다. 이것은 **해체과정**의 일부이다.

> **제스:** 애비가 무슨 말을 할지 우리가 어떻게 알 수 있죠? 지금 여기 없잖아요, 안 그래요?
>
> **조:** 안타깝게도 지금 우리와 함께할 수 없지, 제스. 아쉽게도 말이야. 왜냐하면 애비는 지금 학교에 있으니까. 하지만 만약 애비가 여기 있었다면, 그리고 이건 좀

이상하고 익숙하지 않은 질문이라는 걸 알지만, 만약 애비가 여기 있었다면 애비가 무엇이라고 말할 것 같니?

팻: 글쎄요, 제가 생각하기에 애비가 말할 것 같은 것은, 집에서는 너무 긴장이 팽팽하니까, 애비는 그냥 떨어져 있어서 오히려 다행스러워했을 거예요. 그리고 다툼과 싸움, 걱정이 있었고…….

조: 그리고 그 긴장은, 애비가 싫어하는 유형의 긴장인가요?

> **개입 포인트** ⋯⋯⋯⋯⋯⋯⋯⋯⋯⋯⋯⋯⋯⋯⋯⋯⋯⋯⋯⋯⋯
>
> 조는 **문제를 명명**하고 **문제의 영향을 탐색**하는 과정을 시작하기 위해 가족이 사용하는 언어에 집중한다.

수지: 저도 싫어요……. 우리 모두 싫어해요…….

팻: 나도 싫어요…….

조: 여러분 모두가 긴장을 싫어한다는 거죠? 수지가 맞게 말했나요, 팻?

팻: 너무 맞는 말이에요, 네, 싸움이 있고, 침묵이 있고, 우리는 매일 지뢰밭을 걸어요, 끔찍해요.

수지: 네, 문 앞에 서자마자 긴장감을 느낄 수 있어요.

조: 그러니까 그것의 이름은 긴장이라고 하면 되겠네요. 제가 맞게 이해했나요? 싸움이 아니라, 아니죠, 그게 맞는 단어인가요?

> **개입 포인트** ⋯⋯⋯⋯⋯⋯⋯⋯⋯⋯⋯⋯⋯⋯⋯⋯⋯⋯⋯⋯
>
> 조는 문제에 대한 자신의 이해를 조심스럽게 확인하고 그것을 '긴장(tension)'이라 명명한다(**치료사가 비전문가 입장을 취함**).
> 다음 대화에서 긴장의 사용에 주목해 보자. 조는 제스와 그녀의 가족을 문제의 정체성에서 분리하려고 한다(**외재화/문제가 문제임**).

조: 제스, 너는 가족에 긴장이 나타나면 그것을 알게 되니?

제스: 그런 것 같아요…….

조: 누가 말해 줄 수 있나요, <u>긴장</u>이 처음 나타난 시기가 언제인지?

03:29 수지: 잘 모르겠어요. 제스가 중학교에 갔을 때 처음 나타난 것 같아요. 11살쯤 이었고, 무언가 걱정이 있는 것 같았어요. 하지만 정확히 무엇 때문에 걱정하는지 알아낼 수 없었어요…….

> **개입 포인트** ··
>
> 대화는 수지의 알코올 남용과 관련된 시간적 흐름에 초점을 맞추어 계속된다.

05:02 조: 그리고 팻, 당신에게도 어려운 일이라는 것을 알 수 있어요. 당신은 수지 가 예전에 술을 마셨을 때 정말 걱정했었고, 수지, 당신 어머니가 여기서 술에 대해 이야기할 때 당신 영향을 많이 받는다는 것을 알았어요. 그 이야기가 우 리에게 중요하긴 하지만, 잠시 그것을 제쳐 두고 <u>긴장</u>에 대해 조금 더 생각해 볼 수 있을까요, 그것에 관심 있나요? 제스, 수지? 좋아요?

> **개입 포인트** ··
>
> 조는 **문제로 포화된 이야기**, 즉 수지를 문제로 지목하는 것에서 대화의 초점을 이동하려고 시도 한다. 대신 그녀는 문제, 즉 긴장이라는 **문제가 문제**라는 것을 구별해 내려고 한다.

조: 그래서 수지, 당신이 처음으로 <u>긴장</u>이 가족에 스며들었다는 것을 알아차렸고, 그 것은 제스가 중학교에 다니기 시작했을 때였다는 것 같아요. 그때 <u>긴장</u>이 당신 에게 어떤 행동을 하게 했는지 말해 줄 수 있나요?

> **개입 포인트** ··
>
> 외재화 대화를 사용함으로써, 조는 **행동 영역의 질문**을 사용하여 **문제의 영향**을 탐색하려고 한다.

수지: 그게 나에게 무엇을 하게 했나? 그건 이상한 질문이네요…….

조: 그렇죠, 이상한 질문입니다.

개입 포인트

대화는 <u>긴장</u>의 도착 배경을 계속 탐색한 다음 팻과 수지 사이의 관계에 대한 **대안적 이야기**에 초점을 맞추는데, 여기서 팻은 수지가 자신을 챙긴다는 점을 수긍하는 것처럼 보인다. 이 대화가 진행되는 동안 제스가 불행해 보인다는 점에 주목해 보자. 조는 이를 주목하면서 제스를 대화에 다시 끌어들일 수 있었지만, 그렇게 하지 않고 수지와 팻 사이의 대화에 계속 집중한다. 여러분은 어떻게 했을지 고민해 보자.

07:46 조: 그렇다면, 가족들이 서로 간에 말하지 않을 때, 어떻게 문제를 해결하나요? 잘못됐을 때 어떻게 다시 바로잡나요?

제스: 이 가족에서는 아무도 문제를 해결하는 방법을 모르죠…….

조: 그래, 그리고 제스, 애비가 여기 있었다면 애비도 그렇게 말했을까, 아니면 다른 말을 했을까?

제스: 애비도 저나 할머니랑 같은 생각일 거예요.

조: 애비는 항상 너나 할머니와 생각이 같니?

개입 포인트

조는 **대안적 이야기**를 이끌어 내려 한다.

제스: 아니요, 가끔 엄마랑 의견이 같아요.

조: 알겠어. 수지, 애비가 당신이랑 의견이 같았던 때를 기억하시나요?

수지: 네, 학교에서 집으로 다니러 올 때면 그래요. 제스랑 제스 식사 문제로 긴장감이 팽배할 때 저를 지지해 줘요.

조: 그러니까 애비가 <u>긴장</u>으로부터 당신을 지지해 주는 데에 능숙하다는 거죠?

수지: 네, 그렇다고 할 수 있어요. 네, 음, 가끔은 제가 견디기 힘들어지고 그냥 지지

가 필요하거든요.

조: 음, 그러면 '지지'가 당신에게 무엇을 의미하나요, 수지?

수지: 글쎄요, 예전엔 아마도 술을 마시는 것을 의미했겠지만, 이제는 다른 대처 방법을 쓰려고 해요. TV를 보거나 잡지를 읽거나 그런 식으로 말이에요.

조: 그러면 <u>긴장</u>이 너무 커질 때, 제스, 넌 어떻게 하니?

개입 포인트 ⋯⋯⋯⋯⋯⋯⋯⋯⋯⋯⋯⋯⋯⋯⋯⋯⋯⋯⋯⋯⋯⋯⋯⋯⋯⋯⋯⋯⋯⋯⋯⋯⋯⋯⋯

조는 **행동 영역의 질문**을 통해 **이야기를 더 두텁게(풍부하게)** 만들고자 한다.

제스: 저는 위로 올라가서 영화를 보거나 음악을 들어요.

조: 그래, 가족들과 함께 본 적도 있니?

제스: 예전에 애비가 집에 있을 때는 그랬지요…….

팻: 응, 정말 좋은 밤이었지, 기억나니? 우리 보통 토요일에 영화를 빌려서 팝콘이나 초콜릿 같은 걸 사고 모두 의자에 몸을 말고 이불을 가져와서 여자들끼리의 밤이었잖아, 정말 좋았어.

수지: 네, 기억나요. 좋았어요. 같이 봤으니까요.

조: 정말 함께한 그 시간을 즐겼던 것 같네요.

개입 포인트 ⋯⋯⋯⋯⋯⋯⋯⋯⋯⋯⋯⋯⋯⋯⋯⋯⋯⋯⋯⋯⋯⋯⋯⋯⋯⋯⋯⋯⋯⋯⋯⋯⋯⋯⋯

조는 **빛나는 순간**을 강조함으로써 **대안적 이야기**를 찾으려 한다.

팻: 응, 기억나니?

제스: 네.

팻: 좋았지, 그렇지?

조: 그러면 그때 <u>긴장</u>은 어디에 있었을까요?

개입 포인트 ·····
조는 '**문제가 100%의 시간 내내 존재하는 것은 아니다**'라는 개념을 강조한다.

> 팻: 거기에는 없었어요, 그렇지? 정말로 그때는……
>
> 제스: 정말로 그랬어요……
>
> 조: 그래요? 아마 보통의 가족들이 가지는 일상적인 문제들은 있었겠죠?

개입 포인트 ·····
조는 **대안적 이야기**를 강조한다. 가족들이 때때로 문제를 겪는 것은 정상이다.

> 수지: 네, 정말 그래요. 그냥 일상적인 문제들이었어요, 보통 가족들처럼.
>
> 조: 그래서 궁금한 게, 그때 긴장은 어디 있었고, 지금은 어디에 있으며, 식사 시간에
> 는 어디에 있는지 생각해 볼까요?

개입 포인트 ·····
긴장을 외재화함으로써 조는 호소 문제인 거식증으로 다시 초점을 맞추어 **문제 탐색**을 더 진행
할 수 있다.

> 수지 & 팻: 여기저기 다 있어요!
>
> 조: 식사 시간을 완전히 이용하는 것 같네요, 맞아요? 제스, 긴장이 너에게 무엇을 하
> 게 하니?

개입 포인트 ·····
행동 영역의 또 다른 질문은 가족이 긴장과 거식증의 **지배적 이야기**들과의 연결뿐만 아니라 수지
의 음주 문제와 양육과의 관련성을 이해하는 데 도움을 줄 수 있다. 외재화 대화는 계속된다.

13:53 **조**: 혹시…… 그냥 생각이 들었는데, 제스가 소외감을 느끼는 것과, 제스가 식사를 거부하는 것과 <u>긴장</u> 사이에 어떤 연결이 있을까요? 어떤 식으로든 연결되어 있을까요?

수지: 네, 확실히 연결되어 있다고 생각해요. 제스가 밥을 안 먹으면 걱정이 되거든요. 그래서 저는 제스가 먹게 하려고 해요. 잔소리라고 할 수도 있겠지만, 제스가 먹게 하려고 하고 그러면 제스는 <u>긴장</u>하고, 그러다 보면 모든 게 눈덩이처럼 커지고, 결국엔 싸움이 나서 아무도 끝내 아무것도 먹지 않게 되고는 해요.

조: 결국 <u>긴장</u>이 자기 방식대로 승리하네요! 저는 <u>긴장</u>이 이 가족을 위해 무엇을 더 준비하고 있을지 궁금하네요.

개입 포인트

조는 외재화 대화를 지속함으로써 문제의 영향을 계속해서 그려 나간다.

14:39 **수지**: 또 이상한 질문이네요……. 음…… 우리를 더 비참하게 만들려고 하는 거겠지요……. 아, 지긋지긋한 <u>긴장</u>, 정말 한마디 해 주고 싶어요. 음, 목을 졸라 버리든지, 아니면 쏴 버리든지!

조: 웃긴 생각이 하나 떠올랐어요. 수지, <u>긴장</u>이 이 의자에 앉아 있다고 생각해 봐요. 그럼 뭐라고 말하고 싶어요?

개입 포인트

외재화 대화의 일환으로, 조는 역할극 연습을 사용하여 <u>긴장</u>에 대항하는 투쟁을 강화하려 한다. 이 연습은 개인뿐만 아니라 가족 단위로도 활용할 수 있다.

15:54 **조**: 여러분 생각에 이 가족에 다시 <u>긴장</u>이 들어오려면 무슨 일이 일어나야 할까요?

개입 포인트 ●●●

이 질문은 가족을 **전문가의 위치**에 두고 **대안적 미래**에 대해 생각하도록 장려하는 발판을 마련하는 질문, 즉 **비계질문**이다.

수지: 엄마가 다시 저한테 잔소리하기 시작하면, 그게 긴장을 다시 불러일으킬 거예요.

팻: 응, 근데 너도 나랑 얘기해야 해.

수지: 그래요, 저도 얘기하려고 하잖아요. 노력은 해요…….

제스: 아니면 엄마가 다시 술 마시기 시작하면, 그건 확실히 긴장을 불러올 거예요.

수지: 아…… 그만 좀 얘기해!

개입 포인트 ●●●

대화는 수지의 과거 음주 문제(**문제로 포화된 이야기**)를 중심으로 진행된다. 조는 수지의 음주에 대한 가족의 우려를 인식하지만, **대안적 이야기**나 **선호하는 미래**를 찾아 나가기로 결정한다.

19:38 수지: 이제는 정말로 달라지길 원해요.

조: 여러분 모두가 달라지길 원하는 또 다른 것은, 거식증이 여러분의 삶에 다시 나타나는 방식이 아닐까요? 우리가 알고 있는 것 중 하나는 거식증이 가족 모두에게 다양한 방식으로 영향을 미친다는 것입니다. 제스, 거식증이 너에게 미친 영향에 대해 몇 가지 말해 줄 수 있니? 이전과 같니, 아니면 이번에는 다르니?

개입 포인트 ●●●

조는 호소 문제인 거식증으로 돌아가 문제를 **해체**하고 **입장 말하기 지도**를 구성하기 위해 더 많은 질문을 한다.

요약

이 시연 동영상에서는 치료사 조가 <u>긴장</u>을 고유명사로 만들고, 이를 제스와 그녀의 가족과 분리시켜 그들이 서로를 대항하기보다는 <u>긴장</u>과의 싸움에서 힘을 합칠 수 있도록 도왔다.

긴장 문제를 치료실과 가족생활에서 외재화를 통해 다룬 후, 같은 내러티브 기술을 사용하여 '거식증'을 탐색하고 그것이 제스와 그녀의 가족에게 미치는 영향을 그려 낸다. 조는 가족에게 낯선 언어를 도입하지 않기 위해 처음에는 '식사 문제'라는 표현을 사용하지만, 수지가 '거식증'이라는 용어를 사용한 후에 이 용어를 사용한다. 식사 문제―거식증―은 제스가 의뢰된 주된 이유이지만, 때로는 가족관계에 영향을 미치기 때문에 가족에게 중요한 다른 문제들에 먼저 주목할 필요가 있다. 그러나 거식증은 매우 심각한 문제이므로 가족치료과정에서 계속 다뤄질 것이다.

참고문헌

Andersen, T. (1991). *The reflecting team: dialogues and dialogues about dialogues.* New York: Norton.

Epston, D. (1994). Extending the conversation. *The Family Therapy Networker,* 18(6): 30–37, 62–63.

Epston, D. and White, M. (1992). *Experience, contradiction, narrative and imagination: selected papers of David Epston and Michael White, 1989-1991.* Adelaide: Dulwich Centre Publications.

Madigan, S. (2011). *Narrative therapy.* Washington DC: American Psychological Association.

Morgan, A. (2000). *What is narrative therapy?* Adelaide: Dulwich Centre Publications.

Myerhoff, B. (1986). Life not death in Venice: its second life. In Turner, V. and Bruner, E. (Eds) *The Anthropology of Experience.* Chicago: University of Illinois Press.

Pearce, W. and Cronen, V. (1980). *Communication, action, and meaning: the creation of social realities.* Praeger.

White, M. (1984). Pseudoencopresis: from avalanche to victory, from vicious to virtuous circles. *Family Systems Medicine,* 2: 150–160.

White, M. and Epston, D. (1990). *Narrative means to therapeutic ends.* New York: W. W. Norton & Company.

체계론적으로 개인 내담자 개입하기
새로운 관점 열어 주기

요점정리

● 체계론적으로 개별 내담자들과 협력하는 것은 가족치료학파들의 전통 안에서 확립되었다.

● 가족치료 기술은 개별 가족원과 함께 작업할 때도 적용할 수 있다.

● 개별 구성원 치료에서는 치료사의 창의성이 체계론적 관점에 기반하여 발휘되어야 한다.

● 개인치료를 진행하는 치료사는 체계론적 자기 인식 수준을 개발할 필요가 있다.

● 행동화 기법의 사용은 개인이 제시된 문제에 대해 새로운 관점을 얻게 하고, 그들의 관계와 사회적 정체성에 대해 이전과는 다른 위치를 취할 수 있게 도와준다.

서론

치료사가 개별 내담자와 체계론적으로 협력한다는 것은 마치 내담자와 그들의 중요한 관계 및 생활 경험 사이에 새로운 창을 여는 것에 비유할 수 있다. 이 열린 창을 통해 내담자는 현재와는 다른, 더 명확한 시각을 확보할 수 있는 가능성을 경험하게 된다. 치료를 받으러 온 '문제'가 내부에 위치한 것으로 생각했던 것이 사실은 다른 외부 '문제'와 연결되어 있음을, 그리고 그 반대의 경우도 있음을 인식할 수 있게 되는 것이다. 즉, 내담자는 구분되는 문제를 가진 구분된 개인들이라기보다는, 비록 치료실에 혼자 존재하는 경우에도 치료 현장에 있지 않은 다른 개인들과 연결된 문제들을 가지고 있음을 깨닫게 된다. 이것이 무시되고 그러한 창이 닫혀 있으면, 이해의 가능성과 변화를 향한 잠재적 원천도 닫힐 수 있다. 일반적으로 사람들이 자신의 안녕을 어떤 방식으로든 변화시키거나 개선하기 위해 치료를 구하고, 건강한 관계 구축을 통한 세계 및 타인과의 연결이 안녕과 행복의 개선에 중요한 요인이라는 것을 인정한다면(Vaillant, 2012; Fowler and Christakis, 2008), 창문을 활짝 열지 않는 것은 근시안적인 접근일 수밖에 없다.

개인 내담자들과 체계론적으로 작업하는 방법에 대해 생각하기 전에, 왜 이렇게 할 것인지 그리고 가족치료의 다양한 학파가 우리에게 무엇을 말해 주는지를 먼저 생각해 볼 필요가 있다. 그러나 이러한 치료적 접근 방식에 관한 전문적인 문헌이 부족하며, 이 분야의 주요 인물도 많지 않은 실정이다(Boscolo and Bertrando, 1996; Hedges, 2005; Breunlin and Jacobsen, 2014). 많은 가족치료사가 개별 가족원들과 치료적으로 작업하는 데 상당한 시간을 보낸다는 점을 눈여겨볼 필요가 있다. 이는 가족원들이 가족 회기에 참여하기를 부담스러워 하거나, '치료 시장'의 현실, 즉 대부분 치료를 요청하는 쪽은 가족이 아닌 개인이기 때문일 수 있으며, 가족 전체와 작업하는 것보다 덜 도전적인 작업을 선택하는 가족치료사들 때문일 수도 있다. 예를 들어, 미국의 개인 헬스케어 관련 자금 지원 특성으로 인해 가족치료사들은 가족뿐만 아니라 개인, 커플들과의 작업도 병행하고 있다. 자포치니크와 동료들(Szapocznik et al., 1983)은 심지어 가족 중 한 명하고만 진행할 때 가족치료가 더 잘 진행된다는 증거가 있다고 주장하기도 한다. 마찬가지로 신경정신의학과 의사인 보스콜로와 베르트란도(Boscolo and Bertrando, 1986)는 내담자가 개인에게 적용할 수

[그림 9-1] 보스콜로(왼쪽)와 베르트란도(오른쪽)

출처: Paolo Bertrando 제공

있는 체계론적 치료 유형을 직접 선택할 수 있도록 제시하기도 하였다([그림 9-1] 참조).

　개인과의 체계론적 작업에 관한 전반적인 논쟁의 기저에는 '자기(self)란 무엇인가'에 대한 두 가지 해석이 있다(더 자세한 논의는 Rivett and Street, 2003을 참조). 첫 번째 관점에서는 자기가, 다른 심리치료에서 제안된 것과 유사하게, 통합된 경험을 의미한다. 이러한 입장에서는 개별 구성원과의 체계론적 작업을 정신분석가와 상담사가 수행하는 작업과 유사한 것으로 볼 수 있다.

　또 다른 해석에서는 자기를 더욱 '체계론적'이고 유동적 대상으로 설명한다. 여기서 개인과의 체계론적 작업이란 사뭇 상이한 실천을 취하고 있는데, 관계를 탐색하고, 다양한 관점 및 '내면의 타자'를 탐구하는 것이다. 3세대 사회구성주의자들은 이 두 가지 견해를 어느 정도 종합한 더욱 복잡한 자기 모델을 제안해 왔다. 사회구성주의 관점에서 사람은 그들의 관계, 다른 사람들과의 대화, 그리고 다른 사람들과의 위치와 차이에 의해 정의된다(Larner, 1998). 이러한 관점에서 사회구성주의자인 해레(Harré, 1995)는 '개인적 존재 방식'이라는 표현을 도입하였는데, 이는 개별 구성원들이 자기 자신에 대한 개별적 감각을 소유하고 있음을 일컫는다. 이 감각은 종종 외부 세계와의 내적 '대화' 과정을 통해 사람의 마음속에서 '드러난다(emerge)'고 설명되기도 한다. 네덜란드의 심리학자인 헤르만스(Hermans, 2004)는 이를 '대화적 자기'라고 설명하며, 내적 과정이나 생각(자기)이 사회적 대화의 반복된 패턴을 통해 외부 대화로부터 파생된 의미와 통합된다는 입장이다. 그는 내적 자기가 다른 사람들과의 대화에 의해 영향을 받을 뿐만 아니라 그 대화 자체에 영향을 미친다고 주장하였다. 따라서 이론적 관점에서 볼 때, 사회구성주의 실천은 개인과의 작업을 자주 포함할 수 있으며, 이는 체계론적이라기보다는 관계적 성격을 지닌다.

　치료사가 '자기'를 어떻게 볼 것인가와는 별개로, 라너(Larner)가 자기와 개인적 행위주체성(personal agency) 또는 자율성을 연결시킨 방식에 주목할 필요가 있다. 왜냐하면 이것이 선택과 변화 그리고 치료의 핵심이기 때문이다. 라너(Larner, 1998)는 개인의 자율성이 '자신이 살아온 내러티브의 상황에 의해 제약을 받는다'고 보았다. 즉, 사람들이 누군가에게 말하는 이야기와 또 그들이 스스로에게 말하는 이야기가 그들이 다른 인격을 구현할 수 있는 기회를 제한하는 것이다. 그러나 라너는 이러한 개인이 자기 성찰의 능력을 가질 수 있음을 강조하였다. 때문에 개인과 체계론적으로 작업하는 치료사는 자기 성찰 능력을 활용할 필요가 있다. 여기서 개인의 대화적 자기에 초점을 맞추면, 가족치료사가 여러 가족원과 치료적 동맹을 공유하고 구축하기 위한 노력에 힘을 쏟는 전체 가족과의 회기 때에는 불가능할 수도 있는, 더 깊은 탐색의 기회가 열린다.

과제 1

초등학교 때 성적표를 떠올리고 여러분에 대해 언급된 평가를 생각해 보자. 예를 들어, '수다쟁이' '창의적인' '방해하는' '훌륭한 운동선수' '충동적인' '재능 있는 음악가' 등이 있을 수 있다. 이러한 묘사들이 당신에게 어떤 영향을 미쳤는지 생각해 보자. 왜 어떤 묘사는 당신에게 영향을 미쳤고 다른 설명은 그렇지 않았다고 생각하는가?

역사적 발전

브런린과 제이콥슨(Breunlin and Jacobsen, 2014)은 개인치료가 가족치료 내에서 확장되기 시작한 이유를 설명하였다. 그들에 따르면 전략적 가족치료(6장)는 한 체계 안에서 하나의 요소가 변할 때 체계론적 변화가 발생할 수 있다고 전제한다. 따라서 이전의 가족치료사들(예를 들면, 미누친)이 주장했던 것처럼 가족 전체의 체계가 모두 치료실로 입장하여 함께 작업할 필요가 줄어들었다. 보스콜로와 베르트란도(Boscolo and Bertrando, 1986)는 이러한 확장에 대해 보다 긍정적인 견해를 가지고 있었다. 그들은 1980년대에 개인치료사들이 가족 및 부부치료에 주목하기 시작하면서 개인과의 체계론적 작업이 발전했다고 설명한다. 동시에 일부 체계론적 가족치료사들은 가족원을 개인으로 인식하기 시작했다. 당시 두 가지 상반된 이론적 치료 학파들이 있었는데, 하나는 내담자가 호소한 문제를 탐구하고 해결책을 찾는 데 중점을 둔 것으로, 밀란학파 및 해결중심 단기치료가 포함되었고, 다른 하나는 정신역동학 및 정신분석과 같이 내담자의 내면 세계를 탐구하고 그들의 '관점'을 변화시키는 데 중점을 둔 모델이었다. 보스콜로와 베르트란도는 두 가지를 통합한 새로운 모델인 '단기/장기 치료(Brief/Long-term Therapy)'를 제시했다. 이는 정신분석과 게슈탈트의 개념을 전략적 접근 및 내러티브치료학파의 아이디어와 결합하여, 내담자의 상황에 따라 가장 유용한 접근을 취하며 치료사의 자기 성찰을 우선시하였다. 또한 치료적 동맹과 공감의 질도 중요하게 다뤄졌다. 강력한 치료적 동맹을 구축하고 공감을 전달하는 능력은 치료사의 자기 성찰에 기반한 것이기 때문이다. 치료사의 자기 성찰은 치료사가 개별 내담자와 개별적으로, 즉 공동 치료사나 반영 팀의 도움 없이 일할 때 특히 중요하다. 이러한 작업은 치료사와 내담자 사이의 도움이 되지 않는 연합 및 특정 역전이 반응을 방지하는 데 도움을 제공한다(Carr, 1986). 이에 대해서는 10장에서 다시 다뤄질 것이며 체계론적 자기 인식의 맥락에서 반영성(reflexivity)이 갖는 의미에 대해 논의할 것이다(Rivett and Woodcock, 2015).

다른 체계론적 치료사들은 개별 내담자와의 치료에 대해 어떻게 생각하였을까? 가족 치료사 베티 카터와 모니카 맥골드릭(Carter and McGoldrick, 1999)은 체계론적 초점을 잃는 것에 대해 경고하며 흔히 발생할 수 있는 함정에 대해 지적하였다.

> 가족에 대한 이론화를 개인에 대한 이론화와 분리하여 생각하면서 …… 정신역
> 동적 또는 정신분석적 사고로 전환하는 것(Carter and McGoldrick, 1999: xvi).

가족치료사 네이피어와 휘태커(Napier and Whitaker, 1978)는 개인치료를 가족치료과 정의 마지막 단계에서 사용해야 하며, 이는 개별 가족원이 가족체계에서 독립했을 때 수행되어야 한다고 제안했다. 유사하게 브런린과 제이콥슨(Breunlin and Jacobsen, 2014)은 가족치료 작업이 '전체 가족치료'로 시작하여 '관계적 가족치료'로 이동해야 한다고 주장하였다. 여기서 치료사는 체계론적 렌즈를 통해 가족 하위체계 또는 개별 가족원과 작업한다.

이미 논의된 바와 같이, 가족치료이론은 개인에게 영향을 미치는 문제들이 관계 내 문제들의 결과이며, 그 문제들이 발생하는 맥락, 즉 가족집단, 부부, 조직 등의 맥락 내에서 파악되고 치료되는 것이 가장 바람직하다고 본다. 이러한 관계는 일반적으로 변화를 위한 자원으로 간주된다. 이는 관계 체계의 개인만을 상담하는 치료사에게 딜레마를 남기기도 한다. 즉, 치료사들은 치료 공간 내에서 개별 내담자들의 맥락과 관계를 체계론적으로 의미 있는 방식으로 재창조할 수 있는가? 어떤 면에서 이런 방식은 체계론적 치료사가 둘 이상의 개인과 일할 때 수행하는 방식과 정확히 일치한다고도 볼 수 있다. 사실, 내담자의 가족 내부와 외부의 모든 관계를 조망하고 모든 주변인을 소환하여 치료에 반영하는 것이 실질적으로 불가능하기 때문이다.

그렇다면 치료사는 가족 또는 조직 체계의 일부분과의 제한된 상호작용을 통해 어떻게 체계론적으로 접근할 수 있는 것일까? 개인과 이런 방식으로 일하기 위해 본 장에서 제안하는 접근 방식은 통합적 성격을 지니므로 이 장의 내용은 책의 다른 장에서 다뤄진 몇 가지 개념들을 확장한다. 이미 다뤄진 내용을 다시 반복하면서까지 재언급하는 이유는 유동적 이해를 통해 제시된 개념 간 단절을 최소화하기 위함이다. 초점은 개별 내담자와 함께 일하는 단독 치료사(solo-therapist)에게 있다.

핵심 개념들

　'개인과 체계론적으로 작업한다'는 것은 무엇을 의미하는가? 이는 치료사의 목표가 내담자가 자신을, 영향을 미치기도 하고 받기도 하는 체계의 일부로 생각하도록 돕는 것을 뜻한다. 실제로 이는 내담자가 이러한 체계의 다양한 측면을 탐색하도록 돕는 것을 의미하며, 여기에는 그들의 관계, 가족구조, 개인적 및 사회적 페르소나, 사회적 정체성 및 신념 체계가 포함된다([그림 9-2] 참조). 그림에 나타난 개별 차원 각각에 대해 살펴볼 것인데, 논의의 초점이 개인에 맞춰져 있지만, 독자들은 가족 공동 회기의 타당성 또한 깨닫게 될 것이다.

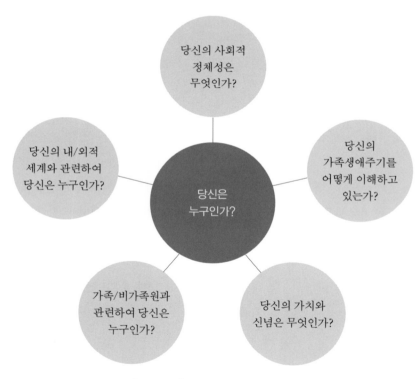

[그림 9-2] 관계적 자기의 측면들

1. 사회적 정체성

내담자들은 자신의 사회적 관계, 문화, 그리고 그 안에서의 위치와 관련된 문제를 가지고 치료에 온다. 이러한 문제들은 결국 내담자들이 변화시키고자 하는 것들이다. 치료사는 자신의 문화와 사회적 경험을 치료사 역할에 반영하여 그들의 실천에 영향을 미친다. 복잡한 상호작용의 공간을 만들어 내는 것이다. 개별 내담자에게 도움이 되기 위해서 치료사는 이러한 경험들과 내담자가 그러한 경험으로부터 구성한 의미들을 탐색하려고 노력할 것이다. 존 번햄(John Burnham)과 앨리슨 로퍼-홀(Alison Roper-Hall)은 이러한 작업을 지원하는 이론적 틀을 고안하였다(Burnham, 1992, 1993; Roper-Hall, 1998; Burnham, 2012). 이 틀은 'Social GGRRAAACCEEESSS'라는 표현으로 정리되었으며 사회적 차이와 관련된 항목들을 나열한 것으로 이는 성별(gender), 지리(geography), 인종(race), 종교(religion), 나이(age), 능력(ability), 외모(appearance), 계층(class), 문화

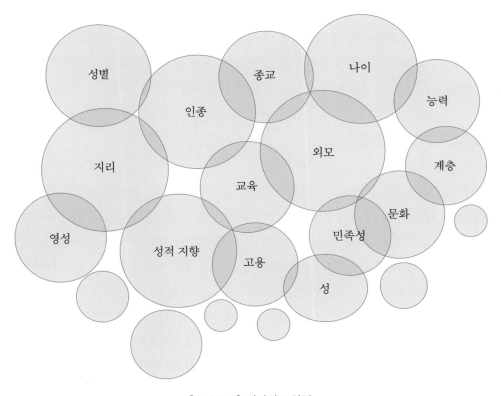

[그림 9-3] 자아의 교차점

출처: 저자의 허락을 받아 Burnham, 2012에서 각색함.

(culture), 민족성(ethnicity), 교육(education), 고용(employment), 성(sexuality), 성적 지향 (sexual orientation), 그리고 영성(spirituality)을 포함한다([그림 9-3] 참조).

Social GGRRAAACCEEESSS(SG)모델은 체계론적 수련에서 성찰, 체계론적 자각, 그리고 문화적 역량을 촉진하기 위해 사용되었다(Burnham, 1993, 2012; Roper-Hall, 1998). 이 모델은 또한 개인과 체계론적으로 일하는 실무자들을 위한 기억 보조 도구로 사용되기도 한다. 이는 치료실 밖에서는 치료사가 호기심을 가지고 있는 질문 영역을 중심으로 미래 회기를 계획하는 데 도움을 줄 수 있으며, 치료실 내에서는 원가족 및 확대가족 집단 내에서의 차이점과 유사점을 보는 데 사용된다. 예를 들어, 부부관계 내에서 충돌하는 원가족의 신념과 가치를 논의하고 그 영향을 검토할 수 있다. GGRRAAACCEEESSS의 영역에 대한 논의는 세대 간 차이뿐만 아니라 세대 간 융합을 드러낼 가능성이 높다. 이는 가계도와 함께 사용될 때 특히 두드러진다. 번햄(Burnham, 2012)에 의하면 SG의 어떤 측면은 '보이고 들리는' 반면, 또 어떤 측면은 '보이지도 들리지도 않는다.' 이는 실무자가 보이는 측면을 간과하지 않도록, 즉 내담자에게 중요시되는 어떤 측면을 간과하지 않도록 하는 동시에 가치가 높지도 않고 도움의 가능성도 희박한 드러나지 않는 측면에 과도하게 집중하지 않아야 하는 딜레마를 부여한다. 번햄은 실무자들이 종교적 및 영적 신념, 섹슈얼리티 등 자기 SG의 보이지 않는 측면 중 어떤 것을 공개할지 고려하고, 이것이 내담자와의 치료적 동맹에 어떻게 도움이 될지를 염두에 두라고 권한다.

2. 가족/개인 생애주기

카터와 맥골드릭(Carter and McGoldrick, 1999)은 가족을 시간을 통해 진화하는 체계로 보았으며, 이와 함께 각 가족원이 가족체계 내에서 자신의 생애주기를 경험한다고 설명하였다. 카터와 맥골드릭은 가족이 생애를 통해 도달하는 여섯 단계를 구분하였으며, 이는 [그림 9-4]에 제시되어 있다. 각 단계는 일련의 정서적 과제와 가족구조적 과제를 수반한다. 여기서 가족은 전통적인 형태의 가족으로 제시되어 있다. 즉, 결혼, 자녀의 탄생, 자녀가 집을 떠나는 등의 사건들을 중심으로 제시된다. 그러나 카터와 맥골드릭은 모든 가족의 주기가 동일할 수 없음을 지적하였고 현 사회가 훨씬 더 복잡하게 돌아가고 있음을 인정하였다. 또한 가족의 문화적 맥락이 사회적, 경제적, 정치적, 영적 스트레스 요인을 가져오며, 이러한 요인들이 가족, 개인 및 더 넓은 수준의 사회에서 상호작용하는 영향을 미친다고 언급한다(2장 참조).

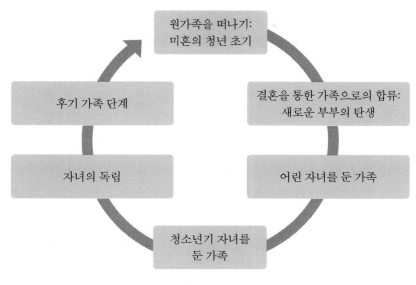

[그림 9-4] 가족생애주기 단계

치료사가 개인 내담자로 하여금 그들의 가족 및 개인 체계의 현 단계에 대해 생각해보게 할 때, 내담자는 자신이 거쳐 온 다양한 단계들에 대해 성찰하는 시간을 갖게 된다. 각 단계의 전환기는 어떤 문화에서는 기회의 시기이자 도전의 시기로 간주된다. 그러나 문화마다 전환기에 부여하는 중요성은 다를 수 있다. 다양한 단계 간의 전환은 모든 가족원에게 스트레스를 유발하고 문제를 일으킬 수 있다. 특히 개인이 어떠한 이유로든 단계 내에서 예상되는 발달을 이루지 못하고 부적응을 경험할 때 문제는 더욱 부각된다. 예를 들어, '청소년기 자녀를 둔 발달 단계' 동안 죽음이라는 사건이 발생할 경우 그것이 문제가 될 수 있다. 그러한 상실은 가족이 더 가까워질 필요를 만들어 낼 것이며, 이는 청소년기 독립 과업과 충돌할 가능성이 높기 때문이다. 가족생애주기모델은 개별 내담자가 과거, 현재, 그리고 미래의 기억, 생각, 그리고 감정을 조직하고 이해하는 데 도움이 되는 유용한 틀을 치료사에게 제공한다.

이 모델은 실무자나 도움을 제공하는 자가 자기 자신을 성찰하는 데 유용한 틀이 될 수 있다. 특히 내담자가 경험할 개인적 전환 경험에 대한 자기 성찰의 기반을 마련한다. 이는 그들의 체계론적 자각을 강화하는 데 도움이 된다(10장 참조). 이미 언급한 바와 같이, 이는 공동 치료사나 반영 팀의 도움 없이 개인과 함께 일하는 단독 치료사에게 더욱 중요하다. 카터와 맥골드릭은 그들의 가족모델에서 개인을 간과하지 않고, 그들의 아홉 단계 모델과 개인생애주기 과업모델을 통합하였다. 이는 가족생애주기를 보완하며 '맥락 속의 자아'를 반영한다. 생애과업은 유아기에 말하기나 공감을 발달시키는 것에서부터 초기 성인기에 자기 자신을 돌보고 다른 이를 양육하는 것, 노년기에 의존과 죽음을 받아들이는 것까지 다양하다(Carter and McGoldrick, 1999).

3. 가치와 신념

카터와 맥골드릭의 단계 및 생애과업모델(Carter and McGoldrick, 1999)에서 자기 관리, 도덕적·철학적 사고에 대한 인식은 청소년기 동안 시작된다. 이는 가족 및 더 넓은 또래집단 내에서 정체성을 찾고 분화를 이루려는 과정의 일부로 볼 수 있으며, 보웬은 이를 그의 『가족체계이론(Family Systems Theory)』(1978)에서 설명하고 있다(2장 참조). 보웬은 분화된 자아의 과정과 개인의 '참 자기(solid self)'의 달성을 강조한다. 이 탄탄한 자기는 정서적 기능과 인지적 기능을 분리할 수 있으며, 관계적 또는 문화적 영향이나 압력에도 불구하고 자신의 신념, 가치 및 의견을 유지할 수 있게 한다. '유사 자기(pseudo self)'는 반대로 설명되며, 여기서 개인성이 상실되고 한 사람이 다른 사람에게 동화된다. 분화는 '코칭' 과정을 통해 지원되는데, 이 맥락에서 코칭은 개별 내담자에게 치료적 지도를 제공하여 가족원과의 상호작용을 변화시키도록 돕는 것을 의미하며, 이는 이 개인의 변화에 가족원이 반응하여 변화하기를 바라는 것이다. 따라서 가족치료는 치료실에 있는 가족원의 수로 제한되거나 정의되지 않으며, 개별 내담자는 치료 회기 외부에서 가족원과 함께 과제를 수행하는 셈이다. 개인 내담자와 작업할 때 중요한 요소는 그들의 분화를 돕고, 그들의 가치와 신념이 어디에서 비롯되는지 이해하도록 돕는 것이다. 일부 내담자는 자신이 만족스럽지 못한 생활 방식을 추구하고 있다는 것을 깨닫고 치료를 선택하기도 한다. 그들이 스스로가 의식적으로 선택하지 않은 생활 방식을 따르고 있음을 깨닫게 되면 자기 모습에 대한 불만족을 느끼며 이것이 변화에 대한 욕구로 이어질 수 있다.

순환질문(6장)은 개인 내담자가 자신의 신념과 가치가 다른 가족원과 어떻게 다른지 이해하는 데 유용한 도구이다. 치료사는 순환질문을 사용하여 내담자의 가치와 신념의

알아보기

여기서 사용된 분화 개념은 융의 개성화(individuation) 개념과 유사하다. 이는 개인이 의식적으로 자신의 신념과 가치를 수반한 정체성 및 인격을 발달시키는 과정을 의미한다.

기원을 탐색할 수 있다. 이러한 아이디어들이 다른 사람들의 것과 어떻게 연결되거나 연결되지 않는지, 그리고 내담자가 도움을 필요로 하는 문제의 발전 및 유지에 어떻게 관련되어 있는지를 탐색한다. 가계도 작업도 이 과정에 유용할 수 있다. 이미 언급한 바와 같이, 가계도(McGoldrick, Gerson, and Petry, 2008)는 가족치료사와 다른 전문가들에 의해 자주 사용되고 있으며 평가 도구로 기능한다(3장). 가계도는 가족신념 패턴을 명확히 하는 데 도움을 주고 가족의 감정체계 발전 과정과 개별 내담자의 가족 내 위치에 대한 이해를 넓힐 수 있다. 가계도는 개인 내담자와 체계론적으로 작업할 때 특히 유용하다. 다른 가족원을 (비록 그림 형태일지라도) 치료실 안으로 끌어들이고, 가족계보도에 생기를 불어넣기 때문이다.

과제 2

자신의 직업적 경로에 초점을 맞춘 가계도를 작성해 보자(2장 참조). 여러분의 선택에 영향을 미친 요인들과 이러한 선택에 영향을 미치거나 미치지 않은 내부 및 외부 스트레스 요인들에 대해 생각해 보자.

---

4. 다른 사람과의 관계

내담자와 다른 사람, 특히 가족원과의 관계를 이해하는 것은 체계론적 접근을 취하는 가족치료사가 갖고 있는 핵심 신념이다. 개인 내담자들은 종종 자신이 '문제'이거나 다른 누군가가 '문제'라는 단선적 생각을 가지고 있다. 어느 쪽이든 이는 체계론적 탐색을 위한 자료가 될 수 있으며, 순환질문은 이 과정에 유용하다. 예를 들어, '그들은 어떻게 자신이 문제라는 것을 발견했으며, 그 당시에는 무슨 일이 일어났나요?' '이 생각에 동의하는 사람은 누구이며 반대하는 사람은 누구인가요?' '그들은 무엇을 보고 그 사람을 문제의 원인으로 믿게 되었나요?' '그들이 그 사람을 문제가 아닌 해결책의 일부라고 인지할 때 무슨 일이 일어나나요?'와 같은 질문이다. 순환질문은 그들이 경험하는 사고와 감정을 관계 문제와 연결시켜 준다.

개별 내담자와 다른 사람들과의 관계를 탐색하는 논리적인 방법은 '다른 사람'을 치료실로 초대하는 것이다. 심지어 개인 작업에서도 이는 가능하고 바람직한 접근이 될 수 있다. 특히 가족이 아닌 사람들이 물리적으로 치료에 함께 참여하는 것은 내러티브치료

(8장)의 실제이며 개인 내담자와 체계론적으로 작업할 때 활용할 수 있다. 마이클 화이트와 데이비드 엡스턴(White and Epston, 1990)은 '외부-증인' 개념(Myerhoff, 1986)을 사용하여 전문가 역할을 수행하는 방문자로서 비가족원을 치료에 초대하는 기법을 개발하였다. 이 전문가들은 내담자가 현재 어려움을 겪고 있는 '문제'를 이전에 경험한 적이 있는 사람들이다. 독립적 개인을 면담하고 그의 반영을 듣는 것은 내러티브치료의 또 다른 개념인 '대안적 이야기'와 연결된다. 이미 언급했듯이 우리의 생애 사건들과, 우리 그리고 다른 사람들이 이 생애 사건에 부여하는 의미를 통해 우리가 구성하는 이야기에는 힘이 생긴다. 비가족원을 치료실로 초대하여 내담자가 자신과 그들의 문제에 대해 말하는 '이야기'를 듣고 의견을 제시하는 과정은 제3자에 의해 내담자들의 힘든 투쟁을 인정받게 되며 이를 통해 긍정적 도움을 받는 과정이다. 또한 외부-증인의 이야기를 들으면서 자신이 선호하는 미래로 나아갈 수 있는 가능성을 볼 수도 있다. 이 개념은 치료사가 개인과 체계론적으로 일하는 동안 '중요한 타자'를 치료 회기에 초대함으로써 더욱 발전될 수 있다. '중요한 타자'로 방문한 전문가는 가족원이나 친구 또는 동료 등 모두가 될 수 있다. 이미 언급했듯이, 내담자들은 일반적으로 개인치료를 위해 자기 내부에 위치한다고 믿는 '문제/이슈'를 가지고 치료에 온다. 초기 회기 동안 치료사가 개별 내담자가 호소하는 문제를 탐색할 때, '문제'가 결국 내담자의 내부 문제가 아닐 수 있으며 실제로는 대인관계적/관계적일 수 있음이 내담자에게 분명해질 수 있다. 따라서 다른 사람(들)을 치료 회기에 초대하는 것이 현명한 선택일 수 있게 된다. 이러한 '문제'에 대한 사고의 변화는 치료과정에서 근본적인 '변혁적 사건'(Sluzki, 1992)이라 할 수 있으며 다른 체계론적 입장을 취하는 이들도 이에 동의하고 있다(Coulehan et al., 1998). 이것은 치료사가 개인 내담자와 체계론적으로 작업하면서 달성할 수 있는 가장 강력한 이해의 변화가 될 수 있다. 외부-증인과 중요한 타자들을 회기에 초대할 때 염두에 두어야 할 중요한 치료 윤리는 내담자뿐만 아니라 '방문객'과도 사전에 철저히 논의하여야 한다는 점이다. 또한 모든 당사자는 회기에서 일어날 일에 대한 기대와 한계를 명확히 이해하고 있어야 하고 이에 대하여 고지된 동의가 있어야 한다. '외부-증인'으로 방문하는 사람들은 내담자가 겪고 있는 전환 관련 문제나 이슈에 대한 자신들의 개인적 경험을 공유하는 반면, '중요한 타자'의 자격으로 치료에 참여하는 사람들은 내담자의 과거와 현재에 관한 치료적 대화에 협력하게 된다. '중요한 타자'들은 내담자에 대한 기억과 생각을 공유함으로써 내담자의 이야기를 풍부하게 할 수 있고 새로운 이야기가 떠오르게 하는 기폭제 역할을 할 수 있다.

5. 내부 세계와 외부 세계

내부와 외부 세계에 대한 개념은 전통적으로 정신역동적 사고이다. 보스콜로는 초기에 체계론적 개념을 개인과의 정신역동적 실천에 통합하기 위해 노력했는데(Boscolo and Bertando, 1996), 두 이론이 매우 다르다는 결론에 도달하였다. 시간이 지남에 따라 일부 가족치료사들은 내면의 무의식적 세계가 인정받을 수 있는지 그리고 체계론적 치료사들의 관심사가 될 수 있는지에 대해 의문을 제기했다(Larner, 1994; Pocock, 1995). 그러나 내담자들은 일반적으로 그들의 내부와 외부 세계 사이를 구분하지 않으며, 그들의 정서적 내면 세계는 치료실에서 확연히 현존할 수 있다. 베르트란도(Bertrando, 2012)는 정서를 즉각적이고 자발적인 커뮤니케이션으로 묘사하였다. 모든 치료사는 접근 방식과 상관없이 이 명제에 공감할 가능성이 높다. 그러나 일반적으로 공감만으로는 변화를 이루기에 충분하지 않다. 치료사가 먼저 이러한 정서적 커뮤니케이션에 공감하여 치료를 수행하면, 이것이 내담자로 하여금 자신의 정서나 그 정서의 근본 원인에 대해 대화할 수 있는 대안적 방법을 찾도록 돕게 된다. 이 새로운 과정은 그들이 정서를 경험하는 것만으로는 해결할 수 없었던 문제를 풀어 나가는 데 도움을 제공한다.

내러티브치료사는 '대안적 이야기'의 개념과 '회원재구성' 대화를 통해 내담자가 자신과 그들이 해결하고자 하는 '문제들'을 이해하는 대안적 방법을 찾도록 돕고자 한다(Myerhoff, 1982). 내러티브치료사는 외재화와 외재화 대화(8장)의 사용을 통해 이 과정을 더욱 촉진하고자 하는 목표를 갖고 있다. 화이트는 문제를 개인 내부에서 옮겨와 개인 외부의 것으로 분리함으로써 새로운 선택지가 나타날 수 있다는 견해를 가졌다. 개인과 체계론적으로 작업할 때, 치료사는 내담자의 외부 세계에서 그들의 관계를 치료실로 가져오고 또한 그들의 내면 세계를 구체화하는 데 노력을 기울일 필요가 있다. 사이코드라마 영역에서 온 행동화 기법(action methods)은 이를 수행하는 방법을 제공하며 시간이 지남에 따라 가족치료사들에 의해 널리 수용되었다.

알아보기

행동화 기법은 '개인 및 집단 작업에 대한 시각적이며 역할기반의 접근 방식'으로 정의된다(British Psychodrama Association, 2015).

사이코드라마티스트 윌리엄스(Williams, 1995)는 시각적인 행동화 기법이 외재화를 허용하고 체계를 재구성하며 체계에 대한 새로운 반응을 유발하는 데 도움을 준다고 언급하였다. 개인과 체계론적으로 작업할 때, 내담자들이 가지고 오는 문제를 외재화하는 방법은 다양하다. 실연(Minuchin, 1974; White, 2007), 내면화된 타인 인터뷰하기(Tomm et al., 1998) 및 조각하기(Papp et al., 1973; Cohen, 2006)와 같은 행동화 기법은 역사적으로 가족치료사들이 그들의 작업에 외재화를 도입하는 데 사용되어 왔다(Chimera, 2013). 구조적 학파의 시연 동영상에 실연의 예가 잘 나타나 있다(5장 참조).

행동화 기법은 사이코드라마에서 기원을 찾을 수 있으며, 신경정신의학과 의사인 제이콥 모레노(Jacob Moreno, 1889~1974)에 의해 고안되었다. 사이코드라마는 인지, 정서 및 신체적 행동을 창의적으로 결합한다. 행동화 기법은 이 과정에서 도구로 사용된다. 윌리엄스(Williams, 1995)는 치료에서 필요한 지식의 종류가 항상 언어로 표현될 수는 없다고 보았고, 언어로 하는 치료가 '보는 것과 행동하는 것'을 소홀히 다뤄 왔으며 거의 전적으로 구술 언어에 기반을 두었다고 지적하였다. 때로는 내담자가 치료 공간에서 '반응에 대해 이야기하는 것'보다 '행동으로 무언가를 하는' 과정을 통해 통찰을 얻을 수 있으며, 두 과정 모두를 통해 도움을 받기도 한다.

행동화 기법은 체험적 성격이 강한데, 윌리엄스(Williams, 1989: 16)는 이를 "문제의 정서적이고 상호작용적인 '핵심'에 빠르게 접근할 수 있는 능력"을 획득하는 것으로 설명하였다.

여기서 설명한 행동화 기법은 강력한 경험이 될 수 있으며, 내담자와 함께 연습할 때 치료사는 자신의 역량과 훈련에 대한 감각을 따라야 한다고 권장한다. '작은 세계' 또는 '피규어로 조각하기'라는 행동화 기법은 내담자가 매우 익숙하거나 심지어 '고착된' 상황에서 낯섦과 차이를 경험할 기회를 제공한다. '작은 세계' 개념은 드라마치료와 놀이치료를 포함하여 여러 영역에서 시작되었다. 이 방법은 내담자가 선택할 수 있는 소형 도구(장난감 인형, 소형 동물, 단추 등)를 사용하여 제시된 문제의 측면을 상징적으로 나타낼 수 있다. 우울증, 불안, 관계, 직장 문제, 가족원과의 갈등 등이 문제의 예가 된다. 이는 내담자와 제시된 문제 사이에 '심미적 거리'를 만들어 낸다. 체스너(Chesner, 2008)는 이를 사람이나 상황으로부터의 심리적 분리 및 자신의 자아와 현실에 대한 인식으로 정의하였다. 문제의 현실로부터 일시적으로 분리시키는 경험은 내담자가 문제를 다르게 보고 새로운 이해를 얻을 기회를 제공한다. 이것은 '행동 통찰'로 기술될 수 있는데, 이는 "언어적 과정 이상의 것을 통해 얻은 통찰력"을 의미한다(Sherbersky, 2014: 94).

여러분의 삶에서 어느 정도 어려움을 주는 비교적 가벼운 상황을 하나 생각해 보자. 클립, 동전 등 주변에 있는 흔한 사물을 사용하여 문제에 관련된 사람들이나 중요한 요소들을 나타내 보자. 사물을 시야 안팎으로 움직일 때 무슨 일이 일어나는지 주목해 볼 것.

다른 행동화 기법 중 하나인 '내면화된 타인 인터뷰하기(Internalized Other Interviewing: IOI)'는 칼 톰(Karl Tomm, 1998)의 작업에서 유래되었으며, "내담자가 다른 사람의 내면 경험을 탐색, 강화 및/또는 수정하고, 내담자와 다른 사람 사이의 가상적 그리고 실제적 관계를 변화시킬 수 있는 방법"(Common Language for Psychotherapy: CLP, 2014)이라고 정의된다. 내면화된 타인 인터뷰하기는 내담자에게 '다른 사람'을 '구현'하게 하고 다른 '존재 방식'을 경험하게 하며, 치료사가 익숙한 '고착된' 행동 양식과 반응에 대해 새로운 대화를 시작할 기회를 제공할 수 있다. 원래는 실제 '다른 사람'이 참석하는 상황에서 실시하여 대화에 참여하지 않은 사람으로부터 실시간 피드백을 받을 수 있도록 고안되었다. 사람들 간의 공감을 증진시키는 방법으로 인정받는 내면화된 타인 인터뷰하기는 호소 문제, 정서, 믿음 등 다른 '주제'를 면담하는 데 사용될 수 있다. 톰은 내면화된 타인 인터뷰하기가 내담자의 방어기제를 우회하게 하며, 관계의 갈등을 탐색할 때 내담자의 이해를 확장시키는 능력이 있다고 말한다. 그러나 내담자가 다른 사람이나 문제의 관점에서 질문에 답하는 것은 어려울 수 있으므로, 이 방법은 주의와 공감을 바탕으로 진행해야 한다. 치료사 입장에서는 인터뷰를 당하는 사람에게 주어진 그 역할이 계속 유지되고 있는지 유념해야 하고, 누구를 인터뷰하는 상황인지 지속적으로 인식해야 한다는 측면에서 쉽지 않은 과정이 될 수 있다(이 장에 포함된 동영상에 내면화된 타인 인터뷰하기의 시연이 담겨 있다).

이 작업을 위한 또 다른 도구는 순환적 인과성 또는 순환성 이론으로, 이는 체계이론에서 유래되었다. 이는 체계(예: 가족)가 자신의 행동을 이용하여 다음 행동이 무엇이어야 하는지를 결정하는 과정을 설명하는 데 사용된다(Street, 1997). 순환성의 예가 [그림 9-5]에 제시되어 있다.

[그림 9-5]를 보면, 다음에 아이가 학교에 갈 때 더욱 심하게 불안해하며 엄마에게 매달리고 엄마가 떠나지 못하게 할 것으로 예상할 수 있다. 이로 인해 엄마는 더욱 크게 속상하고 죄책감을 느끼게 된다. 아이의 행동이 부모의 행동에 영향을 주고, 부모의 행동

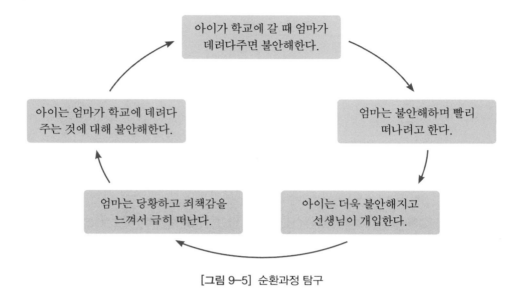

[그림 9-5] 순환과정 탐구

이 다시 아이의 행동에 영향을 주는 것이다. 이것은 상호 인과성을 나타내는데, 한 사람의 행동이 패턴을 이루며 다른 사람의 행동과 연결된다(2장). 순환성은 반복적 성격을 띠며(Watzlawick et al., 1967), 피드백 연결고리를 통해 행동을 지속시킨다(2장). 따라서 이를 이해하게 되면 유용한 정보를 얻게 되며, 치료사는 내담자와 함께 순환성을 추적하여 이를 완전히 이해할 필요가 있다. 개별 내담자와 순환성을 추적할 때, 치료사는 순환성에 연관되는 모든 사람을 포함시키고 행동뿐만 아니라 생각과 정서에 대해서도 물어봐야 한다(Reibstein and Sherbersky, 2012). 이 과정은 구두로 진행될 수도 있지만, 치료사(또는 내담자)가 순환성을 종이에 그려 프로세스를 외재화하고 내담자와 프로세스 사이에 일정한 객관성을 만들어 더 큰 결과를 기대할 수도 있다. 순환성이 그려지거나 논의된 후, 치료사는 내담자가 순환성의 어느 지점에서든 이후의 다른 결과로 이어지게 되는 특정한 변화를 식별할 수 있도록 도울 수 있다. [그림 9-5]에 제시된 것처럼 순환성을 그림으로 표현함으로써, 부모는 다른 선택지를 식별할 수 있게 된다. 예를 들어, 부모가 아이를 떠나게 할 수 있도록 선생님의 지원이 제공되거나, 다른 가족원이 아이를 학교에 데려다주는 방법을 고려해 볼 수 있다.

과제 4

출근길 운전이나 운동처럼 정기적으로 수행하는 루틴 중 바꾸고 싶은 것을 생각해 보자. 이 루틴의 단계를 시작부터 끝까지 그려 보라. 이 과정에 관여하는 모든 사람을 포함시키고, 자신의 생각과 감정을 주의 깊게 관찰해 보자. 변화시킬 수 있는 한 단계를 파악해 보라. 이 한 단계의 변화가 끼친 영향은 무엇인가?

이전 시대의 유산과 향후 전망

개인 내담자를 체계론적으로 치료하는 것은 치료사가 실제로 만나지 못할 사람들과 가상으로 치료적 연결을 구축해야 한다는 것을 의미한다. 이것은 결국 내담자에게 도움을 제공하기 위한 것이다. 이 장에서는 체계론적 모델이 개인과의 치료 작업에 어떻게 적용될 수 있는지에 대한 몇 가지 새로운 방법에 대해 살펴보았다. 또한 이 분야에서의 체계론적 발전에 대한 생각도 담겨 있다. 사회구성주의 사상가들의 영향이 이러한 작업 방식에 기여했으며, 가족치료사들은 이러한 종류의 작업을 수행할 수 있는 능력을 보여 줌으로써 다른 심리치료모델에 영향을 끼쳐 왔다. 브런린과 야콥슨(Breunlin and Jacobsen, 2014)은 미국 내 가족치료 훈련 프로그램의 초점이 전체 가족이 참여하는 가족치료 실천으로부터 벗어나는 경향이 점차 커지고 있으며, 가족치료사가 주관하는 20회기 중 1회기는 개인과 진행된다고 주장한다. 그들은 이 비율의 증가를 예측하였는데 현대 가족생활의 바쁜 특성과 개별성 및 개인화에 대한 문화적 신념으로 인해 전체 가족 회기를 준비하는 데 어려움이 있기 때문으로 파악하였다. 이러한 증가 추세를 고려할 때, 앞으로 영국과 유럽에서 개인과의 체계론적 작업이 더 흔한 일이 될 것으로 보인다.

해당 시연 동영상은 https://family.counpia.kr/로 접속하여 회원가입 후 무료로 시청 가능하다.

동영상 보기: 개인 내담자와 체계론적으로 작업하기 – 내면화된 타인 인터뷰

동영상 소개

이 회기에서 팻은 치료사 조와 단둘이 만난다. 동영상에는 조가 내면화된 타인 인터뷰 (IOI)를 실연하는 장면이 담겨 있다. 이는 팻이 그녀의 딸 수지에게 더욱 공감하고 그녀를 더 잘 이해할 수 있도록 하기 위함이다. 팻은 수지를 비판적으로 보고 과거에 술 문제로 손녀들을 돌보는 것을 소홀히 했다고 그녀를 탓하지만, 수지의 우울증이 그녀의 양육 능력에 영향을 미친다는 것과 그녀가 자기 치료를 위해 술을 마셨다는 것을 보지 못하기 때문에 이는 매우 중요한 장면이라 할 수 있다.

동영상 초반에 조가 다른 가족원들과의 개인 회기에서 나온 일부 정보를 공유하고 싶다고 밝히는 장면이 등장한다. 이것은 개인과의 작업과 병행하여 가족 공동 작업을 할 때 균형을 유지하는 것이 중요함을 보여 준다.

조: 안녕하세요, 팻.

팻: 안녕하세요.

조: 오늘 이렇게 혼자 방문하셔서서, 제가 수지와 제스에 대해 생각해 볼 수 있도록 도와주셔서 감사드립니다. 이 회기 끝에, 이 회기에 대하여 우리가 그들과 어떤 부분을 나눌지 생각할 시간이 필요할 것입니다. 그게 그들에게 도움이 될 것 같아서요.

팻: 네, 저도 정말 힘들어요. 뭐든 하겠습니다.

조: 수지가 우울증을 겪고 있는 게 당신을 힘들게 하는군요?

팻: 네, 맞아요. 나는 수지가 그 상태에서 벗어나야 한다는 생각뿐이에요. 왜냐하면 아이들이 고통받고 있거든요.

조: 아이들이 어떻게 고통받고 있다고 생각하시나요?

팻: 음, 수지는 아이들을 위해 함께해 주지 못했고, 엄마가 되어 주지도 못했고, 아이들은 수지를 엄마로 가지는 경험을 하지 못했죠. 그런 경험들을 통해 자기들이 무언가를 잘할 수 있다는 느낌을 가지게 될 텐데, 적절한 시기들을 놓친 셈이죠.

조: 음, 그들은 수지가 항상 함께해 주는 것을 놓쳤고, 엄마의 존재로 인한 경험을 놓쳤어요. 수지가 곁에 함께해 주어야 했던 경험을 놓친 다른 사람들이 또 있나요?

팻: 나도 그녀와 함께하는 경험을 놓치게 된 것 같아요. 우리는 정말 재미있게 지냈었거든요. 우리는 애들을 데리고 나가서 공원에 갔었고, 함께 요리도 했었죠, 아이들이 어렸을 때요.

조: 음, 그 시절이 정말 즐거웠던 것 같네요.

팻: 네, 그랬어요, 수지는 참 좋은 동반자였고 재미있는 사람이었어요. 수지는 아주 재치 있는 유머 감각을 가지고 있었거든요. 우리는 같은 TV 프로그램을 좋아했었고, 함께 〈이스트엔더스(EastEnders)〉를 보곤 했는데, 지금은 오랫동안 거의 아무것도 하지 않았어요. 사실 나는 정말 지쳐 버린 기분이에요.

조: 그러니까 그때는 에너지가 더 많았던 거죠? 왜 그랬다고 생각하나요?

팻: 글쎄요, 나도 더 젊었으니까 그것도 한몫했겠지요. 그리고 내가 아팠었는데 그것도 안 좋은 영향을 미쳤던 것 같아요. 하지만 젊었을 때는 에너지가 더 많았던 것 같아요, 아이들과 책을 읽고, 걔네들이 하는 말을 듣고, 더 많은 시간을 보냈지요. 지금은 그냥 힘이 빠진 기분이에요…….

조: 그리고, 전에 수지가 어렸을 때 힘이 빠졌다고 느낀 시기가 있었다고 말씀하셨던 것 같은데요. 지금이 그때와 같나요, 아니면 다른가요?

팻: 지금이 더 나쁜 것 같아요. 정말 그래요. 더 심하게 느껴지고, 그냥 벗어나고 싶은 기분이에요.

조: 이를테면, 수지의 우울증처럼요?

팻: 그럴 수도 있겠네요. 모르겠어요. 아마 알 수 있는 유일한 방법은 수지에게 물어보는 거겠지요.

조: 수지가 여기 있었다면, 그녀는 그녀의 우울증이 당신의 지친, 에너지가 빠진 기분과 비슷하다고 말할까요, 아니면 다른 말을 할까요?

팻: 모르겠어요, 잘 모르겠어요. 수지에게 물어봐야 해요. 저도 수지의 생각을 알고 싶어요, 종종 시도해 봤지만.

조: 네, 그거 참 어려운 질문이지요? 확실히 알기가 정말 어렵죠. 갑자기 떠오른 생각인데요. 저와 함께 실험을 해 보실래요?

팻: 실험이라, 예를 들면요?

개입 포인트 ···

내면화된 타인 인터뷰와 같은 행동화 기법을 할 때 그것을 '실험해 본다'고 소개하면서 성공이나 실패에 대한 내담자의 부담을 제거한다.

조: 네, 약간 뜬금없이 들리죠? 저는 당신이 마치 수지가 된 것처럼 이야기할 수 있을 거라는 생각이 들어요. 그래서 제가 몇 가지 질문을 하고, 당신이 수지인 것처럼 대답할 수 있도록 인터뷰 형식으로 진행해 볼까 합니다. 어떨 것 같으세요?

팻: 그러니까 내가 수지인 척해야 한다는 거죠?

조: 음, 그래요…….

팻: 글쎄요, 내가 배우가 아니라서요.

조: 아니요. 배우처럼 어떤 연기를 하라는 말은 아니에요, 팻. 당신이 그녀인 것처럼 질문에 답해 달라는 뜻이에요. 그래서 내가 당신에게 어떤 의자에 앉아 달라고 부탁할 거예요. 저기 비어 있는 의자요. 그리고 수지의 입장이 어떨지 생각해 보세요. 어떠세요?

팻: 음, 시도해 볼 수 있겠네요. 잘할 수 있을지 모르겠지만, 시도해 볼게요. 저기로 이동하라는 건가요?

조: 네, 괜찮다면 시도해 보세요. 그런데 이동하기 전에, 수지의 역할에 몰입할 수 있도록 몇 가지 질문을 먼저 하고 싶어요. 그리고 이동한 후에는 수지인 것처럼 대답해 달라고 질문을 할 거예요. 수지라면 어떻게 의자에 앉을까요?

개입 포인트 ···

조는 팻이 수지의 역할에 몰입할 수 있도록, 수지가 되어 보는 것을 장려하기 위해 질문을 한다.

팻: 음, 그건 치료실이냐 집이냐에 따라 달라질 것 같아요. 집이면 좀 편하게 늘어져서 앉을 것이고, 여기 치료실이면 좀 더 바르게 앉겠죠?

조: 알겠어요, 그럼 그렇게 앉을 거고, 수지가 무엇을 입고 있을 거라고 생각하세요?

팻: 만약 집에 있다면 아마 청바지에 티셔츠나 그런 걸 입고 있을 거예요…….

조: 좋아요. 곧 자리를 옮기라고 할 건데, 그때 수지를 떠올리고 그녀가 무엇을 생각하고 느낄지 고려해 보세요. 그리고 상상하는 대로, 그녀가 대답할 것처럼 대답해 주세요.

팻: 알겠어요, 시도해 볼게요……. 자…… 오, 이거 참 어렵네요……. 저는 수지예요…….

조: 안녕하세요, 수지. 오늘 만나 주셔서 감사해요. 이전에 만난 적이 있긴 하지만, 자기소개를 다시 한 번 해 주시겠어요?

개입 포인트 ●●●

이러한 질문들은 팻이 수지처럼 생각하고 느끼도록 도와주기 위해 사용된다.

팻: 제 이름은 수잔나예요. 저는 40세이고 브리스틀에 살고 있어요. 두 딸을 둔 싱글맘이에요. 큰딸 애비는 19세이고 대학에 다니고 있고, 작은딸 제스는 17세로 함께 살고 있어요. 제스가 태어난 지 얼마 안 돼서 애들 아빠와 헤어졌고, 지금은 혼자예요.

조: 알겠습니다. 그럼 여가 시간에는 무엇을 하시나요? 취미가 있나요?

팻: 예전에는 있었는데, 지금은 취미가 딱히 없어요.

조: 그럼 취미가 있었을 때는 무엇을 하셨나요?

팻: 글쎄, 나이에 따라 달랐던 것 같아요. 학교를 떠난 후에는 취미라기보다는 일을 했어요. 부동산 중개인으로 일했고 그 일을 정말 좋아했어요. 그런데 수지도 말을 탔었어요. 말을 탈 때 정말 뛰어났고 지역에서…….

조: 그러니까 수지, 말 타기를 즐겼던 것 같네요.

팻: 미안해요…….

조: 수지, 말 타기를 잘했나요?

개입 포인트 ●●●

내면화된 타인 인터뷰에 참여하는 내담자들이 역할에서 벗어나는 경우가 있다. 조는 이를 인지하고 자연스럽게 팻을 수지의 마음으로 다시 인도한다.

팻: 음…… 네, 그랬어요. 아주 잘했어요. 사람들이 제가 잘한다고 했지만, 저는 확신이 없었어요. 하지만 지역 마구간에서 일하면서 경마용 말들을 탈 수 있게 해 줬고, 정말 잘했어요. 대회에도 나가고 정말 사랑했어요. 정말 사랑했어요. 심지어는 미래에 직업으로 삼을 수 있을 거라고 생각하기도 했어요. 하지만 말씀드렸다시피, 결국 부동산 중개업 일을 하게 되었고, 그 과정에서 딸들의 아빠를 만나서…… 임신한 걸 알게 되었어요. 임신하면 말 타고 대회에 나갈 수 없잖아요. 그래서 포기해야 했어요……. 네…….

조: 그러니까 당신은 자신이 잘하고 즐기던 것을 포기해야 했던 것 같네요. 그건 당신에게 어떤 느낌이었나요?

팻: 글쎄요, 저는 정말로 희망과 꿈을 잃었던 것 같아요. 저는, 음, 잘했고…… 몇몇 대회에서 우승도 했고, 제 우승컵들이 벽난로 선반 위에 있었고 엄마는 저를 정말 자랑스러워했어요. 하지만 삶에 방해가…….

조: 그래서 당신의 꿈에 무슨 일이 일어났나요?

팻: 저는 그 꿈들을 포기해야만 했고, 그다음에 애비를 낳았고, 그다음에 제스를 낳았고, 그다음에 술을 마셨어요……. 그리고 그것에 대해서는 알고 있지…….

조: 그렇게 알고 있지만, 수지가 마신 술이 주변 사람들에게 어떤 영향을 미쳤는지도 생각해 보고 싶어요.

개입 포인트

수지를 제3자로 언급하는 것은 팻을 혼란스럽게 할 수 있었지만, 그녀는 이를 받아들인 것처럼 보인다. 내면화된 타인 인터뷰 과정은 내담자뿐만 아니라 치료사도 혼란스러움을 느낄 수 있다!

팻: 그 일로 엄마도 속상해 하셨고, 딸들도 속상해 했어요. 제가 그들 곁에 있어 주지 못해서 딸들에게 좋은 엄마도 되지 못했어요.

조: 좋은 엄마가 되는 것은 당신에게 무엇을 의미하나요?

팻: 그들을 위해 있어 주고, 그들의 이야기를 듣고, 그들과 함께 시간을 보내는 거죠. 그리고 제가 좋은 엄마라는 걸 엄마가 알아차렸으면 해요.

조: 당신이 좋은 엄마인 걸 그녀가 알고 있다고 생각하나요?

팻: 아마도 그랬을 거예요, 아마도요. 하지만 최근에는 아니에요.

조: 그녀가 더 자주 당신을 좋은 엄마로 인식한다면 어떨까요?

팻: 그걸 알아차리고 저를 긍정적으로 평가해 주었으면 좋겠어요.

조: 엄마가 당신을 긍정적으로 생각하게 하기 위해 무엇이 변해야 할까요?

팻: 술을 마시지 않고, 계속해서 외부 지원을 받아야 해요. 그리고 지원을 받아들이는 것을 계속해야 하고, 제스를 돕는 것을 계속해야 해요.

조: 이렇게 대화하는 시간이 거의 끝나 가지만, 묻고 싶은 것이 하나 있어요. 엄마가 과거를 잊고 당신이 사람들을 실망시켰던 것을 잊을 수 있다고 생각하나요? 그게 가능할까요?

개입 포인트 ⋯⋯⋯⋯⋯⋯⋯⋯⋯⋯⋯⋯⋯⋯⋯⋯⋯⋯⋯⋯⋯⋯⋯⋯⋯⋯⋯⋯⋯⋯⋯⋯⋯

조는 내담자인 팻이 사용하지 않은 '사람들을 실망시킨다'는 표현을 도입하였다. 팻이 이를 받아들인 것 같긴 하지만, 조가 지속적으로 내담자의 언어를 반영하는 것이 더 민감하고 조화로운 대화로 이끌었을 수 있다.

팻: 그럴 수 있을 것 같지만, 제가 해야 할 일은 계속해서 지원을 받는 것과 제스를 계속 도와주는 것이에요. 꼭 그렇게 해야 해요.

조: 알겠어요, 이제 대화를 마무리해야 할 것 같아요. 마치기 전에 수지로서 하고 싶은 말이 있나요?

팻: 엄마가 제가 행복하기를 바라는 것을 알고 있어요. 정말로 그래요⋯⋯.

조: 좋아요. 그러면 실험은 여기서 끝이니, 팻, 자리로 돌아가 주시겠어요?

팻: 알겠어요, 정말 이상했어요.

조: 맞아요, 정말 이상하죠. 그래서 팻, 지금 여기 계신 분은 팻이죠? 수지가 아니라 팻이 맞지요? 잠시 확인하고 싶어요.

개입 포인트 ⋯⋯⋯⋯⋯⋯⋯⋯⋯⋯⋯⋯⋯⋯⋯⋯⋯⋯⋯⋯⋯⋯⋯⋯⋯⋯⋯⋯⋯⋯⋯⋯⋯

조는 팻이 자리로 돌아온 후 그녀가 역할에서 벗어나도록 세심하게 배려한다.

팻: 나는 팻이고, 수지의 마음속에 들어가는 게 그리 어렵지 않았다는 게 놀랍네요. 그렇게 할 수 있을 거라고는 생각하지 못했어요.

조: 네, 새로 깨달은 어떤 생각이나 느낌이 있나요?

팻: 음, 수지가 자신의 삶에 얼마나 실망했을지를 헤아리지 못했던 것 같아요. 그녀는 많은 것을 포기했는데 정말 그 부분에 대해서는 생각해 보지 않았어요, 수지가 일과 관련해서는 잘했기 때문에.

조: 그녀가 말 타기에서 큰 재능을 보였다는 것처럼 들렸는데, 그럼 그녀를 매우 자랑스러워했겠네요?

팻: 그랬어요. 벽난로 위의 우승컵들, 아직도 있는데, 그것들이 보이긴 했지만 그냥 지나쳐 버렸나 봐요. 그게 거기에 있다는 걸 잊고 있었어요. 그냥 가구의 일부가 되어 버린 것 같아요. 그리고 네, 그녀는 말들을 잃었고, 술 때문에 일을 잃었고, 그리고 임신을 했고, 다시 임신을 하고, 그리고 남편을 잃었어요. 그 모든 것이 그녀에게 영향을 미쳤고, 저에게도 영향을 미쳤어요.

조: 가족으로서 많은 것을 겪었네요, 그렇죠? 제스는 섭식문제를 겪었고, 수지는 남편을 잃었고, 당신은 파트너를 잃었고, 딸들은 엄마와 함께하는 기회를 놓쳤고, 술이 이때를 틈타 뛰어들었던 것 같네요.

개입 포인트 ⋯⋯⋯⋯⋯⋯⋯⋯⋯⋯⋯⋯⋯⋯⋯⋯⋯⋯⋯⋯⋯⋯⋯⋯⋯⋯⋯

조는 '술'에 관한 또 다른 형태의 외재화를 활용한다.

팻: 술이 많은 문제의 원인이 되었네요.

조: 어느 순간 수지는 술이 해답이라고 생각했던 것 같아요.

팻: 맞는 말 같아요.

조: 그 경험에서 얻어 가는 것이 있나요?

팻: 네, 사실 피트(Pete) 이전의 삶을 거의 잊고 있었어요. 그리고 수지가 어린아이들과 혼자 얼마나 잘 지냈는지, 그리고 엄마 역할을 제가 한 것보다 훨씬 더 잘했고 에너지가 넘쳤다는 것을, 반면에 저는 그저 피곤하고 지쳐 있었죠. 수지가 어릴 때 말이에요⋯⋯.

요약

이 동영상에서, 팻은 조의 질문에 답하기 위해 수지의 역할을 맡아 보았다. 조는 먼저 팻이 수지의 역할에 몰입하도록 돕고, 그녀의 과거와 현재 가족관계에 대해 인터뷰를 진행한다. 이 실연의 목적은 팻이 수지의 상황에 공감을 하게 하고, 수지에 대한 팻의 비판적 태도를 완화시키는 것이었다. 팻은 수지가 과거부터 경험해 온 어려움을 기억하고 받아들이는 것처럼 보인다. 내면화된 타인 인터뷰는 치료사가 수지의 '문제'인 알코올을 외재화하고 의인화하는 방식으로 진행되었다. 여기서 외재화는 수지로부터 책임을 떼어놓기 위해 사용된 것이 아니라 팻이 수지가 아닌 알코올에 대한 비판에 집중할 수 있도록 돕기 위해 사용되었다. 역할에서 벗어나는 것은 이 작업 방식의 중요한 측면으로, 처음의 역할 부여만큼이나 중요하다.

참고문헌

Bertrando, P. (2012). Cultural and systemic ethos in systemic therapy. In Krause, I (Ed), *Culture & reflexivity in systemic psychotherapy*. London: Karnac, pp. 115-137.

Boscolo, L and Bertrando, P. (1996). *Systemic therapy with individuals*. London: Karnac.

Bowen, M. (1978). *Family therapy in clinical practice*. New York: Jason Aronson.

Breunlin, D. and Jacobsen, E. (2014). Putting the family back into family therapy. *Family Process*, 53: 462-475.

British Psychodrama Association www.psychodrama.org.uk/what_are_action_methods. php. Accessed 02.01.15.

Burnham, J. (1992). Approach – method – technique: making distinctions and creating connections. *Human Systems*, 3: 3-27.

Burnham, J. (1993). Systemic supervision: the evolution of reflexivity in the context of the supervisory relationship. *Human Systems*, 4: 349-381.

Burnham, J. (2000). Internalized other interviewing: evaluating and enhancing empathy. *Clinical Psychology Forum*, 140: 16-20.

Burnham, J. (2012). Developments in Social GGRRAAACCEEESSS: visible-invisible and voiced-unvoiced. In Krause, I (Ed) *Culture & reflexivity in systemic psychotherapy*. London: Karnac, pp. 139-160.

Carr, A. (1986). Three techniques for the solo family therapist. *Journal of Family Therapy* 8: 373–382.

Carter, B. and McGoldrick M. (1999). *The expanded family life cycle, individual, family and social perspectives*, 3rd Ed. Boston, MA: Allyn & Bacon.

Chesner, A. (2008). A passion for action and non-action. In Shohet, R. (Ed) *Passionate Supervision*. London: Jessica Kingsley.

Chimera, C. (2013). Editorial-a hidden history of action in family therapy. *Context*, 125, April: 39–41.

CLP Common Language for Psychotherapy www.commonlanguagepsychotherapy.org/fileadmin/user_upload/Accepted_procedures/internalizedotherinterv.pdf. Accessed 18.01.15.

Cohen, D. (2006). "Family Constellations": An innovative systemic phenomenological group process from Germany. *The Family Journal: Counseling and Therapy for Couples and Families*, 14: 226–233.

Coulehan, R., Friedlander, M. and Heathrington, L. (1998). A change in constructivist family therapy. *Family Process*, 37: 17–33.

Fowler, J. and Christakis, N. A. (2008). Dynamic spread of happiness in a large social network: longitudinal analysis over 20 years in the Framingham Heart Study. *BMJ*, 337: a2338.

Harré, R. (1995). The necessity of personhood as embodied being. *Theory and Psychology*, 5(3): 369–373.

Hedges, F. (2005). *An introduction to systemic therapy with individuals, a social constructionist approach*. England: Palgrave Macmillan.

Hermans, H. J. M. and Dimaggio, G. (2004). *The dialogical self in psychotherapy*. New York: Brunner & Routledge.

Larner, G. (1994). Para-modern family therapy: deconstructing postmodernism. *Australian and New Zealand Journal of Family Therapy*, 15: 11–16.

Larner, G. (1998). Through a glass darkly: narrative as destiny. *Theory and Psychology*, 1998, 8: 549–572.

McGoldrick, M., Gerson, R. and Petry S. (2008). *Genograms: assessment and intervention*, (3rd Ed). New York: W. W. W. Norton & Company.

Minuchin, S. (1974). *Families and family therapy*. London: Harvard University Press.

Myerhoff, B. (1982). Life history among the elderly: performance, visibility and re-membering. In Ruby, J. (Ed) *A crack in the mirror. Reflective perspectives in anthropology*. Philadelphia: University of Pennsylvania Press.

Myerhoff, B. (1986). Life not death in Venice: its second life. In Turner, V. and Bruner, E. (Eds) *The anthropology of experience*. Chicago: University of Illinois.

Napier, A. and Whitaker, C. (1978). *The family crucible, the intense experience of family therapy*. New York: Harper Row.

Papp, P., Silverstein, O. and Carter, E. (1973). Family sculpting in preventative work with 'well families'. *Family Process*, 12: 197–212.

Pocock, D. (1995). Searching for a better story: harnessing modern and postmodern positions in family therapy. *Journal of Family Therapy*, 17: 149–174.

Reibstein, J. and Sherbersky, H. (2012). Behavioural and empathic elements of systemic couple therapy: the Exeter Model and a case study of depression. *Journal of Family Therapy* 34: 271–283.

Rivett, M. and Street, E. (2003). *Family therapy in focus*. London: Sage.

Rivett, M. and Woodcock, J. (2015). Étapes vers la connaissance systémique du Soi dans la formation des thérapeutes de la famille. In Ackermams, A. and Canevaro, A. (Eds) *la naissance d'un thérapeute familial*. Toulouse: Éditions: 279–302.

Roper-Hall, A. (1998). Working systemically with older people and their families who have 'come to grief'. In Sutcliffe, G. Tufnell and U. Cornish (Eds) *Working with the dying & bereaved: systemic approaches to therapeutic work*. London: MacMillan, pp. 117–206.

Sherbersky, H. (2014). Integrating creative approaches within family therapy supervision. In Chesner, A. and Zografou, L. (Eds) *Creative Supervision across Modalities*. London: Jessica Kingsley Publishers, pp. 89–108.

Sluzki, C. (1992). Transformations: a blueprint for narrative changes in therapy. *Family Process*, 31: 217–230.

Street, E. (1997). Family counselling. In McMahon, G. and Palmer, S. (Eds) *Handbook of counselling*, 2nd Ed. London: Routledge, pp. 75–93.

Szapocznik, J., Kurtines, W. M., Foote, F. H., Perez–Vidal, A. and Harvis, O. (1983). Conjoint versus one-person family therapy: some evidence for the effectiveness of conducting family therapy through one person. *Journal of Consulting & Clinical Psychology*, 51: 889–899.

Tomm, K., Hoyt, M. and Madigan, S. (1998). Honoring our internalised others and the ethics of caring: a conversation with Karl Tomm. In M. Hoyt (Ed) *The handbook of constructive therapies*. Philadelphia: Brunner Routledge: 198–218.

Vaillant, G. E. (2012). *Triumphs of experience. The men of the Harvard Grant study*. Belknap Press: World.

Watzlawick, P., Beavin Bavelas, J. and Jackson, D. (1967). *Pragmatics of human communication a study of interactional patterns, pathologies and paradoxes.* New York: W. W. W. Norton & Company.

White, M. (1988/9). The externalising of the problem and the re-authoring of lives and relationships. *Dulwich Centre Newsletter*, Summer: 5-28.

White, M. (2007). *Maps of narrative practice.* New York & London: W. W. W. Norton & Company.

White, M. and Epston, D. (1990). *Narrative means to therapeutic ends.* New York & London: W. W. W. Norton & Company.

Williams, A. (1989). *The passionate technique*, New York & London: Tavistock/Routledge.

Williams, A. (1995). *Visual and active supervision: roles, focus, technique.* New York & London: W.W. W. Norton & Company.

Family Therapy 제**10**장

체계론적 슈퍼비전
치료 성과 증진을 위한 반성적 실천하기

요점정리

● 슈퍼비전은 심리치료 분야뿐만 아니라 다른 분야에서도 요구되는 중요한 과정이다.

● 체계론적 슈퍼비전에서 슈퍼바이저는 반성적이면서도 반영적[1]이어야 한다.

● 체계론적 슈퍼비전은 시간이 지남에 따라 체계론적 접근 방식에 의해 파생된 다양한 이론과 방법을 통해 발전하였다.

● 체계론적 슈퍼비전은 슈퍼바이저가 치료 팀의 일원으로 참여하는 '라이브' 형식일 수도 있고, 이 장의 시연 동영상에서처럼 회고적일 수도 있다.

● '체계론적 마인드'와 '체계론적 자기 인식'의 함양은 슈퍼비전을 통해 개발되고 향상될 수 있는 수련의 결과이다.

● 체계론적 자기 인식은 치료사가 자신과 다른 사람들과의 관계에서 자신의 정체성을 개발하고 이것이 자신의 실천에 어떻게 영향을 미치는지를 이해하도록 돕는다.

---

1) 역자 주: 역자는 'refletive'는 반성적, 'reflexive'는 반영적, 'reflexivity'는 반영성으로 번역했다. 반성적와 반영적, 두 접근 방식 모두 치료사의 자기 인식과 치료과정의 질을 향상시키는 데 중요하지만, 그 초점이 다르다. 반성적 접근은 주로 치료사의 내면적 성찰에 초점을 맞추고, 반영적 접근은 치료사의 상호작용과 맥락적 자각에 초점을 맞춘다. 가족치료에서 이 두 가지 접근 방식을 적절히 결합하면, 치료사는 더 효과적인 치료를 제공할 수 있다. 예를 들어, 치료사는 반성적 접근을 통해 자신의 감정을 이해하고, 반영적 접근을 통해 가족구성원과의 상호작용을 조절함으로써 치료과정을 더욱 유연하고 효과적으로 이끌어 갈 수 있다.

서론

슈퍼비전은 심리치료 분야 내에서 종종 거울을 보는 것에 비유된다(Burck and Daniel, 2010). 자신의 실천을 거울을 통해 바라봄으로써, 해를 끼치는 것은 아닌지 점검하고, 어떤 가족들과는 왜 진전을 경험하지 못했는지를 인식하며, 자신이 일하는 대상들을 위한 결과를 개선할 수 있게 된다. 가족치료사들이 일방향 스크린을 사용하는 것에 비추어 볼 때, 거울 비유는 더욱 강력한 연관성을 가진 비유가 된다. 따라서 가족치료사가 자신의 실천을 거울 앞에 놓을 때, 그들은 자신이 하는 일과 가족들이 그 행동에 어떻게 반응하는지뿐만 아니라, 자신의 경험의 '유령'이 반영된 모습을 보게 된다. 체계론적 사고를 하는 가족치료사는 가족의 행동에 영향을 미치는 그런 '유령들'을 살펴보고, 이러한 다양한 존재들이 치료과정 내에서 발생하고 있는 일에 어떻게 영향을 미치는지를 인식해야 한다. 다시 말해, 슈퍼비전은 이해와 개입을 위한 다양한 가능성을 밝혀내는 작업이어야 한다.

알아보기

반영 팀[2]은 치료 회기를 관찰하는 추가적인 사람(들)로, 내담가족과 주 치료사에게 자신들의 생각, 감정, 아이디어를 공유한다(7장 참조).

체계론적 슈퍼비전에서 거울은 또한 3차원적 특성을 지니고 있다. 이것은 『거울 나라의 앨리스(Alice Through the Looking Glass)』(Carroll, 2007)의 거울 속 세계를 경험하는 것과 어느 정도 비슷하다. 예를 들어, 가족치료에서 슈퍼바이저는 스크린 뒤의 '다른 세계'에 실제로 존재할 수 있다. '거울 너머' 세계의 거주자들은 거울 앞에서 반영 팀의 일부로 치료실에 실제로 들어올 수도 있지만, 그렇지 않을 때에도 그들은 가족과 함께 치료실에 있는 치료사의 마음속에 존재한다. 이 과정은 단순히 치료에 대한 반성적(reflective) 접근(예: 일어나는 일에 대해 반성하기)뿐만 아니라, 치료사의 주의가 완전히 순환하여, (거울 너

2) 역자 주: 번역의 일관성만을 따진다면 본서에서 reflective를 '반성적'으로 번역했기에 reflecting team을 '반성 팀'으로 해야겠지만, 한국에서 이미 소개된 번역 용어인 '반영 팀'이라는 용어가 있기 때문에 그 번역을 그대로 사용했다.

[그림 10-1]
출처: © 에밀리 키어(Emily Kear). 저작권자의 동의하에 사용함.

머의) 그들이 치료실 안에서의 말과 행동에 어떻게 영향을 미치는지, (거울 너머의) 그들
이 내재된 체계가 치료실 안에서의 말과 행동에 어떻게 영향을 미치는지, 그리고 슈퍼비
전 동안 말하고 행동하는 것에 어떻게 영향을 미치는지를 이해하는 반영적(reflexive) 접
근을 촉발한다([그림 10-1] 참조).

이 장은 시연 동영상에 기반하여 체계론적 슈퍼비전에 대한 개요를 제공하고, 반영과
반성적 실천의 과정이 어떻게 가족치료사가 가족과 함께 일하는 방식을 개선할 수 있는
지 탐구하고자 한다. 이를 통해 체계론적 슈퍼비전이 갖는 독특한 점을 조망해 본다.

반성: 치료 실천에 대해 더욱 의식하기

가족치료사들이 사용하는 이론과 기법의 주요 목적 중 하나는 치료사가 작업하고 있
는 가족체계 밖에 남아 있도록 돕는 것이었다. '제1세대' 체계이론은 체계를 변경하기 위
해서는 치료사가 먼저 그것을 관찰해야 한다고 주장했다. 밀란그룹이 치료 회기 동안 팀
을 사용한 방식이 이러한 실천의 예가 될 수 있다(7장 참조). 앞서 언급한 비유에서, 이러
한 기법은 치료사가 가족을 거울 안(in the mirror)에 있는 것처럼 관찰하도록 도왔다. 이
것은 치료사가 가족과 함께 작업하면서 가족처럼 생각하도록 유도되기 때문에 중요하게
여겨졌다. 치료사는 '숲을 보지 못하고 나무만 보는' 상태가 되거나 더 미묘하게는 치료
사가 내담가족처럼 생각하기 시작한다. 가족치료사들은 치료사가 이 과정을 피할 수 있

도록 다양한 아이디어를 사용해 왔다. 그들은 '메타-관점(meta-perspective)'에 대해 이야기하는데, 이는 치료실에서 발생하는 관점들을 '바깥에서' 또는 '위에서' 바라보는 관점을 의미한다. 실제로 '돌봄은 공유하는 것이지만 메타가 더 낫다(Caring is sharing but Meta is better)'는 표현도 있었다. 비록 '2차(second-order)' 가족치료에서는 과연 '메타'가 더 나은 것인지 의심하기도 했지만, 반성적 접근에서는 여전히 치료사가 다양한 관점을 마음속에 갖고 있을 필요가 있다고 주장했다. 따라서 슈퍼비전은 가족치료사가 이러한 관점을 유지하는 데 도움을 주는 근본적인 방법이라 할 수 있다.

가족치료사는, 다른 심리치료사들이 그래 왔던 것처럼, 항상 자신의 작업에 대해 성찰해 왔다[Johns, 1995(간호 분야); Yelloly and Henkel, 1995(사회복지); Gibbs, 1988(교육이론) 참조]. 문헌들을 보면 사례 연구, 분석, 이론적 논쟁이 가득하다. 그러나 그들이 반성이 무엇을 의미하는지에 대한 이론을 항상 가지고 있었던 것은 아니다. 쇤(Schön, 1983)은 이 분야에서 가장 중요한 이론가일 수 있으며, 호프만(Hoffman, 2002)은 그의 아이디어를 가족치료 분야로 가져왔다. 쇤(Schön,1983)은 슈퍼비전과 같은 실천이 전문가가 자신의 일을 개선하는 방법을 배울 수 있도록 돕는 '행동에 대한 반성(reflection on action)'의 한 형태라고 주장했다. 그러나 이러한 반성의 목적은 전문가가 실천의 순간에 무언가 다른 일을 할 수 있도록 하는 '행동 중 반성(reflection in action)'을 달성하는 것이었다. 쇤의 아이디어는 피드백 루프와 변화에 대한 체계론적 이론뿐만 아니라 베이트슨의 차이를 만드는 차이를 찾기에 대한 아이디어와도 매우 유사하다. 가족치료사들은 종종 라이브 슈퍼비전 형식(치료실 안이나 앞서 언급한 것처럼 거울 뒤에 슈퍼바이저가 있음)에서 훈련을 받았기 때문에 '행동 중 반성'은 어찌 보면 흔한 현상이었다. 버치(Burch; https://en.wikipedia.org/wiki/Four_stages_of_competence 참조)는 수련생들이 반성의 과정을 통해 무의식적 무능력에서 무의식적 유능함으로 이동한다고 보았다.

과제 1

친구를 만날 때 거울을 들이댄다면 무엇을 볼 수 있을지 상상해 보자. 친구와 당신은 서로에게 같은 양의 관심을 보일 것인가? 같은 주제에 대해 이야기하고 싶을 것인가? 서로가 동일하게 많이 웃을 것인가? 누가 더 많이 말할 것인가? 이 교환을 관찰함으로써 당신은 친구와의 관계에 대해 무엇을 배울 수 있을까?

이러한 아이디어를 통해 가족치료사들은 치료과정 중 자신들이 '거울 안'에 있다는 인식을 함양하는 데 도움이 되는 여러 핵심적인 실천을 채택하였으며, 이 중 일부는 다른 심리치료와 공유되고 있다. 예를 들어, 그들은 구체적인 실제 경험을 이론(이 경우에는 체계와 가족기능의 이론)으로 설명해 보려고 한다. 슈퍼비전 회기에서 치료사에게 그들의 '개념화나 가설이 무엇인지' 물어보는 것은 이상한 일이 아니다. 치료사가 회기에 '몰두'할 때 이론을 잊어버리는 것은 매우 흔한 일이다. 또 다른 일반적 실천은 치료사에게 가족과 함께 일할 때 그들의 '딜레마'나 '어려움'이 무엇인지 물어보는 것이다. 이 기술은 이 장의 시연 동영상에 등장한다. 이 질문은 치료사의 경험에 대한 인식을 불러일으키고 '행동에 대한 반성'을 장려하는 방식으로 기능하게 된다.

또한 체계론적 접근에서만 특별히 나타난 실천들도 있는데, 이는 체계론적 슈퍼비전이 어떻게 작동하는지에 대한 핵심과 관련이 있다. 첫 번째는 단순히 치료사 내부에서 체계론적 마인드(systemic mind)를 기르는 것이다. 베이트슨(Bateson, 1972: 434)은 다음과 같이 언급하고 있다.

> 개인[인간]의 체계론적 본성에서 특이한 반전은, 의식은 거의 반드시 [인간] 자신의 체계론적 본성을 보지 못한다는 것이다.

그가 이러한 중요한 진술(과 그의 작업을 통해)에서 주장하는 것은 체계론적 마인드를 가지는 것이 하나의 훈련이라는 것이다. 더 나아가, 이 훈련은 슈퍼비전 과정을 통해 보호되고 강화되어야 한다.

알아보기

선형적 설명은 문제가 순차적인 원인과 결과의 과정에서 비롯된다는 아이디어를 나타낸다. 체계론적 접근에서는 문제가 복잡하고 다면적이며, 따라서 그 기원이 단순하지 않다고 믿는다.

과제 2

'체계론적 마인드를 유지하는 것'은 쉬운 일일까? 자신을 '고립된 상태'로 생각하는 경우가 얼마나 잦은지 생각해 보자. 누군가가 직접 겪는 일이나 그 주변 사람들에게 일어나는 일에 대해 그 개인을 '비난'하는 경우가 얼마나 자주 있는지 생각해 보라. 당신이 도움을 준 사람들과 그들이 겪는 문제에 대해 '선형적' 설명이 있다고 가정하는 것이 얼마나 쉬운지 생각해 보자. 자신의 '체계론적 지수'에 대해 10점 만점으로 점수를 매겨 보라. 자신의 점수에 만족하는가? 가족, 친구, 동료들은 당신을 어떻게 평가할까? 이 점수를 높이기 위해 당신은 어떤 도움이 필요하다고 생각하는가?

체계론적 슈퍼비전 회기에서 슈퍼바이저는 '체계론적 마인드'를 유지하면서 동시에 치료사가 자신의 체계론적 마인드를 활성화하도록 유도할 것이다. 이는 '전체' '패턴' 그리고 '체계'에 관한 질문을 통해 장려된다. 이는 이 장의 시연 동영상에 잘 나타나 있다.

더 깊은 반성의 실천

가족치료사들이 '반성(reflecting)'을 이해하는 방식은, 노르웨이의 톰 안데르센(Andersen, 1991)이 원래 밀란학파의 가족치료 형태였던 것을 새롭게 적용하기 시작하며, 혁명적인 변화를 겪었다([그림 10-2] 참조).

톰 안데르센은 후기 밀란 가족치료의 발전(Anderson and Goolishian, 1988; Anderson

[그림 10-2] 톰 안데르센
출처: mastersworks.com

and Gehart, 2007)과 후기 밀란 치료에 영향을 준 생물학자들(Maturana and Varela, 1988)의 기여(7장 참조)를 받아들여, 가족치료 내에서 '차이'가 도입되는 방식으로 듣는(listening) 과정, 말하는(speaking) 과정, 들리는(hearing) 과정에 집중하였다(Andersen, 1991; Friedman, 1995). 따라서 그는 가족치료가 작동하는 과정과 관련하여 독백보다는 대화에 초점을 맞추기 시작했다. 이는 이후 사회구성주의 가족치료(2장)의 근본적인 개념이 되었다. 그는 다음과 같이 언급하고 있다.

> 치료에 참여하는 각 개인이 다른 사람들이 뜻하는 의미와 다소 다른 의미를 지니고 있을 때, 대화 중 의미가 서로 교환된다면 새로운 의미가 나타날 수 있다. 대화가 존재하지 않으면 의미는 정체되는 경향이 있다.
>
> (Andersen, 1991: 37)

안데르센은 또한 듣기가 사고로 이어지며, 이것이 변화로 이어진다고 보았다. 이를 위해 그는 '반영 팀'이라는 기술(정작 그는 이것을 기술이라기보다는 실천의 철학이라고 주장하겠지만)을 개발하게 된다. 그의 회기에서는 치료사가 회기 중간에 자신의 팀과 대화하는 대신, 반영 팀이 치료사와 가족이 있는 방으로 들어와 회기를 들으면서 생각했던 것에 대해 공유하였다. 안데르센(Andersen 1991: 40)은 다음과 같이 언급하였다.

> 이 절차는 …… 반영 팀이 나누는 대화를 들으면서 가족원들이 내적 대화를 할 수 있는 가능성을 제공한다.

과제 3

누군가가 당신에게 말한 것이 당신의 생각, 감정, 행동에 깊은 영향을 미친 시기를 생각해 보자. 그것은 어떻게 일어났는가? 그 말들이 어떻게 계속해서 당신의 마음을 관통했는지, 또는 다른 말들을 불러일으켰는지 기억해 보자.

안데르센이 상호존중에 기반하여 의례화시켜 확립한 '순서대로' 듣고 말하는 방식은 체계론적 슈퍼비전이 슈퍼바이저와 치료사가 함께 대화의 공간으로 들어가도록 만들었다(Burck and Daniel, 2010 참조). 이 공간에서는 다양한 아이디어들에 대해 말하게 되고 또 듣게 된다. 반영 팀 개념은 말하는 과정 자체가 유용한 변화를 불러일으킬 수 있다는 믿음에 기반하는데, 여기에는 다양한 생각과 감정이 서서히 그 모습을 드러내는 과정에 대한 그의 믿음이 내포되어 있다. 반영 팀은 마치 물이 오랜 시간 부드럽게 바위를 마모시켜 석영이나 화석을 드러나게 하는 힘에 비유될 수 있다. 체계론적 슈퍼비전은 이를 '사례에 대해 토론하는' 접근법으로 계승하였고, 비록 더 많은 논의가 진행되고 있지만, 반영에 대한 강조는 여전히 중요하게 여겨지고 있다.

슈퍼비전이라는 거울을 통해 우리가 알게 되는 것

가족치료사가 슈퍼비전의 거울을 통해 자신을 바라본다면, 먼저 자신의 '자기'의 몇 가지 측면을 눈치챌 가능성이 높다. 가장 분명한 것은 그들에게 사회적으로 부여된 성별이다. 성별 미선택자 및 트랜스젠더 개인에게는 다른 의미일 수 있지만, 생물학적 신체는 특정 정보를 제공한다(Bigner and Wetchler, 2012). 두 번째는 인종일 수 있다. 인종이 치료 및 치료 슈퍼비전에 어떻게 영향을 미치는지를 탐구한 연구들이 다양하게 존재해 왔다(Krause, 2012). 예를 들어, 백인 슈퍼바이저가 흑인 치료사를 슈퍼비전한다면, 그들 사이에는 피할 수 없는 권력과 역사에 관한 사안들이 존재하게 마련이다. 마찬가지로 백인 치료사가 흑인 가족과 함께 작업한다면 그 과정은 '들리지 않는(not voiced)' 채로 존재하기 쉽다(Boyd-Franklin, 1989). 체계론적 접근의 저자들은 이와 같은 과정을 드러내지 않으려는 압박이 있다고 언급하였다. 슈퍼비전과 치료에서 인종과 민족에 대한 논의는 수치심, 죄책감 및 '잘못될 것 같은' 두려움으로 가득 차 있다(Vecchio, 2008). 슈퍼비전의 임무는 이러한 요인을 탐구하여 치료사로 하여금 어떠한 주제가 가족과 논의하기 어려운지, 그리고 '무시하고 있는 것'은 없는지를 이해하도록 돕는 것이다. 또한 슈퍼비전은 치료사가 이러한 가족들에 대해 자신이 갖고 있는 문화적, 인종적 및 기타 편견의 결과를 풀어내는 데 도움을 제공한다. 성적 지향, 성별, 문화적 위치, 종교적 태도, 계급 위치 및 신체적 또는 정신적 능력과 같이 비교적 선명하게 보이지 않는 다른 차이들도 존재한다. 2장에서 우리는 가족치료가 1980년대에 이러한 영향에 대해 경종을 울렸으며(McGoldrick et al., 2005), 치료사가 가족, 사회 전반 및 자신의 이론을 이해하는 방식을 변화시켰다고 설명한 바 있다(McGoldrick and Hardy, 2008). 현재는 가족치료사가 임상 작업에서 일정 수준의 문화적 역량을 보유하는 것이 윤리적 책임으로 여겨지고 있다(O'Hagan, 2001). 슈퍼비전은 이를 탐구할 수 있는 중요한 포럼으로 기능한다. 번햄(Burnham, 2012)은 가족치료사가 이러한 차이를 탐구할 수 있는 간결한 방법을 제공했으며, 이러한 방법은 치료사가 방향을 정하는 축이 된다. 그는 이러한 '사회적 GGRRAAACCEEESSS'(9장 참조)가 보이는 것과 보이지 않는 것, 발언된 것과 발언되지 않은 것 사이에 있다고 제안한다. 다른 체계론적 심리치료사들은 이러한 역동을 탐구하고 발전시킬 수 있는 중요한 장소가 슈퍼비전이라고 주장하였다(Boyd, 2010; Ayo, 2010; Bond, 2010; Hernández-Wolfe and McDowell, 2014; McIntosh, 1998). 따라서 슈퍼바이저는 치료사가 가족과의 치료에서 존재할 수는 있지만 말해지지 않는 다양성 문제에 대해 생각하도록 돕는 것이 요구된다. 또한 슈퍼바이저와 치료사 사이의 문제 또한 충분히 다루어지고 이에 대한 전면적인 접근이 필요함을 의미하기도 한다.

> **과제 4**
>
> 이전 장의 시연 동영상을 시청하고 해당 영상에 존재하는 다양성과 관련된 이슈들을 모두 나열해 보자. 이 목록은 언어, 문화, 계층, 교육 수준, 나이, 성별 등을 포함해야 한다.
> 이 장의 동영상에서 마크가 슈퍼비전을 받는 사람이었고 조가 슈퍼바이저였다면, 조는 슈퍼비전 회기 내에서 이러한 문제들을 어떻게 다루었을까? 여러분이라면 어떻게 접근했을지 고민해 보자. 어떤 것들이 눈에 보이고 어떤 것들이 이미 표현되었는가? 보이지 않고 표현되지 않은 것들이 표현되고 보이는 것들보다 많은가?

슈퍼비전에서의 반영적 과정

이 장의 서론에서 언급했듯이, 가족치료사들은 그들의 실천에 대해 '반성(reflect)'하는 것 이상을 할 수 있는 독특한 능력을 가지고 있다. 그들은 체계론적 지향성을 추구하므로 반영적으로(reflexively) 사고한다. 이것은 그들이 슈퍼비전의 거울에서 일어나는 일을 보면서, 특정 가족과의 상호작용에서 그들의 행동, 사고, 감정에 영향을 준 요인에 대해서도 생각한다는 것을 의미한다. 거울 비유를 계속 사용하면, 가족치료사들은 거울 뒤로 가서 그 거울 너머의 이상한 나라의 앨리스 세계를 관찰할 수 있다. 이것을 소위 '자기-반영성(self-reflexivity)'이라 칭한다. 번햄(Burnham, 2005: 3)은 이를 다음과 같이 정의하고 있다.

자기-반영성은 치료사가 자신의 실천의 영향을 관찰하고, 듣고, 질문하는 기회를 만들거나 취하거나 파악하는 과정이다. 그 후 그들의 관찰/청취에 대한 반응을 사용하여 작업을 '어떻게 계속할지' 결정한다.

헤지스(Hedges, 2010: 3)는 더 나아가 다음과 같이 주장한다.

반영성은 우리가 소통할 때 함께 만들어 내는 패턴에 대해 취하는 태도이다.

그녀는 또한 많은 가족치료사가 다른 이들과 함께 일하거나 슈퍼비전을 받는 것이 이러한 반영적 과정 형성에 도움이 된다고 언급하고 있다.

자기-반영성의 구성 요소로는 여러 가지가 있다. 하나는 가족치료사들이 그들의 훈련 과정을 통해 정기적으로 논의해 온 것인데, 최근에는 '체계론적 자기 인식(systemic self-awareness)'이라 불리게 되었다(Rivett and Woodcock, 2015). 리벳과 우드콕은 가족치료사들이 가족들을 관계적 사고방식의 세계로 초대하려면, 그들 자신이 관계적 존재로서의 자각을 가져야 한다고 주장한다. 이러한 사고방식에서 슈퍼비전은 치료사가 그들 자신의 가족 배경에서 그들의 실천에 영향을 주는 요인을 이해하도록 돕는 기능을 수행한다. 이와 관련된 한 예는 '촉발하는(trigger)' 가족(McGoldrick, 1982)이라는 개념으로, 이는 치료사가 자신의 개인적인 가족배경에서 일부 각본을 끌어올리도록 만든다. 다른 심리치료에서는 학생들이 깊은 자기 이해를 개발할 수 있도록 정기적인 심리치료에 노출시켜 훈련한다. 이를 수행하고 있는 가족치료과정은 많지 않으나(Williams et al., 2015; Woodcock and Rivett, 2007), 보웬은 가족치료사들이 그들의 학생들을 위해 '자기 가족으로 돌아가서 하는 숙제(family homework)'라는 과제를 부여하도록 영향을 미쳤다(Bregman and White, 2011; Bowen, 1972; Lieberman, 1987).

알아보기

머레이 보웬 박사([그림 10-3] 참조)는 병원 환경으로 가족 전체를 데려와 가족 내 상호작용을 연구한 초기 가족치료 연구자였다(Weinstein, 2013). 그의 접근법은 유럽보다 미국에서 더 큰 영향력을 펼쳤다. 그의 핵심 아이디어 중 하나는 가족치료가 개인이 그들의 원가족 내에서 그들을 제한하는 패턴으로부터 자신을 분리하는 것을 돕는 것이다.

물론, 슈퍼바이저는 슈퍼바이지의 치료사가 아니다. 슈퍼바이저가 슈퍼바이지와 이중 관계를 형성하는 것(예: 슈퍼바이저가 치료사인 동시에 평가자가 되는 것)은 윤리적이라 할 수 없다(Lee and Nelson, 2014). 그러나 슈퍼바이저는 슈퍼바이지가 특정 가족에 대해 그들의 가족 경험과 관련하여 왜 그런 반응, 행동, 사고를 하는지 생각해 보도록 이끄는 방법이 있다.

알아보기

하버와 호울리(Haber and Hawley, 2004)는 가족치료를 배우는 학생들에게 특정 종류의 가족과 문제가 있을 경우 학생 본인의 가족을 슈퍼비전 회기에 데려오도록 권장한다. 학생의 가족은 그들이 직면한 딜레마가 무엇인지 듣고, 앞으로의 회기 진행에 대하여 자문을 제공한다.

슈퍼비전에서 출현하는 또 다른 과정으로 평행과정(parallel process)이 있다. 여기서 가족이 반응하는 방식이 치료 체계에 투영되고, 각 체계가 서로 평행한다. 예를 들어, 내담가족이 갈등을 겪고 있을 때 가족치료 팀이 어떤 방식으로든 이 갈등을 재현하는 경우가 있다. 슈퍼바이저는 팀이나 치료사가 이 평행과정을 어떻게 나타내고 있는지 이해하도록 돕고 가족과 관계를 맺는 다른 방법을 찾도록 격려해야 한다. 이는 그들 자신의 경험의 결과일 수도 있다. 팀 슈퍼비전에서 사용되는 한 가지 기법은 각 팀원의 가계도를 검

[그림 10-3] 머레이 보웬 박사

출처: The Bowen Center

토하는 것이다(Rivett et al., 1997). 이는 팀이 작업할 때 영향을 미칠 수 있는 역학을 의식하게 한다.

가족치료사가 자신의 실천에 대해 반성적 자세를 취하도록 돕는 또 다른 유용한 개념은 관계적 반영성(relational reflexivity)이다(Burnham, 2005). 번햄은 가족치료사들이 가족과의 관계에 집중하도록 돕기 위해 이 아이디어를 사용하였다. 그는 치료사들이 가족에게 치료사와 자신들의 관계가 어떻게 가고 있는지 묻도록 권장한다. 그는 다음과 같이 언급하고 있다.

> 치료사가 [그들이 참여 중인 대화에 대해 생각하는 과정에] 내담자(들)을 명시적으로 참여시키면 그것은 관계적으로 반성적이 된다.
>
> (Burnham, 2005: 5)

이 장에서 사용한 은유를 이어 가면, 번햄은 치료사가 가족에게 거울을 통해 무엇을 보는지 물어볼 것을 권장한다. 더 구체적으로는, 가족들이 치료사와의 관계에서 무엇을 보는지 물어볼 것을 권고한다. 이러한 방법에는 두 가지 목표가 있다. 첫째, 협력의 분위기를 직접적으로 조성하고, 치료사가 가족과 함께 듣고 배우며 치료적 동맹을 개선할 수 있음을 강조하는 것이다. 둘째, 이전에 언급한 바 있는 '체계론적 사고'로 가족을 초대하는 것이다. 이렇게 함으로써 그들의 동기, 헌신, 변화에 대한 책임감을 높일 수 있게 된다.

이렇듯 치료사들이 반영적 그리고 체계론적인 사고를 발전시키도록 돕기 위해, 슈퍼바이저들은 자신들의 슈퍼비전에서 관계적 반영성을 사용할 수 있다.

과제 5

관계적 반영성은 치료뿐만 아니라 슈퍼비전에서 사용되는 방법이다. 시연 동영상에서 마크는 어떻게 조를 관계적인 면에 대해 반영적 위치로 초대할 수 있었을까?
그는 그녀의 관점에서 그들의 상호작용이 어떻게 진행되고 있는지 물어보았을 수 있다. 또한 나이 많은 남성 슈퍼바이저가 젊은 여성을 슈퍼비전하는 성별 역학에 관해 이야기해 보자고 제안했을 수 있다. 그 외에도 그가 무엇을 물어보았을지 생각해 보자.

이러한 개념들은 체계론적 접근의 슈퍼바이저들이 가족치료사들의 실천을 향상시키고 내담가족들이 치료로부터 더 나은 결과를 얻도록 돕기 위해 사용할 수 있는 도구들이다. 슈퍼비전을 받는 이들은 종종 '고착된 상태'에 도달했다며 슈퍼바이저에게 사례를 가져온다. 이 장에서 설명한 모든 기술이나 도구들은 슈퍼바이저가 치료사로 하여금 가족과의 복잡한 작업을 다르게 헤쳐 나갈 방법을 찾도록 도움을 제공한다. 때로는 치료사가 헤쳐 나갈 방법을 깨달으며 '아하!' 하게 되는 순간을 가져올 수도 있고, 때로는 슈퍼바이저가 치료사를 원래의 개념화(사정)로 되돌리거나 가족의 변화 능력 또는 의지를 재평가해야 할 필요성을 느끼게 할 수도 있다. 로버(Rober, 1999)는 이러한 고착된 순간들이 가족만큼이나 치료사와도 많은 관련이 있다고 주장한다. 그는 치료가 정체되는 이유가 치료사가 용기나 낙관주의를 잃었기 때문이라고 피력한다. 체계론적 슈퍼비전은 이러한 경험을 끄집어내어 치료사로 하여금 그것이 무엇인지, 그리고 앞으로 어떻게 진행해야 할지를 재검토하는 데 도움을 줄 것이다.

결론

이 장에서는 거울이라는 비유를 사용하여 체계론적 아이디어가 가족치료 분야에서 슈퍼비전이 어떻게 진행되는지에 미친 영향을 강조하였다. 슈퍼비전의 모델이 얼마나 복잡할 수 있는지를 제시하였고, 시연 동영상에는 이러한 복잡성의 일부가 담겨져 있다. 다른 장에서 언급했듯이, 이는 가족치료사들이 슈퍼비전에 접근하는 방법들 중 하나에 불과하다. 가족 또는 체계론적 심리치료에서의 슈퍼비전에 대한 선행연구들은 다른 접근법에 대한 연구들만큼이나 다양하고 충분하다(Burck and Daniel, 2010; Campbell and Mason, 2002; Gorrell Barnes et al., 2000; Todd and Storm, 2014; Lee and Nelson, 2014). 선행연구에 대한 탐색을 통해 체계론적 슈퍼비전에 대한 이해를 심화시키기를 권장한다.

해당 시연 동영상은 https://family.counpia.kr/로 접속하여 회원가입 후 무료로 시청 가능하다.

동영상 보기: 자기-반영성 슈퍼비전

동영상 소개

조는 제스의 가족과 여러 차례 회기를 진행해 왔고, 조의 슈퍼바이저인 마크는 이 중 일부를 관찰하였다. 이 슈퍼비전 회기는 조가 그녀의 일에 대해 성찰하고 그들과 더 나은 방식으로 일할 수 있는 방법을 찾도록 설계되었다. 모든 가족치료 실습은 딜레마와 불확실성을 야기하게 마련이며, 다음 내용은 이에 대해 부분적으로 보여 줄 것이다. 마크의 임무는 조가 이 문제들을 짚어 보고 그것들을 극복할 방법을 찾도록 돕는 것이다.

> **마크:** 먼저 다루어야 할 영역은 안전과 위험의 문제입니다.

개입 포인트

모든 슈퍼비전은 사람들의 삶의 맥락과 심리적 문제 및 가족관계가 초래할 수 있는 위험 속에서 이루어진다. 치료사들은 이러한 요인들을 인식하고 심각하게 받아들이며, 이에 대해 전문가답게 행동하는 것이 필수적이다.

> **조:** 재발의 징후는 있지만 추가로 공식적인 개입이 필요하지는 않은 상태입니다.
>
> **마크:** 당신은 섭식장애에 대해 어떤 조치를 할 필요는 없다고 어느 정도 확신하고는 있지만, 가족 내에 알코올 문제가 있다고 들었습니다. 안전을 위해 어떻게 하는 것이 좋다고 생각하나요?
>
> **조:** 그것은 과거에는 문제였지만 지금은 아닙니다.

개입 포인트

이러한 대화에서 슈퍼바이저는 치료관계 내에서 안전 보장과 위험이 어떻게 소홀히 다루어질 수 있는지에 대한 과정을 주의 깊게 살펴야 한다. 때로는 슈퍼바이저가 "무엇을 놓쳤을 수 있나요?"

또는 "당신이 구축한 작업과 관계가 위험이나 안전에 대해 간과하게 하지는 않았나요?"와 같은 질문을 통해 치료사에게 더 도전해야 할 필요가 있다. 이 동영상이 수련 목적인만큼, 마크는 여기서 이 문제를 더 추적하지는 않고 있다.

> **마크:** 음, 먼저 당신이 이 가족과 일할 때 마음속에 가장 우선적으로 존재하는 딜레마가 무엇인지 물어보며 슈퍼비전을 시작하고 싶군요.

개입 포인트 ....

슈퍼비전을 받는 다른 많은 치료사처럼, 조 또한 '균형'에 대해 언급하지만, 그녀가 어떤 균형을 언급하는지가 명확하지는 않다. 다시 말해, 가족과 밀접하게 작업하는 과정에서 치료사는 때때로 반성적 자세를 취하지 않을 수도 있고 무엇이 일어나고 있는가에 대해 따로 생각하지 않게 될 수 있다. 그래서 그들이 사용하는 언어는 그들에게는 의미가 있지만 다른 사람들에게는 그렇지 않을 수 있다.

> **조:** 저는 가족과 작업할 때 균형을 맞추는 것에 대해 생각하고 싶습니다. 많은 복잡한 문제가 있어요. 섭식장애, 알코올 남용, 가족 내 여성들의 우울증 같은.
>
> **마크:** 나는 이러한 문제들을 지속시키는 패턴들이 무엇인지가 궁금하군요.

개입 포인트 ....

여기서 마크는 조가 문제와 관련된 가족역동에 대해 명확히 이해할 수 있도록 도우려는 시도를 하고 있다. 그 가족역동은 문제에 대한 원인일 수도, 유지시키는 요인일 수도 있다.

> **조:** 이 가족을 생각할 때 몇 개의 삼각관계가 떠오릅니다. 팻, 애비, 제스 사이에서, 수지가 술을 마실 때 팻이 부모역할을 맡아야 했기 때문이죠. 또 수지, 팻, 제스 사이에서도 마찬가지입니다.
>
> **마크:** 그렇죠……. 그 삼각관계는 어떤 관계 패턴을 해결하나요? 그것이 이 가족이

대처하는 데 어떻게 도움이 되나요?

조: 항상 누군가는 소외되어야 했던 과거가 있는 것 같습니다……. 지금은 애비가 그렇고요……. 잘 모르겠지만, 여기에는 한부모 가족과 관련된 문화가 있는 것 같습니다.

개입 포인트 ··································

슈퍼비전 과정은 슈퍼비전을 받는 사람이 점차적으로 상황을 깊이 생각하도록 격려하면서 발전한다. 종종 슈퍼비전을 받는 사람은 질문 받은 것과 다른 질문에 답하게 된다. 그래서 조는 아직 마크의 질문에 답하지 않았지만, 답을 찾아가는 중인 것이다!

조: 아마도 이 가족은 두 명씩만 있을 수 있는 가족인 것 같아요…….

마크: 독점성에 관한 건가요? 한 사람 이상과 친밀감을 유지하는 것이 어렵다는 것이죠. 이들은 충성을 나누는 데 어려움을 겪고 있어요. 만약 그것이 이 가족의 과정이라면, 치료실 안에서 어떤 일이 일어나고 있다고 느끼나요? 그러니까 치료실 안에서 치료사로서, 누가 당신과 동맹을 맺으려고 가장 열심히 노력하고 있나요?

개입 포인트 ··································

체계론적 슈퍼비전은 여러 수준의 영향과 다양한 체계가 상호작용하는 방식을 중심으로 형성된다. 가족치료에는 평행과정이라는 개념이 오랫동안 존재해 왔다. 예를 들어, 한 체계에서 일어나는 일이 새로운 체계와 만나면 다른 체계에서도 종종 일어나게 된다는 것이다. 접촉을 통해 마치 삼투현상이 일어나듯이 동일한 현상이 반복되는 것 같다.

조: (멈추고 생각하며) 말이 나왔으니 말인데, 제가 수지에게 약간 끌리는 느낌을 받았어요. 때때로 팻과 제스가 수지를 몰아붙이는 것처럼 느껴지기 때문이에요……. 수지가 과거에 했거나 하지 않은 일들 때문에요. 하지만 제스에게도 꽤 끌리는 느낌이 들어요. 제가 그녀가 말할 수 있도록 돕고 있고, 그녀는 17세이고 섭식장애를 겪었으며, 취약한 소녀이기 때문이지요.

개입 포인트 ···

이러한 과정은 치료를 도울 수도 있고 방해할 수도 있다! 2장에서 다루어진 동맹에 대한 논의를 기억한다면. 마크는 조가 어떻게 자신도 모르게 문제적인 동맹으로 끌려 들어가고 있는지 생각해 보도록 돕고 있다.

마크: 그래서 이제 당신도 이 삼각관계 가족의 일부가 된다는 것을 알게 되었네요! 때로는 수지 편이 되고, 때로는 제스 편이 되도록 끌려 들어가고 있어요.

개입 포인트 ···

지금 나타난 상황이야말로 평행과정이 맞다. 마크가 이를 설명하고 있다. 평행과정은 반드시 나쁜 것만은 아닐 수 있다! 마크가 이를 탐구한다.

마크: 치료실 안의 이런 패턴이 도움이 된다고 생각하나요? 그게 (가족 내 패턴의) 반복인가요, 아니면 교정적 형태인가요? 그러니까 가족구성원이 서로를 갈라 놓고 한 사람 이상에게 충성을 다하지 말아야 한다는 생각을 반복하는 건가요, 아니면 이 패턴이 그들에게 다른 무언가를 배우게 돕고 있나요?

개입 포인트 ···

마크는 가족각본이 가족 내에서 어떻게 작동하는지에 대한 빙-홀의 아이디어를 참고하고 있다. 또한 조가 치료에서 변화를 실현할 수 있는지 확인하고 있다.

조: 제 생각에는 둘 다인 것 같아요.

> **개입 포인트** ......
>
> 이 말이 맞을 수 있지만, 슈퍼비전의 목적은 치료사가 가족에게 더 많은 대안을 제시하도록 돕는 것이다. 마크는 이것을 강조하지 않기로 한다. 대신, 그는 조가 회기에서 무슨 일이 일어나고 있는지 알아내서 선택할 수 있도록 돕기로 한다! 이 슈퍼비전 평행과정에서 치료사가 행동 방식을 선택하는 능력을 보여 주면, 가족도 자신들이 선택할 수 있다는 메시지를 받을 것이다.

마크: 회기가 진행되면서 어느 쪽인지 알아차리나요?

조: 주의하고는 있습니다. 우리가 시작할 때 얘기했던 균형으로 돌아가는 것 같아요. 팻이 소외감을 느끼지 않도록 그녀와 단독 회기를 가졌어요. 제가 제스와 수지에게 끌리는 상황에서, 팻은 어떻게 되는지 의식하고 있어요.

> **개입 포인트** ......
>
> 조는 수지와 제스와의 동맹이 팻을 배제하지 않도록 행동했다. 이는 다시 한 번 근본적인 체계론적 아이디어를 반영한다. 영향력 있는 가족구성원의 필요가 어떤 식으로든 포함되어야 한다. 그렇지 않으면 치료가 목표를 달성하는 것을 방해할 수 있다.

마크: 치료실 안에 있을 때, '이제 두 명의 가족구성원과 관계를 맺으면서도 누군가를 밀어내지 않을 수 있다는 것을 보여 주겠다'라고 생각할 수 있나요? 이런 점 (주체성, agency)을 의식하고 있나요, 아니면 계속해서 한 동맹이나 다른 동맹으로 끌려가고 있다고 느끼나요?

조: 공정하고 또 공정하게 대하려고 노력했다고 생각해요(조가 질문을 어떻게 해석하는지 주목할 것). 하지만 아마도 아니요. 지금까지 했던 회기에서 수지가 저를 끌어들였어요.

마크: 수지에게 한 사람 이상과 가까워질 수 있다는 것을 전달할 수 있는 방법이나 말이 있나요?

조: 음, 구조적 기법을 사용하거나 제 위치를 바꿀 수 있겠죠. 아니면 그냥 그들에게 명백하게 알려 줄 수도 있을 것 같아요.

개입 포인트 ···

슈퍼비전은 기술을 확장하는 것도 포함한다. 종종 치료사들은 항상 해 오던 방식에 '갇히게' 된다. 여기서 마크는 조가 가족을 더 잘 도울 수 있도록 다양한 기술을 자극하고 있다.

마크: 조, 우리는 이런 패턴이 가족에서 일어난다는 것과 치료사가 그중 일부에 끌려 들어간다는 것을 알고 있어요. 치료사로서, 우리는 종종 특정 관계에는 끌려 들어가고 다른 관계에는 그렇지 않은 경우가 많은 것 같아요. 당신이 왜 알코올중독자로 낙인찍힌 엄마인 수지, 혹은 취약한 젊은 여성인 제스와의 관계에 더 끌리는 것처럼 보이는지 이해할 수 있을까요?

개입 포인트 ···

슈퍼비전은 치료가 아니며, 슈퍼바이저는 '이중관계'를 피해야 한다는 주장은 가족치료에서 오랜 전통을 가지고 있다. 그러나 물론 슈퍼비전의 요소가 치료와 연결되는 부분도 있다. 마크는 조를 치료적 관계로 끌어들이고 싶지 않기 때문에, 그 질문에 대해 조가 생각할 수 있는 여유를 허용한다! 하지만 분명히 더 많은 세부사항을 물어야 할 때도 있을 것이다. 만약 조가 내담가족과의 관계에서 문제를 심각하게 악화시키는 경우, 예를 들어 치료사가 그들의 문제의 일부가 된다면, 마크는 가족에 대한 돌봄 의무로 인해 조에게 그들과의 작업을 중단하라고 알려야 할 것이다. 심지어 가족치료사 인증 기관에 보고해야 할 수도 있다.

조: 저도 궁금했어요. 치료실 안에서 팻에게 짜증이 좀 났거든요. 팻은 마치 뼈다귀를 물고 놓지 않는 개처럼 술 문제를 집요하게 물고 늘어지잖아요. 그래서 아마도 제가 무의식적으로 수지를 이런 비난으로부터 지지하게 된 것 같아요. 제스에 대해서는 잘 모르겠어요. 좀 더 생각해 봐야 할 것 같아요.

마크: 당신의 표현이 흥미롭다고 생각했어요. 혹시 '뼈다귀를 물고 있는 개' 같은 부모나 파트너가 있었는지 궁금해요. 하지만 그건 당신이 생각해 볼 문제로 남겨 두죠. 처음 질문으로 돌아가서, 지금의 대화가 균형을 잘 잡고 있는지 다시 검토하는 데 도움이 되었나요?

조: 처음에는 제가 균형을 잘 잡고 있다고 생각했는데, 지금은 너무 수지 쪽으로 치우친 것 같아요.

요약

슈퍼비전은 치료와 마찬가지로 변화에 관한 것이다. 그러나 역시 치료처럼, 이것은 슈퍼비전을 받는 사람에게는 도전이 될 수 있다. 이 시연 동영상에서 마크는 조가 회기에 가져온 '딜레마'에 대해 생각하도록 격려했다. 또한 그녀가 모든 가족구성원의 안전과 존중에 대한 전문가적 책임을 연결하도록 도왔다. 따라서 슈퍼비전은 많은 역할과 수준이 있는 복잡한 과정이지만, 또한 발견의 여정이기도 하다. 이 여정의 '목적'은 치료 체계 내에서 호기심과 반영성을 창출하는 것이다.

참고문헌

Anderson, H. and Gehart, D. (2007). *Collaborative therapy*. New York: Routledge.

Anderson, H. and Goolishian, H. (1988). Human systems as linguistic systems. *Family Process*, 27: 371–393.

Andersen, T. (1991). *The reflecting team*. New York: Norton.

Ayo, Y. (2010). Addressing issues of race and culture in supervision. In Burck, C. and Daniel, G. (Eds) *Mirrors and reflections: processes of systemic supervision*. London: Karnac.

Bateson, G. (1972). *Steps to an ecology of mind*. New York: Ballantine.

Bigner, J. and Wetchler, J. (2012) (Eds). *Handbook of LGBT-affirmative couple and family therapy*. New York: Routledge.

Bond, S. (2010). Putting a face to institutionalised racism. In Burck, C. and Daniel, G. (Eds) *Mirrors and reflections: processes of systemic supervision*. London: Karnac, pp. 249–266.

Bowen, M. (1972). Towards the differentiation of a self in one's own family of origin. In

Framo, J. (Ed) *Family interaction: a dialogue between family reserachers and family therapists*. New York: Springer, pp. 111–173.

Boyd, E. (2010). Voice entitlement narratives in supervision. In Burck, C. and Daniel, G. (Eds) *Mirrors and reflections: processes of systemic supervision*. London: Karnac: 203–223.

Boyd-Franklin, N. (1989). *Black families in therapy*. New York: Guilford.

Bregman, O. and White, C. (2011) (Eds). *Bringing systems thinking to life*. New York: Routledge.

Burck, C. and Daniel, G. (2010). *Mirrors and reflections: processes of systemic supervision*. London: Karnac.

Burnham, J. (2005). Relational reflexivity: a tool for socially constructing therapeutic relationships. In Flaskas, C., Mason, B. and Perlesz, A. (2005) (Eds) *The space between*. London: Karnac: 1–18.

Burnham, J. (2012). Developments in Social GRRRAAACCEEESSS. In Krause, I-B. (Ed) *Mutual perspectives: culture and reflexivity in systemic psychotherapy*. London: Karnac.

Campbell, D. and Mason, B. (2002) (Eds). *Perspectives on supervision*. London: Karnac.

Carroll, L. (2007). New edition. *Alice through the looking glass*. London: Penguin.

Friedman, S. (1995) (Ed). *The reflecting team in action*. New York: Guilford.

Gibbs, G. (1988). *Learning by doing*. London: Further Education Unit.

Gorrell Barnes, G., Down, G. and McCann, D. (2000). *Systemic supervision*. London: JKP.

Haber, R. and Hawley, L. (2004). Family of origin as a supervisory consultative resource. *Family Process*, 43: 373–390.

Hedges, F. (2010). *Reflexivity in therapeutic practice*. Basingstoke: Palgrave Macmillan.

Hernández-Wolfe, P. and McDowell, T. (2014). Bridging complex identities with cultural equity and humility in systemic supervision. In Todd, T. and Storm, C. (Eds) *The complete systemic supervisor*. Chichester: Wiley & Sons, pp. 43–61.

Hoffman, L. (2002). *Family therapy: an intimate history*. New York: Norton.

Johns, C. (1995). Framing learning through reflection within Carper's fundamental ways of knowing in nursing. *Journal of Advanced Nursing*, 22: 226–234.

Krause, I-B. (2012) (Ed). *Mutual perspectives: culture and reflexivity in systemic psychotherapy*. London: Karnac.

Lee, R. and Nelson, T. (2014). *The contemporary relational supervisor*. New York: Routledge.

Lieberman, S. (1987). Going back to your own family. In Bentovim, A. Gorrell Barnes, G. and Cooklin, A. (Eds) *Family therapy: complementary frameworks of theory and practice*. London: Academic Press, pp. 205–220.

McGoldrick, M. (1982). Through the looking glass: supervision of a trainee's 'trigger' family. In Whiffen, R. and Byng-Hall, J. (Eds) *Family therapy supervision*. London: Academic Press.

McGoldrick, M., Giodano, J. and Garcia-Preto, N. (2005). *Ethnicity and family therapy*. New York: Guildford.

McGoldrick, M. and Hardy, K. (2008) (2nd edition) (Eds). *Re-visioning family therapy*. New

York: Guilford.

McIntosh, P. (1998). White privilege: unpacking the invisible knapsack. In McGoldrick, M. (Ed) *Re-Visioning family therapy*. New York: Guilford: 238-249.

Maturana, H. and Varela, F. (1988). *The tree of knowledge: the biological roots of human understanding*. Boston: Shambala.

O'Hagan, K. (2001). *Cultural competence in the caring professions*. London: JKP.

Rivett, M., Tomsett, J., Lumsdon, P. and Holmes, P. (1997). Strangers in a familiar place. *Journal of Family Therapy*, 19: 43-57.

Rivett, M. and Woodcock, J. (2015). Étapes vers la connaissance systémique du Soi dans la formation des thérapeutes de la famille. In Ackermams, A. and Canevaro, A. (Eds) *la naissance d'un thérapeute familial*. Toulouse: Éditions: 279-302.

Rober, P. (1999). The therapist's inner conversation in family therapy practice: some ideas about the self of the therapist, therapeutic impasse, and the process of reflection. *Family Process*, 38: 209-228.

Schön, D. (1983). *The reflective practitioner*. London: Temple Smith.

Todd, T. and Storm, C. (2014). *The complete systemic supervisor*. Chichester: Wiley & Sons.

Vecchio, K. (2008). Dismantling white male privilege within family therapy. In McGoldrick, M. and Hardy, K. (2008) (2nd edition) (Eds). *Re-visioning family therapy*. New York: Guilford, pp. 250-260.

Weinstein, D. (2013). *The pathological family*. Ithaca: Cornell University Press.

Williams, B., Carpenter, J. and Timms, J. (2015). Family and systemic psychotherapists' experiences of personal therapeutic consultations as a tool for personal and professional development in training. *Journal of Family Therapy*, 37: 563-582.

Woodcock, J. and Rivett, M. (2007). Bringing the self into family therapy training: personal and professional consultations with trainee families. *Journal of Family Therapy*, 29: 351-354.

Yelloly, M. and Henkel, M. (1995). *Learning and teaching in social work*. London: JKP.

에필로그: 종점인가 출발점인가

책은 독자를 여행으로 이끌 수 있으며, 이 책이 관계에 관한 것이기 때문에 여행 또한 관계적 경험임을 강조하는 것이 적절하다고 생각한다. 우리는 보통 여행 동반자와 함께 여정을 공유한다. 이 여정에서 여러 배우, 바라건대 많은 독자, 그리고 다양한 가족치료 교육자가 우리와 함께했다. 우리의 의도는 가족치료의 역사에서 비롯된 아이디어와 기법이 일상적인 가족작업에서 얼마나 유용한지를 보여 주는 것이다. 우리는 다양한 전문가가 이 책을 통해 새로운 기술과 가족에 대한 새로운 사고방식을 얻기 바란다. 우리가 채택한 형식인 교재와 동영상에는 부족한 부분이 있으며, 우리가 가치 있다고 생각하는 모든 것을 탐구하거나 확장하는 것은 현실적으로 불가능했다. 이러한 어려움에도 불구하고, 방법에 대해 읽고, 그 방법이 사용되는 동영상을 보고, 그것을 반성하고, 연습하는 과정은 전문적 학습의 기본 과정이다.

작가로서 우리는 우리가 어디를 여행했는지 알고 있으며, 독자들에게 가족치료 지도상의 중요한 '지점들'을 소개했다고 생각한다. 물론, 독자들이 어디를 방문할지, 그 장소들을 어떻게 경험할지, 이 책을 읽으며 어떤 미래 여행 계획이 생길지 예측할 수 없다. 최소한 우리는 가족치료 분야의 창시자들에게 존경과 깊은 감사를 표현했다. 가족치료 창시자들이 가족작업에 준 선물은 현대 사회에서도 여전히 매우 적절하다. 현대 사회에서는 가족에 대한 압력이 계속 증가하고, 국가 서비스는 해마다 축소되는 것처럼 보이며, 새로운 개입과 '제3섹터' 서비스는 끊임없이 생겨나고, 아이를 키우고, 노부모를 돌보고, 돌봄 관계를 구축하는 과제는 여전히 큰 도전으로 남아 있다. 이러한 현대 세계에서 근본적으로 연결에 의해 형성되며, 관계의 그물망에 얽혀 있다는 가족치료의 지식은 여전히 희망의 등대이자 변화의 등불로 남아 있다.

찾아보기

인명

A

Ackerman, N. 31, 103
Andersen, T. 176, 250, 251
Anderson, H. 174

B

Bakhtin, M. 179
Basaglia, F. 162
Bateson, G. 23, 30, 39, 131, 161, 248, 249
Becvar, D. 24
Becvar, R. 24
Bertrando, P. 177, 179, 218, 220, 229
Boscolo, L. 160, 162, 218, 220
Bowen, M. 31
Bowlby, J. 72

Breunlin, D. 220, 221, 233
Burbatti, G. 165, 168
Burnham, J. 223, 253, 256
Byng-Hall, J. 45

C

Carter, B. 32, 43, 44, 221, 224, 226
Cecchin, G. 160, 162, 173
Cronen, V. 178

D

Derrida, J. 194
Diamond, G. 73

E

Eisler, I. 81

Epston, D. 194, 228
Erickson, M. 30, 132, 138

F

Formenti, L. 165, 168
Foucault, M. 194
Fruggeri, L. 177

G

Goolishan, H. 174

H

Haber, R. 255
Haley, J. 104, 130, 131, 132, 137, 138
Harré, H. 219
Hawley, L. 255

내용

저자 소개

마크 리벳(Mark Rivett)은 엑서터 대학교의 가족 및 체계론적 심리치료 훈련 프로그램의 디렉터이며, 사우스 웨일스에서 가족치료사로 활동하고 있다. 그는 『가족치료학술지(Journal of Family Therapy)』의 편집장을 역임했다.

조앤 부흐뮐러(Joanne Buchmüller)는 사우스 웨일스 청소년 병동의 체계론적 가족 심리치료 전문가이며, 브리스틀 대학교와 엑서터 대학교의 체계론적 가족치료 프로그램에서 강사로 일하고 있다.

역자 소개

조은숙(Cho, Eunsuk)
서울대학교 소비자아동학과 박사(가족학 전공)
한국가족관계학회 회장 역임
『가족과 가족치료』 편집위원장 역임
현 상명대학교 가족복지학과 및 가족상담치료학과 교수
　　한국상담학회 부부가족상담학회 회장
　　한국가족놀이치료학회 회장
　　한국가족치료학회 부회장

한국상담학회 부부가족 전문 영역 슈퍼바이저
한국가족치료학회 부부가족상담전문가 1급

〈대표 저 · 역서〉
한국 가족을 중심으로 한 부부 · 가족상담 핸드북(공저, 학지사, 2020)
부부 · 가족치료자를 위한 필수 사정기술(공역, 하나의학사, 2019)
구조적 가족치료의 기술(공역, 하나의학사, 2017)

동영상으로 배우는 가족치료 기술과 기법
Family Therapy Skills and Techniques in Action

2025년 2월 20일 1판 1쇄 인쇄
2025년 2월 25일 1판 1쇄 발행

지은이 • Mark Rivett · Joanne Buchmüller
옮긴이 • 조은숙
펴낸이 • 김진환
펴낸곳 • ㈜ 학지사

04031 서울특별시 마포구 양화로 15길 20 마인드월드빌딩
대표전화 • 02-330-5114   팩스 • 02-324-2345
등록번호 • 제313-2006-000265호

홈페이지 • http://www.hakjisa.co.kr
인스타그램 • https://www.instagram.com/hakjisabook

ISBN 978-89-997-3345-1 93180

정가 19,000원

출판미디어기업 학지사
간호보건의학출판 **학지사메디컬** www.hakjisamd.co.kr
심리검사연구소 **인싸이트** www.inpsyt.co.kr
학술논문서비스 **뉴논문** www.newnonmun.com
교육연수원 **카운피아** www.counpia.com
대학교재전자책플랫폼 **캠퍼스북** www.campusbook.co.kr